MANUEL-FORMULAIRE

DE LA

RÉVISION DE LA LISTE ÉLECTORALE

Note de l'Éditeur.

Si la solution de difficultés nouvelles, se présentant au cours de la révision annuelle, ne ressort pas suffisamment du texte de ce Manuel, les intéressés auront la faculté de poser la question à la Rédaction de la JURISPRUDENCE MUNICIPALE, 22, rue Cambacérès, à Paris. — Il leur sera répondu, autant que possible, dans les dix jours.

MANUEL-FORMULAIRE

DE LA

RÉVISION DE LA LISTE ÉLECTORALE

à l'usage

DES PRÉFETS, SOUS-PRÉFETS, MAIRES
DES JUGES DE PAIX
DES COMMISSIONS DE RÉVISION DE LA LISTE ÉLECTORALE
ET DES ÉLECTEURS

PAR

A. de TAILLANDIER

Juge d'instruction

EN VENTE :

Au Bureau de la *Jurisprudence municipale*

22, RUE CAMBACÉRÈS, 22

PARIS

—

1893

AVERTISSEMENT

Les opérations de la révision annuelle des listes électorales sont de deux sortes : administratives et judiciaires.

Les premières ont trait à la confection du tableau rectificatif par la commission municipale administrative qui se compose du maire, d'un délégué de l'administration préfectorale et d'un délégué du conseil municipal. Le maire est chargé d'assurer la publicité de ce tableau qui est déposé à la mairie et dont le dépôt est annoncé par voie d'affiches. Une copie du tableau est transmise au préfet à qui appartient la surveillance des opérations. Lui seul a qualité pour demander au conseil de préfecture l'annulation de ces opérations, si elles lui paraissent irrégulières.

Les secondes consistent dans l'examen par la commission municipale de jugement des réclamations formées par les électeurs de la circonscription contre les inscriptions et les radiations résultant du tableau rectificatif, qu'elles les concernent personnellement ou qu'elles s'appliquent à d'autres électeurs. Cette commission est composée des membres de la commission administrative auxquels s'adjoignent deux délégués du conseil municipal. Elle peut également être saisie de demandes d'inscription ou de radiation qui n'auraient point été soumises à la première commission. Ses décisions sont susceptibles d'appel devant le juge de paix du canton dont les jugements peuvent à leur tour être déférés à la censure de la cour de cassation.

Les textes qui régissent la matière ne sauraient avoir prévu toutes les difficultés d'ordre administratif ou judiciaire qui peuvent se produire au cours de ces diverses opérations. Ils trouvent leur complément naturel dans la jurisprudence de la cour de cassation et du conseil d'État, ainsi que dans les instructions du ministre de l'intérieur.

Nous avons relevé dans la partie civile du Bulletin des arrêts de la cour de cassation et nous rapportons toutes les décisions de la cour suprême qui contiennent la solution de difficultés d'ordre judiciaire.

Nous donnons également les diverses instructions adressées aux préfets par le ministre de l'intérieur, tant sous forme de prescriptions générales par voie de circulaires, qu'à titre de décisions d'espèce par simples lettres. Nous y joignons de nombreux arrêts rendus par les conseils de préfecture et le conseil d'État. La solution des principales difficultés d'ordre administratif est ainsi fournie.

Les indications contenues dans notre petit manuel sont d'ailleurs entièrement conformes à la jurisprudence administrative et judiciaire. Les arrêts et les instructions ministérielles cités y sont toujours reproduits en propres termes

Nous n'avons pas voulu faire une œuvre doctrinale que d'autres, plus autorisés, ont avant nous présentée au public. C'est un simple guide pratique que nous offrons à tous ceux qui doivent ou peuvent assurer ou surveiller le fonctionnement normal et régulier des opérations de la révision électorale.

A. T.

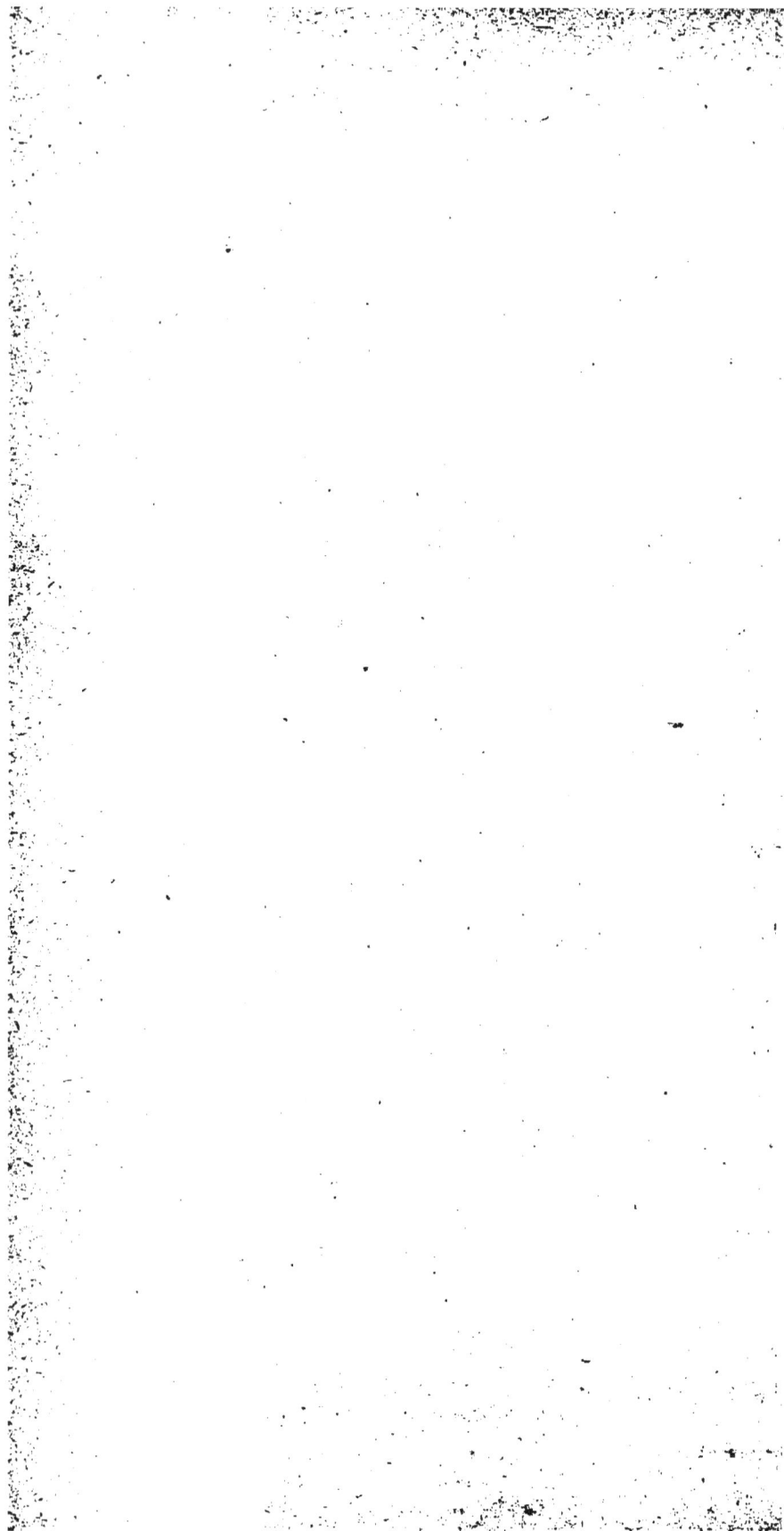

PREMIÈRE PARTIE

CONDITIONS REQUISES POUR ÊTRE ÉLECTEUR

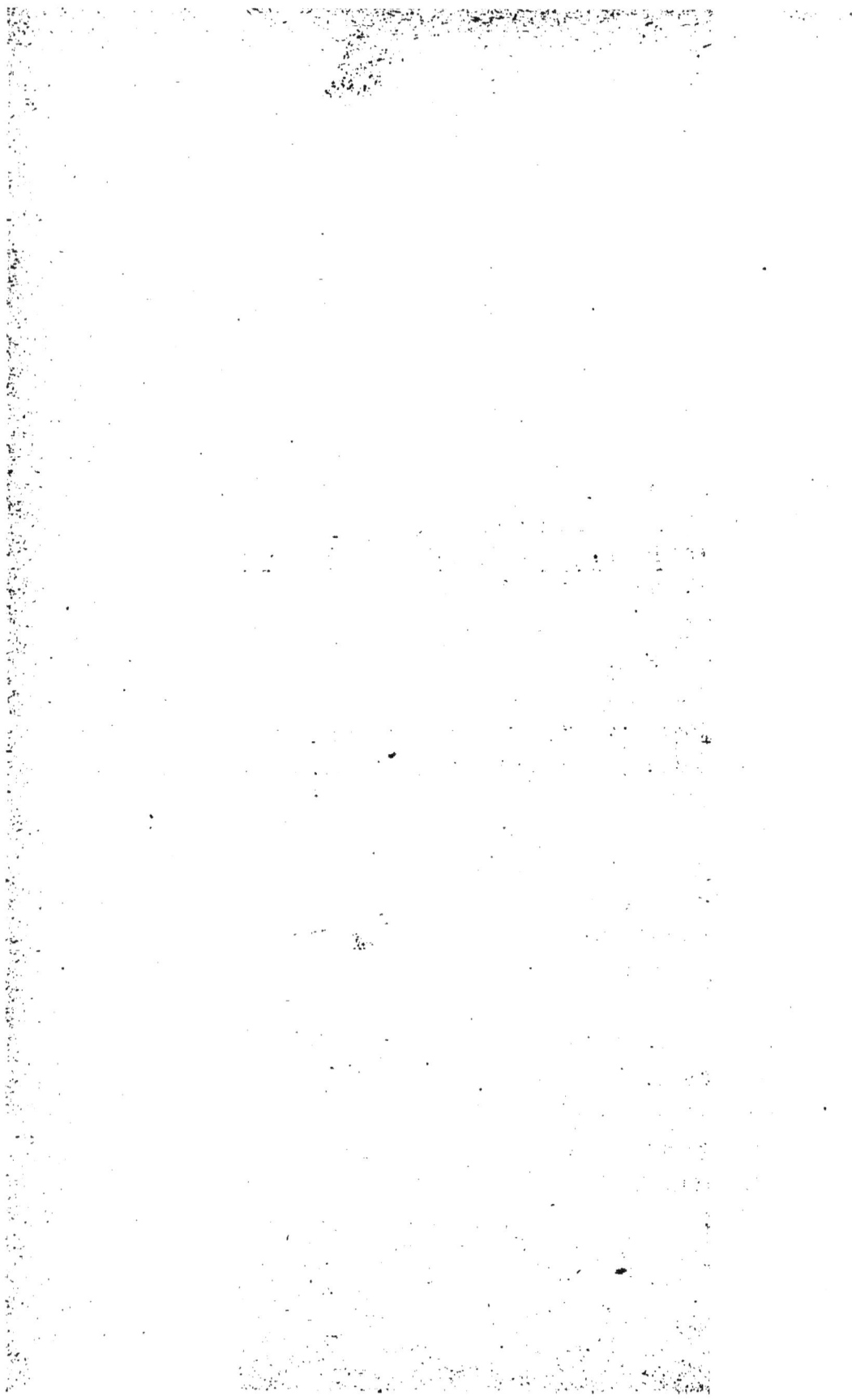

PREMIÈRE PARTIE

CONDITIONS REQUISES POUR ÊTRE ÉLECTEUR

(Loi du 5 avril 1884, art. 14).

Sont électeurs tous les Français âgés de **vingt et un** ans accomplis et n'étant dans aucun cas d'incapacité prévu par la loi.

La liste électorale comprend :

1º tous les électeurs qui ont leur domicile réel dans la commune ou y habitent depuis **six** mois au moins ;

2º ceux qui auront été inscrits au rôle d'une des quatre contributions directes ou au rôle des prestations en nature, et, s'ils ne résident pas dans la commune, auront déclaré vouloir y exercer leurs droits électoraux. — Seront également inscrits, aux termes du présent paragraphe, les membres de la famille des mêmes électeurs compris dans la cote de la prestation en nature, alors même qu'ils n'y sont pas personnellement portés, et les habitants qui, en raison de leur âge ou de leur santé, auront cessé d'être soumis à cet impôt ;

3º ceux qui, en vertu de l'article 2 du traité du 10 mai 1871, ont opté pour la nationalité française et déclaré fixer leur résidence dans la commune, conformément à la loi du 19 juin 1871;

4° ceux qui sont assujettis à une résidence obligatoire dans la commune en qualité soit de ministres des cultes reconnus par l'État, soit de fonctionnaires publics.

Seront également inscrits les citoyens qui, ne remplissant pas les conditions d'âge et de résidence ci-dessus indiquées lors de la formation des listes, les rempliront avant la clôture définitive.

L'absence de la commune résultant du service militaire ne portera aucune atteinte aux règles ci-dessus édictées pour l'inscription sur les listes électorales.

Division.

TITRE Ier.

CONDITIONS GÉNÉRALES

1. — Sont électeurs tous les Français âgés de vingt et un ans accomplis et n'étant dans aucun cas d'incapacité prévu par la loi (Loi du 5 avril 1884, art. 14, § 2).

CHAPITRE Ier

NATIONALITÉ FRANÇAISE.

2. — Les règles relatives à l'acquisition et à la perte de la qualité de français étaient autrefois éparses. Une loi du 26 juin 1889 les a réunies en les modifiant, et les a incorporées en grande partie dans les dispositions du code civil.

3. — Cette loi n'est applicable qu'aux individus qui étaient encore mineurs au moment de sa promulgation, c'est-à-dire qui sont nés depuis le 26 juin 1868. La nationalité de tous ceux qui sont nés avant cette date doit encore être appréciée d'après les textes antérieurement en vigueur (V. n°s 14, 16 et 50 § 2).

Division.

SECTION Ire

ACQUISITION DE LA NATIONALITÉ FRANÇAISE.

§ 1er. — *Des Français de naissance.*

4. — Est français, tout individu né d'un français en France ou à l'étranger (Art. 8, § 1 nouveau, du code civil).

5. — Est français, tout individu né en France de parents inconnus ou dont la nationalité est inconnue (Art. 8, § 2 nouveau, du code civil).

6. — L'enfant naturel dont la filiation est établie pendant la minorité par reconnaissance ou par jugement

suit la nationalité de celui des parents à l'égard duquel la preuve a d'abord été faite. Si elle résulte pour le père et la mère du même acte ou du même jugement l'enfant suivra la nationalité du père (Art. 8, § 1 nouveau, du code civil).

7. — L'enfant naturel reconnu par un père étranger suit, quoique né en France, la condition de ce dernier, et par conséquent n'est pas investi des droits de citoyen français, alors d'ailleurs qu'il n'a pas usé du bénéfice soit de l'article 9 du code civil, soit de la loi du 22 mars 1849 (Cass., 22 mai 1865).

8. — Cette décision ne s'applique plus qu'aux individus régis par les anciennes dispositions du code civil. Depuis la promulgation de la loi du 26 juin 1889, l'enfant naturel né en France et reconnu par un père étranger ne suit la nationalité de celui-ci que si cette reconnaissance, faite en temps de minorité, a précédé ou accompagné celle de la mère ; et il ne doit être considéré comme français que s'il rentre dans les prévisions de l'article 8 § 4 ou de l'article 9 nouveaux du code civil (V. nᵒˢ 15 et 35).

9. — **Est français, tout individu né en France d'un étranger qui lui-même y est né** (Art. 8, § 3 nouveau, du code civil.)

10. — Les expressions « d'un étranger » s'appliquent à la mère aussi bien qu'au père. Pour que le bénéfice de cette disposition puisse être invoqué par l'enfant né en France, il suffit donc que l'un ou l'autre de ses parents y soit également né (Cour de Paris, 2 juin 1891).

11. — L'individu né en France d'un père né en Belgique alors que ce pays faisait partie de la France, est français conformément à la loi des 7 février 1851 — 16 décembre 1874 (Cass., 7 décembre 1883) ; mais à la condition de n'avoir pas encore atteint sa majorité lorsqu'a été promulguée la dite loi de 1851 (Trib. de la Seine, 22 février 1888) (V. nᵒ 1179).

12. — Avant la loi du 26 juin 1889, cet individu avait, aux termes de l'article 1ᵉʳ de la loi des 7 février 1851 — 16 décembre 1874, la faculté de répudier, sous certaines conditions, la qualité de français dans l'année de sa majorité. Cette faculté de répudiation est actuellement accordée à l'individu qui est né en France d'un père étranger né à l'étranger et qui est domicilié en France à l'époque de sa majorité (V. nᵒˢ 15, 81 et 1178).

13. — Les deux formalités imposées par la loi du 16 décembre 1874 à celui qui voulait rester étranger, à savoir : 1º la réclamation de la qualité d'étranger ; 2º la justification qu'il avait conservé sa nationalité d'origine, devaient être l'une et l'autre remplies dans l'année de la majorité. — Ainsi doit être déclaré français l'étranger qui, dans l'année de sa majorité, a réclamé la qualité d'étranger, mais n'a pas justifié dans le même délai qu'il eût conservé sa nationalité d'origine (Cour de Douai, 7 novembre 1876) (1)

14. — L'individu qui, né en France d'un étranger qui lui-même y est né, a, dans l'année de sa majorité et conformément à la loi du 7 février 1851, excipé de son extranéité, ne peut pas demander à ce que, par application de l'article 8 § 3 nouveau du code civil, il soit déclaré citoyen français en s'appuyant sur l'effet rétroactif de la loi et sur le bénéfice d'un droit nouveau qui résulterait pour lui de ses dispositions (Trib. de Lille, 5 décembre 1889).

§ 2. — *Des Français par le bienfait de la loi.*

15. — **Est français tout individu né en France d'un étranger et qui à l'époque de sa majorité est domicilié en France, à moins que dans l'année qui suit sa majorité, telle qu'elle est réglée par la loi française, il n'ait décliné la qualité de français et prouvé qu'il a conservé la nationalité de ses parents par une attestation en due forme de son gouvernement, laquelle demeurera annexée à la déclaration, et qu'il n'ait en outre produit, s'il y a lieu, un certificat constatant qu'il a répondu à l'appel sous les drapeaux, confor-**

_____

(1) Cette décision s'appliquera dorénavant aux enfants nés en France d'un père étranger et domiciliés en France à l'époque de leur majorité, qui voudront répudier la qualité de français conformément aux dispositions du nouvel article 8 § 4 du code civil (V. nᵒ 15).

mément à la loi militaire de son pays, sauf les exceptions prévues aux traités (Art. 8, § 4 nouveau, du code civil) (V. la note sous le n° 13.)

16. — Cette disposition n'a pas d'effet rétroactif. Par suite, l'individu né en France d'un père né à l'étranger et qui a atteint sa majorité avant le 26 juin 1889, date de sa promulgation, ne saurait être considéré comme français, parce que, domicilié en France à sa majorité, et n'ayant pas encore dépassé sa vingt-deuxième année au moment de la promulgation de cette disposition, il n'aurait pas décliné la qualité de français conformément aux prescriptions qu'elle contient (Trib. de Lille, 6 mars et 11 juillet 1890 ; Cour de Lyon, 2 avril 1890).

17. — Elle n'attribue la qualité de français à l'individu né en France d'un père étranger né hors de France qu'à l'époque de sa majorité, s'il est domicilié en France (Cour d'Aix, 4 décembre 1889).

18. — **Deviennent français les enfants mineurs d'un père ou d'une mère survivant qui se fait naturaliser français, et les enfants mineurs du père ou de la mère réintégrés dans la qualité de français, à moins que, dans l'année qui suivra leur majorité, ils ne déclinent cette qualité en se conformant aux dispositions de l'article 8 § 4** (Art. 12, § 3, et 18, § 3 nouveaux, du code civil) (V. n° 15).

19. — **L'annexion au territoire Français d'un pays qui est déclaré en faire partie intégrante, confère les droits de citoyen français.**

20. — Elle confère notamment les droits électoraux, même à ceux des membres de ce pays qui, avant l'annexion, se sont fait exempter, comme étrangers, du service militaire en France (Cass. 22 mai 1865).

21. — Le traité du 24 mars 1860 entre la France et la Sardaigne a conféré de plein droit la qualité de français aux sardes qui habitaient les territoires annexés, quelle que fût leur origine; vainement on objecterait le décret du 30 juin 1860, lequel n'a ni voulu ni pu porter rétroactivement atteinte aux droits acquis en vertu du traité (Cass., 23 novembre 1881) (V. n° 1172).

22. — Doit être inscrit sur les listes électorales l'individu qui présente à l'appui de sa demande d'inscription l'acte de naissance de son père et le sien propre, actes dont le rapprochement établit que, né en France avant le traité du 24 mars 1860 d'un père originaire de la Savoie, il est devenu français de plein droit par suite de la réunion de ce pays à la France (Cass., 26 mars 1877).

23. — Le sujet sarde, qui longtemps avant l'annexion de la Savoie à la France, en 1860, aurait perdu sa qualité de sarde par un établissement à l'étranger sans esprit de retour, n'est pas devenu français au moment de l'annexion. Et l'enfant né de lui n'a pu acquérir la qualité de français par le fait de l'annexion (Cour de Lyon, 2 mars 1877).

§ 3. — *Des Français par la naturalisation.*

24. — **Les étrangers naturalisés sont français** (Art. 8, § 5 nouveau, du code civil).

25. — Il n'y a pas à distinguer entre les français d'origine ou les étrangers naturalisés français. Mais l'étranger admis seulement à jouir en France des droits civils et qui n'a point reçu ses lettres de naturalisation ne peut être inscrit comme électeur (Circ, min. int., 30 novembre 1884).

26. — L'étranger naturalisé français, une fois cette qualité définitivement et irrévocablement acquise, a le droit de réclamer son inscription sur les listes électorales dans tous les pays de France où la législation accorde les droits électoraux aux citoyens français ou naturalisés (Cass. 29 juillet 1889 et 18 juin 1890). Peu importerait donc le texte réglementaire en vertu duquel aurait été acquise la qualité de citoyen français, sénatus-consulte du 14 juillet 1865, décret du 29 juillet 1887, etc. (V. nos 29 et suivants.)

27. — L'acte de naturalisation ne peut être remplacé par des équipollents. Un étranger ne saurait être naturalisé français parce qu'il aurait été admis à exercer en France des droits attachés à la qualité de français (Cour de Bordeaux, 24 mai 1876) (V. nº 25).

28. — L'admission d'un étranger dans l'armée française, même en vertu de l'article 2 du décret du 16 avril 1856 sur la légion étrangère, ne confère pas la qualité de français (Cour de Nancy, 16 juin 1877).

a) *De la naturalisation par décret.*

29. — Peuvent être naturalisés :

« 1° Les étrangers qui ont obtenu l'autorisation de fixer leur domicile en France conformément à l'article 13 du code civil, après trois ans de domicile en France, à dater de l'enregistrement de leur demande au ministère de la justice;

2° Les étrangers qui peuvent justifier d'une résidence non interrompue pendant dix années;

Est assimilé à la résidence en France le séjour en pays étranger pour l'exercice d'une fonction conférée par le Gouvernement français ;

3° Les étrangers admis à fixer leur domicile en France, après un an, s'ils ont rendu des services importants à la France s'ils y ont apporté des talents distingués ou s'ils y ont introduit soit une industrie, soit des inventions utiles, ou s'ils ont créé soit des établissements industriels ou autres, soit des établissements agricoles, ou s'ils ont été attachés, à un titre quelconque, au service militaire dans les colonies ou les protectorats français ;

4° L'étranger qui a épousé une française, aussi après une année de domicile autorisé ;

(Art. 8, § 5 nouveau, du code civil).

5° L'étranger qui justifie de trois années de résidence en Algérie (Sénatus-consulte du 14 juillet 1865, art. 3);

6° L'indigène musulman qui demande à jouir des droits de citoyen français (Même sénatus-consulte, art. 1);

7° L'étranger qui justifie de trois années de résidence, d'une année seulement en cas de services exceptionnels rendus à la France, soit en Tunisie, soit en France ou en Algérie, et en dernier lieu en Tunisie (Décret du 29 juillet 1887, art. 1, § 1 ; et art. 2),

8° Le sujet tunisien qui, pendant le même temps, aura servi dans les armées françaises de terre ou de mer ou aura rempli des fonctions ou emplois civils rétribués par le Trésor français, ou aura rendu à la France des services exceptionnels (Même décret, art. 1. § 2);

9° L'indigène annamite né et domicilié en Cochinchine qui demande à jouir des droits de citoyen français (Décret du 25 mai 1881, art. 1);

10° L'étranger établi depuis trois ans au moins en Cochinchine (Même décret, art. 6);

11° L'indigène annamite ou tonkinois qui, pendant trois ans ou un an en cas de services exceptionnels, aura servi la France soit dans les armées de terre ou de mer, soit dans des fonctions ou emplois civils rétribués par le Trésor français (Décret du 29 juillet 1887, art. 1, § 2, et art. 2);

12° L'étranger qui justifie de trois années de résidence, d'une année seulement en cas de services exceptionnels rendus à la France, soit en Annam ou au Tonkin, soit en Cochinchine, et, en dernier lieu, en Annam ou au Tonkin (Même décret, art. 1, § 1, et art. 2).

13° L'étranger établi depuis trois ans au moins en Nouvelle-Calédonie (Décret du 10 novembre 1882, art. 1).

Il est statué par décret sur la demande de naturalisation, après une enquête sur la moralité de l'étranger.

30. — Le français qui a perdu sa qualité de français peut la recouvrer pourvu qu'il réside en France, en obtenant sa réintégration par décret (Art. 18, § 1 du code civil).

Si la perte de la qualité de français a été encourue pour avoir pris du service militaire à l'étranger, la qualité de français n'est recouvrée qu'en remplissant les conditions imposées à l'étranger pour obtenir la naturalisation (Art. 21 nouveau du code civil).

31. — Les enfants majeurs de l'étranger naturalisé ou du français réintégré pourront, s'ils le demandent, obtenir la qualité de français, sans condition de stage, par le décret qui confère cette qualité au père ou à la mère (Art. 12, § 2, et 18, § 2 nouveaux, du code civil) (1).

32. — Les descendants des familles proscrites lors de la révocation de l'édit de Nantes continueront à bé-

---

(1) Pour que les enfants majeurs du français réintégré aient à acquérir la qualité de français, il faut qu'ils soient nés depuis que leur père est devenu étranger, autrement ils seraient français malgré la perte de cette qualité par leur père. (V. n° 55).

néficier des dispositions de la loi du 15 décembre 1790, mais à la condition d'un décret spécial pour chaque demandeur. Ce décret ne produira d'effet que pour l'avenir (Loi du 26 juin 1889, art. 4).

33. — Les Israélites indigènes des départements de l'Algérie ont été l'objet d'une naturalisation collective par décret du 24 octobre 1870.

34. — Ce n'est pas la révision éventuelle de ce décret, mais la révision annuelle des listes électorales, qu'a entendu désigner l'article 5 du décret du 5 octobre 1871, relatif aux israélites indigènes de l'Algérie, lorsqu'il dispose qu'à défaut d'avoir rempli les formalités et satisfait aux conditions exigées par les articles précédents, tout israélite actuellement inscrit sur les listes électorales en sera rayé et ne pourra être rétabli que lors d'une prochaine révision (Cass., 16 mai 1876).

b) De la naturalisation par déclaration.

1° Déclaration à souscrire dans un temps donné.

35. — **Tout individu né en France d'un étranger et qui n'y est pas domicilié à l'époque de sa majorité, pourra, jusqu'à l'âge de vingt-deux ans accomplis, faire sa soumission de fixer en France son domicile, et, s'il l'y établit dans l'année à compter de la soumission, réclamer la qualité de français par une déclaration qui sera enregistrée au ministère de la justice.**

S'il est âgé de moins de vingt-un ans accomplis, la déclaration sera faite en son nom par son père ; en cas de décès, par sa mère; en cas de décès du père et de la mère ou de leur exclusion de la tutelle, ou dans les cas prévus par les articles 141, 142 et 143 du code civil, par le tuteur autorisé par délibération du conseil de famille.

Il devient également français si, ayant été porté sur le tableau de recensement, il prend part aux opérations de recrutement sans opposer son extranéité (Art. 9 nouveau du code civil).

36. — L'ancien article 9 (1) dont les dispositions ont été scindées et forment l'article 8, § 4 nouveau, et l'article 9 ci-dessus rapporté du code civil n'établissait pas cette distinction du domicile en France ou à l'étranger à l'époque de la majorité, qui place dans une situation toute différente l'individu né en France d'un père étranger, selon qu'il est ou n'est pas domicilié en France à cette époque. Autrefois il fallait toujours effectuer une déclaration pour acquérir la nationalité française : actuellement celui qui est domicilié en France à 21 ans devient français et doit souscrire une déclaration de répudiation s'il veut rester étranger ; celui qui est domicilié à l'étranger doit au contraire souscrire une déclaration en réclamation de la qualité de français s'il veut posséder cette qualité.

37. — Sous l'empire de l'ancien article 9 ont été rendues les diverses décisions suivantes dont il doit être fait encore application à tous les individus nés avant le 26 juin 1868.

38. — La déclaration exigée par l'article 9 doit être expresse ; à défaut de cette déclaration, on ne peut, à raison de faits qui témoigneraient de l'intention d'être français, être réputé avoir acquis la naturalisation et par suite la capacité électorale : l'enrô-

---

(1) Texte de l'ancien article 9 : « Tout individu né en France d'un étranger pourra, dans l'année qui suivra l'époque de sa majorité, réclamer la qualité de français, pourvu que dans le cas où il résiderait en France il déclare que son intention est d'y fixer son domicile et que, dans le cas où il résiderait en pays étranger, il fasse sa soumission de fixer en France son domicile, et qu'il l'y établisse dans l'année à compter de l'acte de soumission. »

Texte de la loi abrogée du 22 mars 1849 : « L'individu né en France d'un étranger sera admis, même après l'année qui suivra l'époque de sa majorité, à faire la déclaration prescrite par l'article 9 du code civil, s'il se trouve dans l'une des deux conditions suivantes : 1° s'il sert ou s'il a servi dans les armées françaises de terre ou de mer ; 2° s'il a satisfait à la loi du recrutement sans exciper de son extranéité. »

lement dans l'armée française et une résidence continue ne sauraient y suppléer (Cass., 8 juillet 1846 et Cour de Douai, 17 janvier 1848).

39. — L'étranger né en France, qui a servi pendant la guerre de 1870-71 dans la garde nationale mobilisée, même sans avoir pris part à aucune bataille ou à la défense d'aucune place, est devenu français par le seul fait de la déclaration qu'il entend fixer son domicile en France, conformément à l'article 9 du code civil ; la garde mobilisée faisant partie, en vertu du décret des 14-26 octobre 1870, de l'armée auxiliaire qui était entièrement assimilée à l'armée régulière. Et, par conséquent, il est admis à jouir de ses droits électoraux, sans être tenu de fournir des lettres de naturalisation (Cass., 4 mai 1881 (1).

40. — Une légion de volontaires, qui a contribué à la formation d'un corps d'armée pendant la guerre de 1870-71, rentre dans les troupes visées par le décret du 14 octobre 1870, et l'étranger né en France qui a servi dans cette légion était en droit de souscrire la déclaration prévue par la loi du 22 mars 1849 (Trib. de Lille, 27 octobre 1888).

41. — L'individu qui a servi dans les équipages de la flotte comme novice, en vertu d'un engagement contracté conformément au décret du 22 octobre 1863, doit être considéré comme ayant servi dans l'armée de mer et a pu dès lors acquérir la qualité de français en souscrivant la déclaration prévue par la loi du 22 mars 1849 (Cass., 29 décembre 1885).

42. — L'individu né en France d'un père étranger, s'il a servi dans les armées de mer ou de terre, a pu réclamé la qualité de français à une époque postérieure à sa majorité, alors même qu'il n'aurait pas satisfait à la loi du recrutement à l'âge fixé par la loi (Cour d'Aix, 7 février 1885).

43. — L'individu né en France d'un père étranger qui, même étant encore en état de minorité, a excipé de son extranéité et obtenu sa radiation du tableau de recensement pour le recrutement, ne peut, après l'année qui suit l'époque de sa majorité, réclamer la

(1) La loi du 22 mars 1849 ayant été abrogée par celle du 26 juin 1889, la déclaration qu'elle prévoit ne peut plus être souscrite depuis cette époque.

qualité de français en vertu de la loi du 22 mars 1849 (Cass., 27 janvier 1869) (V. n° 1173).

44. — L'inscription sur la liste électorale est à bon droit refusée à l'individu né en France d'un père étranger qui ne justifie pas avoir rempli dans l'année qui a suivi sa majorité les formalités requises pour acquérir la qualité de français (Cass., 16 avril 1872 et 5 août 1883) (1).

45. — De même l'inscription sur les listes électorales est à bon droit refusée à l'individu qui est habile à souscrire la déclaration prescrite par la loi du 22 mars 1849, s'il ne justifie pas l'avoir effectuée (Cass., 12 avril 1875).

46. — **Les enfants majeurs de l'étranger naturalisé pourront, s'il le demandent, obtenir la qualité de français, sans conditions de stage, comme conséquence de la déclaration qu'ils feront dans les termes et dans les conditions de l'article 9** (Art. 12, § 2 nouveau, du code civil) (V. n° 35).

47. — Le droit de réclamer la qualité de français par une déclaration, en vertu de l'article 12, § 2, existe au profit des enfants majeurs non seulement de l'étranger naturalisé par décret, mais encore de celui qui a acquis la nationalité française par une déclation (Décret du 13 août 1889, art. 5, § 2), spécialement par la déclaration de l'article 10 du code civil (Trib de Lille, 11 juillet 1890). (*sol. impl.*)

Mais le droit de passer une déclaration dans ces conditions n'existe au profit des enfants majeurs de l'étranger naturalisé qu'autant qu'ils sont âgés de moins de vingt-deux ans (Trib. de Lille, 11 juillet 1890).

2° Déclaration à souscrire sans limitation de temps.

48. — **Tout individu né en France ou à l'étranger de parents dont l'un a perdu la qualité de français pourra réclamer cette qualité à tout âge, aux condi-**

---

(1) Cette décision est applicable aussi bien aux individus qui étaient mineurs qu'à ceux qui étaient majeurs au moment de la promulgation de la loi du 26 juin 1889.

tions fixées par l'article 9, à moins que, domicilié en France et appelé sous les drapeaux lors de sa majorité, il n'ait revendiqué la qualité d'étranger (Art. 10 nouveau, du code civil).

49. — L'individu né à l'étranger, postérieurement au démembrement de 1814, d'un père qui a été atteint par ce démembrement comme étant né dans un pays réuni momentanément à la France, peut réclamer la qualité de français conformément à l'article 10 du code civil : il est dans la situation d'un individu né d'un père ayant perdu la qualité de français (Trib. de Lille, 21 avril 1887).

50. — L'individu né en France d'un ex-français n'encourt pas la déchéance édictée par l'art. 10 du code civil *in fine*, bien qu'il ait demandé, à titre de fils d'étranger non naturalisé, à n'être pas soumis aux obligations du recrutement en France, — si cette manifestation de volonté a eu lieu tandis qu'il était encore mineur ; il peut donc toujours réclamer la qualité de français au moyen de la déclaration prévue par ledit article.

A plus forte raison en sera-t-il ainsi lorsque la protestation formulée contre l'inscription sur les listes du recrutement a eu lieu avant la promulgation de la loi du 26 juin 1889, modificatrice de l'art. 10 du code civil, et sous l'empire de l'ancienne législation qui n'attachait aucune déchéance à un pareil acte ; la solution contraire porterait atteinte au principe de la non rétroactivité des lois.

L'art. 10 *in fine* ne déclare d'ailleurs déchu que l'individu *qui revendique la qualité d'étranger* et non pas celui qui se borne à *opposer son extranéité* ; il ne saurait donc s'appliquer à des individus qui — comme les individus nés en France sous l'empire de l'ancienne législation — ont été proclamés étrangers, sauf à eux à réclamer la qualité de français ; il ne peut s'appliquer qu'à ceux que la loi considère comme français sous condition résolutoire (Trib. de Lille et Cour de Douai, 3 avril et 6 décembre 1890 ; Cass., 26 octobre 1891).

51. — Dans les établissements français de l'Inde, les natifs de toutes classes et de toutes religions pourront renoncer à leur statut personnel, les mineurs de vingt et un ans avec l'assistance des personnes dont le consentement est requis pour la validité du mariage, par une dé-

2

claration faite soit devant l'officier de l'état civil de leur domicile, soit devant le juge de paix assisté de son greffier et de deux témoins, soit devant un notaire (Décret du 21 septembre 1881).

52. — Après leur renonciation, ces Indiens, étant soumis au statut civil et aux lois politiques de la France, ont le droit de réclamer leur inscription sur les listes électorales dans tous les pays de France où la législation accorde les droits électoraux aux citoyens français ou naturalisés (Cass., 29 juillet 1889 et 18 juin 1890)

SECTION   II

PERTE DE LA QUALITÉ DE FRANÇAIS.

§ 1. — *Naturalisation à l'étranger.*

53. — **Le français naturalisé à l'étranger ou celui qui acquiert sur sa demande la nationalité étrangère par l'effet de la loi, perd la qualité de français.**

S'il est encore soumis aux obligations du service militaire pour l'armée active, la naturalisation à l'étranger ne fera perdre la qualité de français que si elle a été autorisée par le gouvernement français (Art. 17, § 1 nouveau, du code civil).

54. — L'individu né à l'étranger d'un père français ne perd pas la qualité de français en réclamant la nationalité étrangère par une simple déclaration analogue à celle prévue par l'art. 9 du code civil (Cass., 3 août 1871 et 19 août 1874). (1)

55. — L'enfant mineur d'un français naturalisé étranger, reste français (Cour de Lyon, 19 mars 1875 ; Cour de Toulouse, 26 jan-

---

(1) Ces deux décisions ne sont plus applicables aux individus qui auraient réclamé ainsi la nationalité étrangère depuis la promulgation de la loi du 26 juin 1889 puisqu'elle prévoit expressément ce mode de dénationalisation.

vier 1876 ; Cass., 19 août 1874 ; Lett. min. int. à préfet Alpes-Maritimes, 8 juin 1888).

56. — Fait perdre la qualité de français, la naturalisation obtenue par un mineur qui, parvenu à sa majorité, a renouvelé la manifestation de sa volonté dont il lui a été donné acte par l'autorité étrangère (Cass., 26 février 1890).

57. — Un français, commerçant, établi en Angleterre, marié avec une anglaise, y ayant résidé pendant toute sa vie, ayant des enfants nés en Angleterre, a conservé la nationalité française ainsi que ses enfants quoique nés en Angleterre et réputés anglais en vertu de la loi anglaise (Cour de Bordeaux, 27 août 1877).

58. — Le français ne perd sa qualité par la naturalisation en pays étranger qu'autant qu'il a effectivement acquis une nationalité nouvelle et est devenu le sujet d'un autre État. L'acte qui confère à un français, dans l'intérieur d'une colonie anglaise, les droits et avantages d'un sujet anglais de naissance, n'a pas pour effet d'attribuer à ce français la nationalité anglaise (Cass., 14 février 1890).

59. — Un français ne perd cette qualité par la naturalisation en pays étranger qu'autant qu'il a effectivement acquis une nationalité nouvelle en devenant sujet d'un autre pays. Par suite on ne saurait considérer comme suffisante pour faire perdre à un français sa qualité et pour l'investir de la qualité de citoyen anglais la délivrance à lui faite, conformément au statut du parlement anglais de 1844, dans le but de l'habiliter à acquérir une propriété en Irlande, d'un certificat lui conférant les droits d'un sujet breton de naissance, sous la réserve toutefois et à l'exclusion non-seulement de la faculté d'être membre du conseil privé ou du parlement, mais même de tous les droits et facultés d'un sujet anglais de naissance, en dehors des domaines de la couronne d'Angleterre, et en outre sous la condition qu'une absence du Royaume Uni prolongée pendant dix mois fera perdre le bénéfice de la concession. Alors surtout que depuis l'obtention de ce certificat la personne a fait de nombreux séjours en France, y a conservé son domicile, y a payé la contribution personnelle et mobilière et a servi dans la garde nationale (Cass., 16 février 1875).

§ 2. — *Répudiation de la qualité de Français.*

60. — Le français qui a décliné la nationalité française dans les cas prévus au § 1 de l'article 8 et aux articles 12 et 18 du code civil, perd la qualité de français (Art. 17, § 2 nouveau, du code civil).

§ 3. — *Fonctions publiques à l'étranger.*

61. — Le français qui, ayant accepté des fonctions publiques conférées par un gouvernement étranger, les conserve nonobstant l'injonction du gouvernement français de les résigner dans un délai déterminé, perd la qualité de français (Art. 17, § 3 nouveau, du code civil)

§ 4. — *Service militaire à l'étranger.*

62. — Le français qui, sans l'autorisation du gouvernement, prend du service militaire à l'étranger, perd la qualité de français (Art. 17, § 4 nouveau, du code civil) (V. n° 1174).

63. — Si aux termes de l'article 21 du code civil (actuellement article 17, § 4) le français qui, sans autorisation du gouvernement, prend du service militaire à l'étranger, perd sa qualité de français, c'est à la condition qu'à l'époque où il a contracté son engagement ce français soit majeur et capable de faire un acte touchant à son état civil et constituant une abdication de nationalité (Cass., 8 avril 1886).

64 — L'engagement contracté par un mineur dans une armée étrangère n'emporte pas renonciation à sa nationalité, lors même que le mineur devenu majeur aurait continué sans protestation son service à l'étranger (Cour de Metz, 10 juillet 1849).

65. — L'individu qui a été autorisé à continuer le service militaire qu'il avait d'abord pris sans autorisation en pays étranger ne peut être considéré comme ayant perdu la qualité de français alors surtout qu'il ne justifie pas avoir été naturalisé sujet de ce pays et que, soit pendant qu'il était à son service, soit depuis, il a déclaré dans plusieurs actes publics être domicilié en France (Cour d'Amiens, 24 janvier 1849).

66. — Le français qui, sans contracter aucun engagement, a prêté son concours momentané à l'un des partis se disputant le pouvoir dans un pays étranger (à Haïti dans l'espèce) ne saurait être considéré à raison de ce fait accidentel comme ayant pris du service militaire à l'étranger : dès lors il ne perd pas la qualité de français (Cass., 20 février 1877).

67. — Les dispositions de l'article 21 du code civil (actuellement article 17, § 4) ne sauraient s'appliquer au français qui, résidant dans un pays où éclate la guerre civile, s'y fait porter sur les rôles d'une compagnie de volontaires organisée pour la défense des personnes et des biens des habitants contre les excès d'un des partis engagés dans la lutte (Cass., 30 avril 1880) (V. n° 1180).

68. — Pour faire perdre la qualité de français à ceux qui ont pris du service dans une armée étrangère, l'article 21 du code civil (actuellement 17 § 4) exige qu'il y ait en de leur part volonté manifeste et intention déterminée. Si donc les circonstances démontrent que le français n'a pris service auprès d'un gouvernement étranger qu'en déférant à une réquisition de ce gouvernement à laquelle il n'a pu se soustraire, l'article 21 (17 § 4) lui est inapplicable (Trib. d'Orléansville, 29 mars 1887).

§ 5. — *Séparation d'un territoire.*

69. — **La séparation d'une province du territoire français fait perdre la qualité de Français à ceux qui, touchés par cette séparation, n'ont pas rempli les formalités exigées pour conserver leur qualité.**

70. — Les sujets français non originaires d'Alsace-Lorraine, y fussent-ils domiciliés au moment de la cession, n'ont pas été atteints par l'effet de la dénationalisation opérée par les traités des 10 mai et 11 décembre 1871, et ils ont conservé la qualité de français sans avoir besoin de faire aucune déclaration (Cour de Paris, 24 juillet 1874 ; Cass., 6 mars 1877).

71. — L'enfant mineur né en dehors des territoires cédés de parents qui, originaires de l'Alsace-Lorraine et y étant domiciliés lors de la cession, sont devenus allemands par l'effet du traité faute d'avoir opté pour la nationalité française est resté français de plein droit (Cour de Paris, 24 juillet 1874 ; Cass., 6 mars 1877)

72. — L'article 2 du traité de Francfort du 10 mai 1871, qui règle les conditions dans lesquelles les sujets français pouvaient conserver la nationalité française, n'a pas modifié les règles de notre droit civil en ce qui concerne les enfants mineurs. En conséquence, la déclaration d'option faite régulièrement par le père, tant en son nom personnel qu'au nom et dans l'intérêt de ses enfants mineurs, a pour effet de conserver à ceux-ci la nationalité française (Trib. d'Orléansville, 29 mars 1887) (V. nos 1170 et 1171).

73. — Les mesures prises par le père pour conserver sa nationalité ont pour effet de défendre et conserver la nationalité de ses enfants mineurs. Ainsi, la déclaration d'option régulièrement faite par un alsacien. en son nom personnel, après l'annexion de l'Alsace-Lorraine à l'Allemagne, a conservé à son fils mineur la qualité de français. En tous cas, et alors même qu'une déclaration spéciale aurait été nécessaire pour conserver au fils mineur d'un alsacien la qualité de français, cette qualité lui est conservée malgré l'absence de déclaration en son nom, si le père, au moment où il a opté en son nom personnel pour la nationalité française, a manifesté l'intention d'agir également dans l'intérêt et comme représentant légal de son fils (Cour de Paris, 13 août 1883) (V. nos 1170 et 1171).

SECTION III

Preuve de la nationalité.

§ 1er. — *Comment se prouve la nationalité.*

74. — La preuve de la nationalité française est notamment établie, sauf perte ultérieure de la qualité de français pour une des causes énumérées aux numéros 53 et suivants, par la production des pièces suivantes :

a) Actes de naissance du père de l'intéressé et de lui-même, constatant leur double naissance en France (V. n° 9) ;

b) Acte de naissance de l'intéressé constatant sa naissance en France et certificat délivré par qui de droit attestant : 1° soit qu'il était domicilié en France à l'époque de sa majorité (V. n° 15) ; 2° soit qu'il a souscrit au plus tard dans l'année de sa majorité une déclaration pour réclamer la qualité de français (V. n° 35) ; 3° soit qu'il a pris part aux opérations du recrutement sans exciper de son extranéité (V. n° 35) ;

c) Ampliation d'un décret de naturalisation applicable à lui-même ou à son père, mais à un époque où lui-même était encore mineur (V. n° 18, 29 et 76).

d) Copie d'une déclaration par lui régulièrement souscrite pour réclamer la qualité de français (V. n° 46 et 48).

75. — La preuve de la nationalité est suffisamment établie par un certificat signé du maire et constatant que pour se conformer à l'article 9 du code civil et à la loi du 22 mars 1849, et pour acquérir ou conserver la qualité de français, un électeur avait déclaré que son intention était de fixer son domicile en France et particulièrement dans la commune où il avait satisfait à la loi du recrutement (Cass., 27 juin 1877) (1)

76. — La radiation d'un électeur qui invoque un décret l'admettant à jouir des droits de citoyen français ne peut être ordonnée sans s'expliquer d'aucune manière sur ce document, parce que, suivant un avis émané de l'administration, il aurait été seulement admis à établir son domicile en France (Cass., 17 avril 1888).

---

(1) Il faut actuellement s'assurer que la réclamation ainsi faite de la qualité de français en vertu de la loi du 22 mars 1849 qui est abrogée est antérieure à la promulgation de la loi du 26 juin 1889. De plus, les déclarations pour réclamer la qualité de français ne sont plus souscrites devant le maire, mais devant le juge de paix ; elles sont ensuite enregistrées au ministère de la justice. Le maire n'est donc plus qualifié pour délivrer un certificat constatant qu'un électeur a souscrit une semblable déclaration à une date postérieure au 26 juin 1889.

77. — La présomption légale de capacité électorale comme citoyen français résulte jusqu'à preuve contraire :

a) D'une inscription sur la liste électorale de ou des années précédentes (Cass., 24 mars 1863 et 28 mars 1889) (V. n°s 78 et 859).

b) De la naissance en France (Cass., 16, 23, 24, 30 mars 1863; 15 mars 1870) qui peut se prouver par la production : 1° d'un acte de naissance alors même que tout en constatant le fait de la naissance il n'en indique pas le lieu (Cass., 16 mars 1863), ou d'un acte de mariage indiquant le lieu et la date de la naissance (Cass., 30 mars 1863) ; la force probante d'actes de mariage produits par des électeurs et mentionnant le lieu et la date de leur naissance ne saurait être infirmée par des énonciations contenues dans des lettres émanant des mairies du lieu de naissance et portant qu'ils sont inconnus dans ces localités ; 2° d'un contrat de mariage (Cass. 23 mars 1863) ; 3° d'un livret d'ouvrier délivré conformément à la loi (Cass., 16, 18, 30 mars 1863 et 15 mars 1870; 4° d'un passseport (Cass., 13 juin 1864).

c) D'une attestation en due forme d'un sous-préfet établissant que, né dans la commune, l'intéressé y a été porté sur les tableaux de recensement des jeunes gens de sa classe, y a participé au tirage au sort et a été exempté du service militaire pour faiblesse de constitution (Cass. 17 juin 1883).

d) D'un certificat de libération du service militaire applicable au fils du réclamant, la nationalité du fils ainsi constatée impliquant celle du père.

78. — Lorsqu'un électeur a exercé depuis longtemps ses droits politiques et figuré sur les listes électorales des années précédentes, la preuve de son extranéité ne saurait résulter d'un certificat de maire duquel il résulte que l'électeur est né d'un sujet italien et « qu'il n'a pas subi le sort », car il ne résulte pas nécessairement de cette dernière circonstance que l'électeur n'a pas acquis la nationalité française puisqu'il lui aurait suffi pour l'obtenir de faire en temps utile la déclaration prescrite par l'article 9 du code civil (Cass. 26 avril 1888) (V. n°s 77°, 79, 1175 et 1177).

79. — Si l'individu né en France est présumé français, cette présomption ne peut être invoquée que par celui qui établit sa naissance sur le sol français et d'ailleurs elle peut être combattue par la preuve contraire et contredite par les circonstances de la cause (Cass., 26 avril 1875) (V. n° 77 b).

80. — L'individu né en France *de parents étrangers* est légalement présumé étranger et ne peut réclamer le droit d'être inscrit ou maintenu sur les listes électorales qu'à la condition d'établir qu'il a rempli les formalités nécessaires pour acquérir la qualité de français (Cass., 5 juin 1883).

81. — L'individu né en France d'un étranger qui lui-même y est né, doit être réputé français jusqu'à preuve contraire. S'il n'a pas satisfait à l'obligation du service militaire et s'il a donné sa démission de conseiller municipal, il ne suit pas de là qu'il ait revendiqué la qualité d'étranger ou renoncé à la qualité de français, ni qu'on puisse lui imposer de faire à cet égard la preuve négative (Cass. 31 mars 1885) (V. n°s 9, 12, 13 et 1178).

82. — Le fait qu'un individu d'origine étrangère a navigué sous le drapeau français et qu'il a une pension de demi-solde sur les fonds de la marine ne prouve pas qu'il soit français (Cass. 2 mai 1883) (V. n° 28)

§ 2. — *Dans quels cas la preuve de la nationalité s'impose-t-elle.*

83. — Le citoyen qui demande son inscription dans une commune n'a pas à indiquer le lieu et la date de sa naissance.

Avant la loi du 5 avril 1884, cette indication n'était exigée que si la demande était fondée sur la seule résidence dans la commune. L'article 14, § 3, n° 1, n'a pas maintenu une semblable obligation (Cass. 8 avril 1886 et 14 mai 1890).

84. — Une demande à fin d'inscription ne saurait donc être rejetée par l'unique motif que le réclamant ne justifie ni du lieu, ni de la date de sa naissance, si d'ailleurs ni sa qualité de français, ni sa majorité ne sont contestées (Cass. 16 mars 1863).

85. — Mais le réclamant n'est pas dispensé de produire la preuve de sa nationalité si elle est contestée (Cass. 28 avril 1880).

86. — La preuve de la nationalité doit être rapportée si la commission administrative ou la commission de jugement, statuant sans qu'aucun contradicteur soit partie en cause, ont rejeté la demande d'inscription par le motif que le réclamant ne paraissait pas posséder la qualité de français, ou si l'intéressé bien qu'antérieurement inscrit sur la liste électorale a été rayé par la commission administrative comme ne paraissant pas avoir la qualité de français (V. n° 844 et suivants).

Mais, si la nationalité de l'intéressé était contestée par une partie adverse, soit devant la commission de jugement, soit devant le juge de paix, ce serait à celle-ci à prouver l'extranéité et non à l'intéressé à prouver sa qualité de français (V. n° 888).

CHAPITRE II.

AGE DE VINGT-ET-UN-ANS.

Division.

SECTION Iʳᵉ.

AGE REQUIS.

87. — Il faut être âgé de vingt et un ans pour pouvoir être inscrit sur la liste électorale (Loi du 5 avril 1884, art. 14, § 2).

88. — Seront inscrits, les citoyens qui, ne remplissant pas les conditions d'âge lors de la formation des listes, les rempliront avant la clôture définitive (Loi du 5 avril 1884, art. 14, § 4).

89. — Il suffit donc que l'électeur ait vingt et un ans accomplis au jour de la clôture définitive, c'est-à-dire au 31 mars (Circ. min. int., 30 novembre 1884).

90. — C'est au 31 mars de l'année pour laquelle la liste électorale est faite qu'il faut se reporter pour déterminer l'âge électoral (Cass. 11 mai 1858).

91. — La demande d'inscription sur la liste électorale n'en doit pas moins être formée avant l'expiration du délai accordé pour les réclamations (V. nᵒˢ 132, 137, 319, 388, 501 et 1142).

SECTION II.

PREUVE DE L'AGE.

§ 1. — *Comment se prouve l'âge.*

92. — La condition d'âge à laquelle est subordonnée la capacité électorale est régulièrement établie par un acte de naissance (V. n° 93).

93. — Les extraits de ces actes sont délivrés gratuitement sur papier libre à tout réclamant. Ils portent en tête de leur texte l'énonciation de leur destination spéciale, et ne peuvent servir à aucune autre (Décret organique du 2 février 1852, art. 24).

94. — Un titre énonciatif peut valablement suppléer à l'acte de naissance (Cass. 27 juin 1849). Par exemple : un acte de mariage (Cass. 30 mars 1863) (V. n° 77 b) ; un contrat de mariage (Cass. 23 mars 1863); un livret d'ouvrier dressé conformément à la loi (Cass. 16, 18 et 30 mars 1863); un passeport (Cass. 16 mars 1863).

95. — Ne saurait être admis comme suffisant un livret militaire, produit à l'appui d'une demande d'inscription, qui porterait un prénom et une date de naissance non conformes aux indications contenues dans la demande (Cass. 20 mai 1886).

96. — Par contre, en présence d'un extrait des actes de l'état civil et de certificats réguliers produits par l'intéressé, sa demande d'inscription ne peut être rejetée par une décision qui, sans s'expliquer spécialement sur la teneur concordante des énonciations de ces documents, et se référant à une dernière pièce laquelle omet de mentionner le prénom et l'âge de l'électeur, déclare que par suite du défaut de concordance et du manque de précision des documents produits en ce qui concerne l'âge et les prénoms de cet électeur, son identité n'est pas établie ni son aptitude électorale justifiée (Cass. 20 mai 1886).

97. — D'une première inscription sur la liste électorale résulte la preuve que l'électeur a l'âge requis pour exercer ses droits électoraux (Cass. 24 mars 1863 et 28 mai 1889).

98. — Le juge de paix ne peut, pour repousser une demande d'inscription, se fonder uniquement sur ce que l'intéressé ne justifie ni de l'âge requis pour être électeur, ni de sa qualité de français, alors qu'il résulte de la décision de la commission municipale confirmée par le dit jugement, que cet électeur a 43 ans, et que de plus aucune contestation ne s'est élevée, ni devant la dite commission, ni devant le juge de paix sur sa qualité de français qui, en l'absence d'une réclamation formelle, devait être présumée lui appartenir (Cass. 30 juillet 1889).

99. — Ne sauraient être admis comme preuve justificative : un acte de baptême (Cass. 23 novembre 1874 et 5 mai 1887) ; la déclaration de personnes amenées par l'intéressé (Cass. 23 novembre 1874) ; le serment de la partie (Cass. 23 novembre 1874).

§ 2. — *Dans quels cas la preuve de l'âge s'impose-t-elle ?*

100. — Les conditions dans lesquelles s'impose à l'intéressé la preuve de son âge, sont les mêmes que celles qui sont spécifiées aux nᵒˢ 83 à 86.

101. — Le tiers électeur qui demande l'inscription d'un individu, doit produire toutes les pièces propres à établir qu'il remplit toutes les conditions exigées par la loi, notamment qu'il est âgé de 21 ans, alors surtout que la commission municipale a déclaré que cet individu était inconnu dans la commune (Cass. 9 avril 1889).

CHAPITRE III

JOUISSANCE DES DROITS CIVILS ET POLITIQUES

Division

SECTION I. — Règles générales.

§ 1. — *Qui a la jouissance des droits civils et politiques.*

  a) *causes d'incapacité.*
   1° l'incapacité résulte soit de la sentence du juge, soit de la condamnation elle-même.
        a) *sentence du juge.*
        b) *condamnation elle-même.*
   2° le jugement emportant déchéance doit être définitif.
   3° le jugement doit émaner d'un tribunal français
  b) *durée des incapacités.*
   1° amnistie.
   2° réhabilitation.

§ 2. — *Preuve de la capacité électorale.*

  a) *comment se prouve-t-elle.*
  b) *qui a qualité pour apprécier la capacité électorale.*
   1° au point de vue de la condamnation prononcée.
   2° au point de vue de l'identité de l'électeur et du condamné.
  c) *dans quels cas la preuve de la capacité s'impose-t-elle.*

SECTION II. — Incapacités perpétuelles.

§ 1. — *Condamnation à des peines afflictives et infamantes ou infamantes seulement.*

§ 2. — *Interdiction du droit de vote et d'élection.*

§ 3. — *Condamnation pour crime à l'emprisonnement par l'admission de circonstances atténuantes.*

§ 4. — *Tromperie sur la marchandise.*

§ 5. — *Vol, escroquerie, abus de confiance, etc.*

  a) *nature de la peine.*
  b) *nature du délit.*
   1° vol.
   2° escroquerie.

3° abus de confiance.

4° soustraction par les dépositaires de deniers publics.

5° attentat aux mœurs.

c) *complicité.*

§ 6. — *Outrage aux bonnes mœurs.*

§ 7. — *Fraude électorale.*

§ 8. — *Notaires et officiers ministériels destitués par jugement.*

§ 9. — *Vagabondage et mendicité.*

§ 10. — *Destruction de registres, minutes, etc.*

§ 11. — *Tenue d'une maison de jeu de hasard ou de prêts sur gages.*

§ 12. — *Militaires condamnés aux travaux forcés.*

§ 13. — *Fraudes en matière de recrutement.*

§ 14. — *Falsification de substances alimentaires.*

§ 15. — *Usure.*

§ 16. — *Interdits.*

§ 17. — *Faillis.*

SECTION III. — INCAPACITÉS TEMPORAIRES.

§ 1. — *Rébellion.*

§ 2. — *Outrages envers les dépositaires de l'autorité publique.*

§ 3. — *Outrages envers un juré.*

§ 4. — *Loi sur les clubs.*

§ 5. — *Tromperie sur la marchandise.*

§ 6 — *Colportage.*

SECTION Iʳᵉ. — RÈGLES GÉNÉRALES.

§ 1. — *Qui a la jouissance des droits civils et politiques.*

102. — Tout français âgé de vingt et un ans, qui ne se trouve dans aucun cas d'incapacité prévu par la loi, a la jouissance des droits politiques (Loi du 5 avril 1884, art. 14 § 2).

103. — Aucune disposition constitutionnelle ou légale n'ayant conféré la jouissance des droits politiques aux femmes, elles ne peuvent être inscrites sur les listes électorales (Cass. 16 mars 1885).

a) Des causes d'incapacité

104. — Les causes d'incapacité électorale sont limitativement indiquées et sont énumérées dans les articles 15 et 16 du décret organique du 2 février 1852 (Cass. 10 et 17 mars 1873 et 24 septembre 1874).

105. — Les délits prévus et punis par des lois postérieures à ce décret n'entraînent la déchéance électorale que si par un texte précis le législateur l'a formellement édictée. Même, si la loi nouvelle a érigé en délit la tentative, non prévue jusque-là, d'un délit qui entraînait la perte de l'électorat, l'exclusion des listes électorales ne sera pas étendue à la tentative de ce délit (Cass. 17 mai 1881).

106. — Le principe de la non rétroactivité des lois est inapplicable à celles qui déterminent la capacité électorale. Aussi la déchéance édictée par une loi nouvelle est-elle encourue même par ceux qui ont été antérieurement frappés d'une condamnation prévue par cette loi (Cass. 22 mars 1876) (V. nos 225 et 235).

1º L'incapacité résulte soit de la sentence du juge soit de la condamnation elle-même.

a) Sentence du juge.

107. — Lorsque la loi n'a considéré l'incapacité électorale que comme un effet accessoire que le juge pouvait facultativement attribuer ou ne pas attribuer à la condamnation principale, il faut que le jugement s'en explique et il n'y a déchéance encourue que si elle est expressément prononcée (Cass. 5 avril 1869).

108. — C'est l'hypothèse prévue par le paragraphe 2 de l'article 15 du décret du 2 février 1852 (V. nos 155 et suivants).

b) Condamnation elle-même.

109. — **Les incapacités électorales attachées par la loi elle-même à de certaines condamnations judi-**

ciaires frappent de plein droit le condamné et cela bien que l'incapacité n'ait pas été prononcée par le jugement de condamnation (Cass. 15 avril 1868 et 30 avril 1870) (V. nos 113 et suivants).

110. — C'est l'hypothèse de l'article 15 moins le paragraphe 2 et de l'article 16 du décret du 2 février 1852.

111. — Les incapacités édictées par ces dispositions atteignent aussi bien ceux qui ont été condamnés comme *complices* que les auteurs principaux. En effet, l'article 59 du code pénal les met sur la même ligne et il est bien évident que le décret de 1852 n'a pas voulu déroger aux prescriptions générales du code pénal : le législateur s'en serait formellement expliqué (Cass. 5 avril 1868 et 30 avril 1885).

112. — Les condamnations auxquelles le législateur a attaché la privation du droit électoral produisent cet effet alors même que le condamné était *mineur* à l'époque de leur prononciation (Cass. 11 juillet 1879).

113. — L'incapacité ne peut résulter d'une condamnation judiciaire que si la loi a attaché spécialement cette conséquence à la peine principale (Cass. 24 et 30 avril 1877).

114. — L'individu condamné pour un délit autre que celui auquel est attachée l'incapacité électorale ne peut être privé des droits électoraux sous prétexte que le fait qui a été l'objet de la condamnation présenterait sous quelques rapports les caractères du délit prévu par la loi électorale ; la condamnation doit avoir pour cause ce délit lui-même (Cass. 2 avril 1851).

115. — L'individu condamné à trois mois d'emprisonnement pour *chantage* ne paraît pas frappé de l'incapacité électorale. Ce délit ne figure pas dans la nomenclature établie par le décret du 2 février 1852. On ne saurait, d'autre part, l'assimiler au vol, car les incapacités ne peuvent s'étendre par analogie (Lett. min. int. à préfet Haute-Saône, 15 juillet 1881).

116. — Les délits de *chasse*, de *faux témoignage en matière correctionnelle*, de *port d'armes prohibées* (Cass. 24 avril 1867) et de *destruction d'animaux domestiques* (Art. 453 du code pénal) (Cass. 2 avril 1867) n'entraînent pas l'incapacité électorale.

117. — Les condamnés soit pour *coups et blessures*, soit pour *menace de mort avec ordre ou sous condition* (Cass. 29 mai 1878), pour *délit de pêche* (Cass. 26 mars 1877), pour *diffamation* (Cass. 10 novembre 1860) (V. n° 287) (1), pour *violation de domicile* (Cass. 16 mars 1875), ne sont pas privés de leurs droits électoraux.

118. — La condamnation à 40 jours d'*emprisonnement* pour *entrave à la liberté du travail* n'emporte pas déchéance électorale (Cass. 15 mai 1877).

119. — Ni le *garde champêtre* condamné pour délit de *concussion*, par application de l'article 174 du code pénal (Cass. 3 juin 1867), ni le *fonctionnaire* privé de l'exercice de ses fonctions publiques pour délit d'*ingérence* (Cass. 1er octobre 1874), ne sont frappés de déchéance électorale.

120. — Bien qu'un individu ait été une ou plusieurs fois condamné, il est régulièrement maintenu sur la liste électorale si aucune des condamnations dont il a été l'objet n'est du nombre de celles que la loi a spécialement indiquées comme entraînant la perte des droits électoraux (Cass. 23 avril 1877) (V n°ˢ 186 à 191, 194, 196, 222, 236 à 239, 244, 254 à 259, 270 et 271, 282 à 284 et 290).

2° Le jugement emportant déchéance doit être définitif.

121. — L'incapacité ne peut résulter que d'une condamnation devenue définitive, c'est-à-dire ayant acquis l'autorité de la chose jugée, soit qu'elle ait été prononcée contradictoirement, soit qu'elle ait été prononcée par défaut (Cass. 22 mars 1864) (V. n° 261.)

122. — La circonstance que le jugement qui a motivé le refus d'inscrire un individu sur la liste n'aurait été signé que de l'un des juges et du greffier ne constitue qu'une négligence ou un oubli

---

(1) Il s'agit ici de diffamation envers un particulier.

qui ne saurait paralyser les conséquences légales d'une condamnation justement prononcée et devenue irrévocable par son exécution (Cass. 1er décembre 1874).

3° Le jugement doit émaner d'un tribunal français.

123. — Les condamnations prononcées par un tribunal étranger contre un français ne le privent pas du droit électoral (Cass. 14 avril 1868).

124. — Il semble évident que l'article 15 du décret de 1852 n'a eu en vue que les condamnations prononcées par les tribunaux français et non le cas tout exceptionnel d'une condamnation prononcée par un tribunal étranger puisque, lorsque le législateur a voulu que l'incapacité électorale résultât des jugements rendus à l'étranger, il s'en est formellement expliqué ainsi qu'il l'a fait à l'égard du failli dans le § 17 du même article, et toutefois sous la condition que le jugement étranger aurait été rendu exécutoire en France, ce qui fait rentrer l'exception dans la règle générale. Il serait d'ailleurs anormal qu'une autorité étrangère pût priver un français de ses droits de citoyen et influer ainsi sur la composition du corps électoral (Cass. 14 avril 1868).

125. — S'il est de règle que les condamnations prononcées par les tribunaux étrangers sont sans application en France, ce principe reçoit exception au cas où le pays dans lequel la sentence a été rendue vient à être annexé au territoire de la France; les deux souverainetés se confondent alors, le tribunal qui a statué est censé par la fiction de la loi avoir toujours été français, et sa décision doit produire dès lors tous les effets qui s'y attachent d'après la législation française (Cass. 30 avril 1885).

b) *Durée des incapacités.*

126. — Les incapacités sont perpétuelles ou temporaires. Celles-ci cessent par l'expiration du laps de temps pour lequel elles ont été encourues ou prononcées (V. n° 155 et 274).

127. — Les incapacités perpétuelles comme les incapacités temporaires en cours de durée ne peuvent pas cesser :

1° Par la grâce totale ou partielle de la peine (Cass. 21 août 1850, 6 mars 1865 et 6 novembre 1872), à moins que par une disposition spéciale comme celle insérée dans les lois du 3 mars 1879, du 11 juillet 1880 et du 19 juillet 1889, art. 3, le législateur n'ait déclaré que les grâces accordées par le gouvernement dans un délai donné vaudraient amnistie ;

2° Par la commutation de peine (Cass. 24 mars 1874);

3° Par la naturalisation de l'étranger antérieurement condamné par la justice française pour crime ou délit emportant pour le français la perte des droits civiques (Cass. 1ᵉʳ décembre 1874) ;

4° Par la prescription (V. nᵒˢ 128 et 129).

128. — L'incapacité attachée à certaines condamnations pénales subsiste, bien que la peine n'ait pas reçu son exécution et soit prescrite (Cass. 30 mars 1863).

129. — Essentiellement continue, l'incapacité ne comporte ni interruption, ni limite de temps susceptible d'engendrer une prescription.

Le long temps pendant lequel l'incapable a illégalement exercé ses droits électoraux ne saurait l'effacer. Il est impossible d'admettre en effet qu'en contrevenant aux dispositions pénales qui lui défendent de prendre part aux élections, le condamné puisse trouver dans ses contraventions à la loi le moyen d'acquérir ou de recouvrer le droit électoral dont il a été perpétuellement privé par l'effet du jugement rendu contre lui (Cass. 30 avril 1885).

130. — **Les incapacités perpétuelles, comme les incapacités temporaires en cours de durée, ne peuvent disparaître que par l'amnistie ou la réhabilitation** (V. nᵒ 127).

1° Amnistie,

131 — En droit, l'amnistie à la différence de la grâce,

qui n'est qu'une remise totale ou partielle de la peine, a pour effet d'effacer à la fois la condamnation et le délit, sans en laisser d'autres vestiges que celui des droits acquis aux tiers, de telle sorte que la condamnation est censée n'avoir jamais été encourue, le délit est réputé n'avoir jamais été commis et l'amnistié rentre comme s'il n'y avait eu ni délit ni condamnation dans la pleine possession et jouissance de ses droits civils et politiques (Cass. 12 avril 1870).

132. — Les individus, relevés par une amnistie de la déchéance des droits électoraux, ne peuvent pas réclamer leur inscription après le 4 février (Lett. min. int. à préfet Saône-et-Loire, 22 mars 1879) (V. nᵒˢ 91, 137, 319, 388 et 501).

133. — Amnistie pleine et entière a été accordée par une loi du 19 juillet 1889 pour toutes les condamnations prononcées ou encourues au 14 juillet 1889, à raison notamment : de délits et contraventions en matière de presse, de réunion et d'association, à l'exception des délits de diffamation et d'injure; de délits et contraventions en matière électorale ; de crimes et délits relatifs à l'affaire dite de Montceau-les-Mines, jugée dans l'année 1885; ainsi que pour les condamnations prononcées par les conseils de guerre de la Martinique à raison des événements de 1870. Elle a été accordée également aux déserteurs et insoumis qui avant le 1ᵉʳ janvier 1890 auront été l'objet d'une décision gracieuse du président de la République.

134. — Les militaires déserteurs ou insoumis n'ont bénéficié de la loi d'amnistie du 16 mars 1880, (ou de celle du 19 juillet 1889), qu'autant qu'ils avaient plus de quarante ans, ou que des infirmités les rendaient impropres à tout service actif dans les armées de terre ou de mer. Quant aux autres, ils ne peuvent invoquer le bénéfice de la loi que s'ils ont fait leur déclaration de repentir dans les délais fixés. Il n'y a pas à cet égard à distinguer entre les individus qui ont subi leur peine et ceux qui ne l'ont pas subie. La circulaire du ministre de la guerre du 23 mars 1880 porte expressément: quant aux individus qui ont été condamnés pour désertion ou insoumission, l'amnistie efface les effets de la condamnation, sauf en ce qui concerne les hommes pour lesquels elle est conditionnelle et qui ne se conformeraient pas aux prescriptions de la loi dans le délai fixé par l'art. 4. En conséquence les hommes âgés de moins de quarante ans qui ont subi leur peine devront se présenter devant les autorités désignées à cet effet, pour bénéficier de l'amnistie (Lett. min. int. à préfet Ardennes, 25 février 1881).

2° Réhabilitation.

135. — La réhabilitation efface la condamnation et fait cesser pour l'avenir toutes les incapacités qui en résulteraient (Art. 634 du code d'instruction criminelle), par conséquent l'incapacité électorale (Cass. 4 août 1886).

136. — Comme il importe en ce qui touche les individus qui ont encouru des condamnations emportant privation des droits électoraux que l'autorité administrative qui a mission de les réintégrer sur les listes électorales soit informée des arrêts d'admission rendus à leur égard, les Procureurs généraux doivent, pour éviter des lenteurs toujours regrettables, porter directement les noms des intéressés à la connaissance des Préfets des départements (Circ. min. just., 19 décembre 1885).

137. — L'électeur doit avoir obtenu sa réhabilitation avant l'expiration du délai de vingt jours accordé pour réclamer les inscriptions sur la liste électorale. Il ne pourrait pas, dans la pensée qu'il sera réhabilité avant le 31 mars, solliciter son inscription en se réservant de justifier seulement devant le juge de paix qu'il a depuis obtenu sa réhabilitation. Ce serait confondre la preuve du droit électoral avec l'existence même de ce droit. Si l'électeur peut, à raison de l'effet dévolutif de l'appel, faire pour la première fois devant le juge de paix la preuve de son droit à l'inscription, il doit alors justifier de l'existence de ce droit, non seulement au moment où il a fait appel, mais encore à l'époque où sa demande a dû être formée, sous peine de forclusion. Seules, les conditions d'âge et de résidence peuvent être invoquées au 4 février lorsqu'elles doivent être remplies au 31 mars (V. nᵒˢ 91, 132, 319, 388 et 501).

§ 2. — *Preuve de la capacité électorale.*

a) *Comment se prouve-t-elle ?*

138. — La preuve de la capacité résulte de la production d'un extrait du casier judiciaire ne contenant aucune condamnation emportant déchéance électorale (V. nᵒˢ 631 et suivants).

139. — De même la preuve de l'incapacité résulte de la production d'un extrait du casier judiciaire contenant la condamnation, ou d'une expédition du jugement la prononçant (Cass. 19 avril 1882), ou d'un extrait régulier d'un arrêt de Cour d'appel contenant la condamnation (Cass. 8 juin 1880).

140. — La nature du délit et la condamnation qui en a été la conséquence doivent être relevées dans la décision qui se fonde sur l'incapacité d'un citoyen pour lui refuser le droit de figurer sur la liste électorale.

141. — La décision qui ordonne la radiation d'un électeur ne peut se borner à déclarer qu'il est privé de ses droits civils, sans expliquer de quelles circonstances résulte cette privation et sans permettre par conséquent à la cour de cassation d'exercer son contrôle (Cass. 12 avril 1888).

142. — La radiation d'un électeur ne peut être ordonnée, sans s'expliquer d'aucune manière sur la nature du délit et la condamnation encourue, parce que ce citoyen est privé de ses droits électoraux, ainsi qu'il résulte d'un bulletin au casier judiciaire et qui a été produit (Cass. 26 avril 1888).

143. — La preuve d'une condamnation correctionnelle entraînant l'incapacité électorale ne saurait résulter :

1ᵒ D'un aveu de l'intéressé qui ajoute que la condamnation a été infirmée sur appel, l'aveu judiciaire étant indivisible en **matière** électorale comme en toute autre matière (Cass. 22 mars 1864) ;

2° De la notoriété publique (Cass. 2 mai 1883) ;

3° De simples renseignements administratifs, lorsque l'électeur nie que la condamnation lui soit applicable (Cass. 22 mars 1864).

b) *Qui a qualité pour apprécier la capacité électorale.*

1° Au point de vue de la condamnation prononcée.

144. — La question de savoir si un électeur ne doit pas figurer sur la liste électorale à raison d'une condamnation qu'il a encourue n'échappe pas à la compétence de l'autorité saisie de la demande d'inscription ou de radiation dudit électeur de la liste électorale (Cass. 31 mars 1879) (V. n° 1166).

2° Au point de vue de l'identité de l'électeur et du condamné.

145 — Le point de savoir si un jugement de condamnation invoqué à l'appui d'une demande en radiation s'applique au défendeur n'échappe point à la compétence de l'autorité saisie de cette demande ; c'est à tort qu'elle s'abstiendrait de statuer sur une question d'identité qui s'impose à elle (Cass. 20 mai 1886).

c) *Dans quels cas la preuve de la capacité s'impose-t-elle ?*

146 — Aucune disposition de loi n'oblige l'électeur qui demande son inscription à produire un extrait de son casier judiciaire ; la jouissance des droits civils et politiques doit toujours se présumer (Cass. 8 avril 1884 et 10 avril 1888) (V. n° 83 à 86).

147. — De même aucune des dispositions de l'article 14 de la loi du 5 avril 1884 n'exige que la personne qui demande l'inscription d'un citoyen sur la liste électorale d'une commune, alors qu'il est reconnu que ce citoyen remplit les conditions légales de l'électorat.

produise un relevé du casier judiciaire applicable à ce dernier (Cass. 6 avril 1887).

148. — Mais si la capacité électorale de l'intéressé est contestée dans les conditions indiquées au n° 86 § 1, il serait tenu de prouver qu'il n'a pas encouru la déchéance de ses droits.

149. — C'est au tiers électeur qui demande la radiation d'un électeur par le motif qu'il aurait été frappé d'une condamnation correctionnelle à produire le jugement ou l'extrait du casier judiciaire qui établit la cause d'incapacité de ce dernier (Cass. 19 avril 1882) (V. n° 888).

SECTION II.

INCAPACITÉS PERPÉTUELLES.

150 — Les incapacités édictées par l'article 15 du décret du 2 février 1852 sauf celles prévues par le paragraphe 2 du dit article ont un caractère perpétuel.

§ 1. — *Condamnation à des peines afflictives et infamantes ou infamantes seulement.*

151. — **Sont privés de leurs droits civils et politiques les individus condamnés soit à des peines afflictives et infamantes, soit à des peines infamantes seulement** (Décret du 2 février 1852, art 15, § 1er).

152. — Les peines afflictives et infamantes sont : la mort, — les travaux forcés à perpétuité, — la déportation, — les travaux forcés à temps, — la détention, — la réclusion (Article 7 du code pénal).

Les peines infamantes seulement sont le bannissement et la dégradation civique (Article 8 du code pénal).

Ces peines sont prononcées pour faits qualifiés crimes ou pour tentative de crimes dans les cas prévus par l'article 2 du code pénal.

153. — La condamnation pour crime d'intelligence avec l'ennemi prononcée par un conseil de guerre et en vertu d'une disposition du code de justice militaire emporte la perte du droit électoral (Cass. 24 mars 1874 et 4 août 1886).

154. — La loi du 27 février 1874 qui a modifié les règles relatives à la surveillance de la haute police n'a apporté aucun changement aux dispositions de l'article 15 qui prive de leurs droits civiques et électoraux les condamnés à des peines afflictives et infamantes (Cass. 22 août 1884).

§ 2. — *Interdiction du droit de vote et d'élection.*

155. — **Sont frappés d'incapacité électorale ceux auxquels les tribunaux, jugeant correctionnellement, ont interdit le droit de vote et d'élection par application des lois qui autorisent cette interdiction** (Décret du 2 février 1852, art. 15, § 2).

156. — Cette disposition est la reproduction de celle qui est inscrite dans les articles 42 du code pénal aux termes duquel les tribunaux jugeant correctionnellement peuvent, dans certains cas, interdire, en tout ou en partie, l'exercice des droits civiques, civils et de famille, — et 43 du dit code d'après lequel les tribunaux ne peuvent prononcer cette interdiction que lorsqu'elle a été autorisée ou ordonnée par une disposition particulière.

157. — Les dispositions particulières de la loi qui donnent aux tribunaux le pouvoir de prononcer l'interdiction sont inscrites dans les articles 86, 89, 91, 123, 142, 143, 155, 156, 157, 158, 160, 174, 228, 241 § 2, 251, 305, 309, 362, 366, 387, 388, 389, 399 § 2, 401, 405, 406, 407, 408, 410 et 418 du code pénal, 4 de la loi du 7 juin 1848, 2 de la loi du 14 mars 1872, 3 et 6 de la loi du 23 janvier 1873.

158. — L'incapacité prévue par le § 2 de l'art. 15 et conséquemment par les articles 42 et 43 du code pénal diffère des incapacités édictées par les autres paragraphes de l'article 15, en ce qu'elle doit être l'objet d'une déclaration formelle du juge et ne dure que le temps fixé par le jugement qui l'a prononcée (V. n°ˢ 107, 108 et 126) (1).

159. — Il est à remarquer que les individus condamnés pour délits prévus par l'article 410 du code pénal qui donne pouvoir aux tribunaux de les frapper de l'interdiction des droits civiques seraient déchus de leurs droits électoraux quand bien même le jugement de condamnation n'édicterait pas contre eux une semblable peine. Ils tombent en effet sous le coup du § 11 de l'article 15 qui les excluent de plano de la liste électorale (V. n° 229).

§ 3. — *Condamnation pour crime à l'emprisonnement par suite d'admission de circonstances atténuantes.*

160. — **Sont frappés d'incapacité électorale les condamnés pour crime à l'emprisonnement par application de l'article 463 du code pénal, c'est-à-dire par suite de l'admission de circonstances atténuantes** (Décret du 2 février 1852, art. 15, § 3).

161. — Cet article comprend deux éléments essentiels à son application ; il faut d'abord une *condamnation pour crime*, et de plus que ce soit par application de l'article 463, en vertu de *circonstances atténuantes*, que la peine du crime ait été abaissée à l'emprisonnement.

162. — L'exclusion des listes électorales ne frappe pas le citoyen condamné pour crime à l'emprisonnement par l'effet de l'admission d'une *excuse légale*, car lorsque le fait a été ainsi puni de l'emprisonnement par application de l'article 326 du code pénal, ce n'est plus le juge qui tout en laissant au crime son caractère légal abaisse la peine à raison des circonstances qui lui paraissent en atténuer

---

(1) Cette incapacité n'est donc pas à proprement parler perpétuelle. Le législateur l'a mise cependant au nombre des incapacités perpétuelles parce qu'elle peut en effet être prononcée pour une durée supérieure à cinq ans, durée qui est celle des incapacités temporaires prévues par l'article 16 du décret du 2 février 1852.

la gravité, c'est le législateur lui-même qui, donnant au crime un caractère légal différent, prononce une simple peine d'emprisonnement susceptible elle-même d'être tempérée par l'article 463 du même code (Cass. 30 mars 1863 et 24 avril 1867).

163. — Si la déclaration du jury faisait dégénérer le crime reproché à l'accusé en simple délit, le paragraphe 3 ne serait plus applicable, et le condamné ne serait pas de plein droit privé de ses droits électoraux si le délit n'entraînait pas cette déchéance (Cass. 16 mai 1849).

164. — La loi du 13 mars 1863 qui a fait rentrer dans la classe des délits certains faits antérieurement qualifiés crimes n'a pas eu pour conséquence de rendre la capacité électorale aux individus frappés sous l'empire de cette loi d'une condamnation entraînant la perte des droits électoraux (Cour de Nîmes, 11 mars 1875).

165. — La condamnation à l'emprisonnement pour crime par application de l'article 463 du code pénal emporte l'exclusion des listes électorales quoiqu'il ne soit pas fait mention dans l'extrait du greffier qui constate cette condamnation d'une déclaration de circonstances atténuantes (Cass. 6 janvier 1851).

166. — Celui qui a été condamné à l'emprisonnement pour un fait que la loi qualifie délit (homicide involontaire) ne saurait être rayé de la liste électorale, sous prétexte qu'il serait de notoriété publique que la condamnation quoique prononcée correctionnellement l'aurait été en réalité pour crime (meurtre) (Cass. 29 mars 1863) (V. n° 143 § 2).

167. — Lorsque d'un extrait du casier judiciaire applicable à celui dont l'inscription est contestée il résulte qu'il a été condamné par un arrêt de la Cour d'assises à un an d'emprisonnement pour crime, l'inscription contestée ne peut être ordonnée sous le seul prétexte qu'aucun document ne tendrait à établir l'incapacité de l'électeur (Cass. 8 juin 1880).

§ 4. — *Tromperie sur la marchandise.*

168. — **Sont privés des droits électoraux ceux qui ont été condamnés à 3 mois de prison par application de l'article 423 du code pénal et de l'article 1er de la loi du 27 mars 1851** (Loi du 24 janvier 1889 ; Décret du 2 février 1852, art. 15, § 4 (V. n°s 247 et 289)

169. — Quiconque aura trompé l'acheteur sur le titre des matières d'or ou d'argent, sur la qualité d'une pierre fausse vendue pour fine, sur la nature de toute marchandise ; quiconque, par usage de faux poids ou de fausses mesures, aura trompé sur la quantité des choses vendues, sera puni de l'emprisonnement pendant 3 mois au moins, un an au plus, et d'une amende qui ne pourra excéder le quart des restitutions et dommages-intérêts, ni être au-dessous de cinquante francs (Article 423 du code pénal).

170. — Seront punis des peines portées par l'article 423 du Code pénal : 1° ceux qui falsifieront des substances ou denrées alimentaires ou médicamenteuses destinées à être vendues ; — 2° ceux qui vendront ou mettront en vente des substances ou denrées alimentaires ou médicamenteuses qu'ils sauront être falsifiées ou corrompues ; — 3° ceux qui auront trompé ou tenté de tromper, sur la quantité des choses livrées, les personnes auxquelles ils vendent ou achètent, soit par l'usage de faux poids ou de fausses mesures, ou d'instruments inexacts servant au pesage ou mesurage, soit par des manœuvres ou procédés tendant à fausser l'opération du pesage ou mesurage, ou à augmenter frauduleusement le poids ou le volume de la marchandise, même avant cette opération ; soit, enfin, par des indications frauduleuses tendant à faire croire à un pesage ou mesurage antérieur et exact (Loi du 27 mars 1851, art. 1).

171. — La vente de substances alimentaires ou médicamenteuses falsifiées entraine la même incapacité, qu'il s'agisse de substances liquides ou solides (Cass. 16 novembre 1874).

§ 5. — *Vol, escroquerie, abus de confiance, etc.*

172. — **Sont privés de leurs droits électoraux les condamnés pour vol, escroquerie, abus de confiance, soustraction commise par les dépositaires des deniers publics, ou attentats aux mœurs prévus par les articles 330 à 331 du code pénal, quelle que soit la durée de l'emprisonnement auquel ils ont été condamnés** (Décret du 2 février 1852, art. 15, § 5).

a) *Nature de la peine.*

173. — Pour que la déchéance électorale soit encourue, il faut qu'il y ait eu condamnation à l'emprisonnement.

174. — Ce paragraphe, en disposant qu'on ne doit pas inscrire sur les listes électorales les condamnés pour vol, quelle que soit la durée de l'emprisonnement auquel ils ont été condamnés, indique clairement par ces expressions qu'il n'entend pas attacher l'incapacité qu'il prononce à la seule existence d'une condamnation pour vol, mais à une condamnation pour un vol comportant, d'après les circonstances appréciées par le juge, la peine de l'emprisonnement. Un condamné pour vol à une simple amende n'est pas frappé d'incapacité électorale (Cass. 30 avril 1877 et 8 juin 1880).

175. — La condamnation pour abus de confiance entraîne l'incapacité, quelle que soit la durée de l'emprisonnement (Cass. 16 mars 1875).

176. — L'individu condamné pour attentat aux mœurs à une simple peine pécuniaire n'est pas exclu de la liste électorale : l'incapacité n'existe qu'autant qu'il a été condamné à l'emprisonnement (Cass. 18 mars 1863 et 8 mai 1876).

177. — Il en serait de même en cas de condamnation pour délit d'escroquerie et de soustraction par les dépositaires de deniers publics. Ceux-ci doivent avoir été condamnés à l'emprisonnement pour être déchus de leurs droits électoraux.

178. — Une condamnation pour vol commis dans les champs, délit passible de l'emprisonnement d'après la législation sarde, entraîne l'incapacité électorale, bien que l'élargissement ait été ordonné par ce motif que la détention soufferte constituait une punition suffisante. Si, aux termes de l'article 62 du code criminel de la Sardaigne, les tribunaux sardes avaient le pouvoir d'imputer en totalité ou en partie la peine méritée par le prévenu reconnu coupable sur la détention préventive qu'il avait subie, cette détention n'en avait pas moins en pareil cas un caractère pénal, alors même qu'elle avait pour conséquence la mise en liberté immédiate du condamné, puisqu'elle le constituait, d'après la jurisprudence, en état de récidive légale lorsqu'il commettait un nouveau délit (Cass. 30 avril 1885).

b) *Nature du délit.*

179. — Les délits indiqués par ce paragraphe comme emportant déchéance électorale s'ils ont fait l'objet d'une condamnation à l'emprisonnement sont le vol, l'escroquerie, l'abus de confiance, la soustraction commise par les dépositaires de deniers publics et l'attentat aux mœurs (1).

1° Vol.

180. — L'incapacité électorale est encourue par le condamné pour vol alors même qu'il serait âgé de moins de seize ans lors de la perpétration du vol (Cass. 9 octobre 1874) (V. n° 197).

181 — Si l'incapacité électorale qui résulte des termes de l'article 15 est de droit étroit, et si, par conséquent, elle ne peut être étendue, dans les cas prévus au n° 5 dudit article, à des actes qui ne seraient pas qualifiés par la loi pénale ordinaire de vol, d'escroquerie ou d'abus de confiance, cette incapacité s'applique à tous ceux qui rentrent dans la définition légale de ces délits et particulièrement au militaire qui a été condamné par un conseil de guerre par application de l'article 401 du code pénal à un an d'emprisonnement pour vol d'une chemise au préjudice d'un habitant (Cass. 5 mai 1885).

182. — La soustraction frauduleuse de la chose d'autrui étant qualifiée, selon les cas, crime ou délit de vol, et les condamnés pour vol, quelle que soit la durée de l'emprisonnement dont ils ont été frappés, étant par le fait seul de leur condamnation et tant qu'ils n'ont pas été réhabilités exclus des listes électorales, un individu condamné par jugement correctionnel à huit jours d'emprisonnement pour soustraction frauduleuse est frappé de l'incapacité électorale (Cass. 19 avril 1888).

183. — Un individu condamné correctionnellement pour vol de

_(1) Nous passons en revue chacun de ces délits et nous rapportons successivement les arrêts rendus à l'occasion de chacun d'eux.

récoltes encourt l'incapacité édictée par l'article 15, § 5, car l'article 388 du Code pénal est inscrit au chapitre des vols, et le maraudage est un vol (Cass. 12 avril 1888) (V. n° 178).

184. — La filouterie est une variété du vol, comprise comme le vol dans l'article 401 du code pénal, et punie des peines édictées par le même article. La condamnation à l'emprisonnement pour filouterie prive donc du droit électoral alors même qu'elle serait antérieure au décret de 1852, les lois politiques ayant un effet rétroactif (Cass. 21 avril 1887) (V. n° 87).

185. — La condamnation à l'emprisonnement pour tentative de vol emporterait déchéance du droit électoral (V. n° 192).

186. — Un militaire condamné par un conseil de guerre à trois mois d'emprisonnement, par application de l'article 17, titre 1er, section 3, de la loi du 12 mai 1793 (1), pour avoir pris par fraude et sans payer, à boire et à manger chez l'habitant, n'encourt pas l'incapacité électorale. Le délit pour lequel cette peine lui a été infligée n'implique en effet ni les manœuvres frauduleuses caractéristiques de l'escroquerie, ni la remise à titre de louage, de dépôt ou de mandat ou pour un travail quelconque, constitutive de l'abus de confiance ; il n'implique pas davantage la soustraction ou appréhension contre le gré du propriétaire, élément nécessaire du vol, tel qu'il est défini par l'article 379 du code pénal ; si ce délit figure dans la loi de 1793 dans la section intitulée vol, il se distingue essentiellement de la soustraction frauduleuse prévue par la loi ordinaire et constitue un délit spécial (Cass. 21 avril 1887).

187. — De même un individu condamné pour filouterie d'aliments n'est pas privé de ses droits électoraux, bien que cette sorte de filouterie érigée en délit par la loi du 26 juillet 1873 soit aujourd'hui comprise dans l'article 401 du code pénal et punie des peines qu'il édicte ; elle constitue, en effet, un délit *sui generis* auquel manque le caractère essentiel du vol, la *contrectatio fraudulosa*, soustraction frauduleuse (Décision du ministre de la justice du 5 avril 1878 ; — rapport de M. le conseiller Greffier dans l'arrêt du 21 avril 1887 précité).

---

(1) Art. 17. — Tout militaire ou tout autre individu attaché à l'armée, qui sera convaincu d'avoir pris, par fraude et sans payer, à boire et à manger chez un habitant, soit en route, soit en garnison ou cantonnement, sera puni de trois mois de prison.

188. — Aucune disposition de loi ne prononce l'exclusion de la liste électorale contre les condamnés pour détournement d'objets saisis. Si ce délit est puni par l'article 400 du code pénal des peines portées par l'article 401 ou, suivant le cas, de celles portées par l'article 406, ce n'en est pas moins un délit distinct du vol et de l'abus de confiance qui a ses caractères propres et dont on ne peut faire dériver d'autres conséquences que celles qui y ont été expressément attachées par la loi (Cass. 29 janvier et 14 mai 1879, 8 avril 1886).

189. — La condamnation pour coupe et enlèvements d'arbres dans une forêt de l'Etat ne peut pas être considérée comme une condamnation pour vol (Conseil d'Etat, 29 novembre 1878) (V. n° 227).

190. — La condamnation d'un individu à l'amende et à des restitutions et dommages-intérêts envers une commune pour avoir laissé couper des arbres sans dresser procès-verbal dans une forêt appartenant à celle-ci et dont la garde lui était confiée ne saurait être assimilée à une condamnation pour complicité de vol (Conseil d'Etat, 2 juillet 1861).

191. — N'est pas frappé d'incapacité l'individu condamné à l'emprisonnement pour avoir coupé et enlevé des osiers dans une oseraie, alors qu'il résulte des termes du jugement que la peine avait été prononcée en vertu des articles 34 et 36 de la loi des 28 septembre - 6 octobre 1791, relatifs au maraudage (Cass· 3 avril 1866).

2° Escroquerie.

192. — Le paragraphe 5 de l'article 15 s'applique à toute condamnation à l'emprisonnement prononcée en vertu de l'article 405 du code pénal soit que le fait ait le caractère d'escroquerie, soit qu'il ne constitue qu'une tentative de ce délit (Cass. 25 juin 1881) (V. n° 185).

3° Abus de confiance.

193. — Aux termes de l'article 15 § 5 ne doivent pas être inscrits sur les listes électorales les condamnés pour abus de confiance (V. n° 175).

La loi électorale se réfère ainsi à l'ensemble des articles compris dans la section II § 2 du chapitre 2 du code pénal (articles 406 à 409) lesquels sont réunis sous la rubrique générale : abus de con-

fiance, et punissent des délits qui tous rentrent dans cette qualifi-
cation. La condamnation pour *abus de blanc-seing* rentre dans les
prévisions du § 5 de l'article 15 (Cass. 28 mars 1889).

194. — Le gardien d'un cimetière prévenu tout à la fois de vol
commis dans ce cimetière et de violation de sépulture et qui,
acquitté sur le premier chef, n'a été condamné à l'emprisonnement
qu'à raison du second, ne peut être exclu de la liste électorale sous
prétexte que le délit dont il a été déclaré coupable aurait quelques
caractères du délit d'abus de confiance (Cass. 2 avril 1851).

4° Soustractions par les dépositaires de deniers publics.

195. — D'après l'article 15 § 5, les condamnés pour soustractions
commises par les dépositaires de deniers publics ne doivent pas
être inscrits sur les listes électorales.

Cette disposition légale, conçue en termes généraux, comprend
nécessairement tous les individus condamnés pour le délit dont il
s'agit, quel que soit leur âge, état ou profession ; il importe peu
notamment que lors de la condamnation ils fussent militaires ou
non militaires (Cass. 7 mars 1882) (V. n° 181).

5° Attentat aux mœurs.

196. — La loi a spécifié ceux des attentats aux mœurs qui, constituant de simples délits, tombent sous le coup de la disposition de
l'article 15 du décret du 2 février 1852. Ce sont l'outrage public à
la pudeur (Article 330 du code pénal) et l'excitation à la débauche
(Article 334 du code pénal). Tout autre délit contre les bonnes
mœurs, particulièrement *l'adultère* ne peut donner lieu à l'incapacité électorale (Cass. 26 mars 1862) (V. n° 176).

197. — Le mineur de seize ans condamné, comme coupable
d'avoir commis avec discernement un crime d'attentat aux mœurs,
à être enfermé pendant un temps indéterminé dans une maison
de correction, doit être considéré comme ayant été condamné à
l'emprisonnement: il est par suite frappé d'incapacité électorale
(Cass. 10 mai 1881) (V. n° 180).

c) *Complicité*

198. — La condamnation à l'emprisonnement pour
complicité de ces délits entraîne la déchéance électorale.

199. — Le décret du 2 février 1852, en privant du droit de vote les condamnés à l'emprisonnement pour vol, atteint tous ceux qui ont été frappés de cette peine comme ayant pris part d'une manière quelconque à une soustraction frauduleuse ; il ne distingue pas entre le complice et l'auteur principal de ce délit lesquels sont d'ailleurs complètement assimilés par l'article 59 du code pénal (Cass. 30 avril 1885).

200. — La condamnation à l'emprisonnement pour complicité du délit d'abus de confiance est une cause d'exclusion de la liste électorale (Cass. 5 avril 1869).

§ 6. — *Outrage aux bonnes mœurs.*

201. — **Sont frappés d'incapacité électorale les individus condamnés pour outrage aux bonnes mœurs** (Loi du 29 juillet 1881, art. 28 ; Décret du 2 février 1852, art. 15, § 6).

202. — Ce paragraphe visait aussi avant la loi de 1881 les individus condamnés par application de l'article 8 de la loi du 17 mai 1819 et de l'article 3 du décret du 11 août 1848 pour outrage à la morale publique et religieuse ou aux bonnes mœurs, et pour attaque contre le principe de la propriété et les droits de la famille.

203. — La loi du 29 juillet 1881 a amnistié tous les crimes et délits commis par la voie de la presse ou autres moyens de publication antérieurement au 21 juillet, sauf l'outrage aux bonnes mœurs. Elle a en même temps abrogé les dispositions insérées au § 6 de l'article 15 et qui prévoyaient ces crimes et délits. Ceux-ci ne sont donc plus une cause d'exclusion de la liste électorale.

204. — Mais si la loi du 17 mai 1819, visée par ce paragraphe, a été abrogée par la loi du 29 juillet 1881, celle-ci, d'une part, a par son article 28 maintenu le délit d'outrages aux bonnes mœurs dont elle a aggravé la peine, et d'autre part par son article 23 a reproduit tous les moyens énumérés par la loi de 1819 comme étant ceux à l'aide desquels le délit aurait été commis. Ni la loi du 29 juillet 1881 ni celle du 2 août 1882 qui a élevé les peines édictées contre les auteurs du délit d'outrages aux bonnes mœurs n'ont, par une disposition quelconque, indiqué que l'incapacité écrite au § 6 de l'article 15 dût disparaître (Cass. 18 avril 1888).

205. — Donc quant aux individus condamnés pour outrage aux bonnes mœurs l'incapacité électorale édictée contre eux subsiste et est de droit : elle n'a pas besoin par conséquent d'être prononcée par les tribunaux et résulte de toute condamnation infligée pour un tel délit quelle que soit la date de la loi qui ait été appliquée (Cass. 28 mars 1889).

206. — Toutefois l'article unique § 2 de la loi du 11 juillet 1880 qui accorde amnistie à tous les condamnés pour délits de presse, commis jusqu'à la date du 6 juillet 1880, comprend dans la généralité de ses termes tous les délits prévus par les lois spéciales sur la presse, notamment par la loi du 17 mai 1819, que ces délits aient été commis par la voie de la presse ou par tout autre mode de publication, dès lors cette amnistie a eu pour conséquence d'abolir l'effet des condamnations antérieurement prononcées et spécialement de faire cesser l'incapacité électorale qui en résultait aux termes de l'article 15 § 6 du décret de 1852 (Cass., 5 juin 1883).

207. — Une nouvelle amnistie a été accordée le 19 juillet 1889 pour délits en matière de presse (V. n° 133).

§ 7. — *Fraudes en matière électorale.*

208. — **Sont déchus du droit électoral les individus condamnés à plus de trois mois d'emprisonnement en vertu des articles 31, 33, 34, 35, 36, 38, 39, 40, 41, 42, 45 et 46 du présent décret organique du 2 février 1852 (fraudes en matière électorale, violences et voies de fait aux scrutins électoraux)** (Décret du 2 février 1852, art. 15, § 7).

209. — Les délits relatifs à l'exercice des droits civiques sont compris dans les délits politiques auxquels la loi du 11 juillet 1880 est applicable. Les délits de fraude en matière électorale portant atteinte à l'exercice d'un droit civique ont donc le caractère de délits politiques. — Ces délits rentrant dans les termes de la loi du 11 juillet 1880, l'amnistie qu'elle prononce a eu pour conséquence d'abolir complètement l'effet de la condamnation prononcée et spécialement l'incapacité électorale qui en résultait (Cass., 11 avril 1881).

210. — Amnistie a été de nouveau accordée le 19 juillet 1889 pour les délits en matière électorale (V. n° 133).

211. — Lorsque l'incapacité électorale est attachée à une condamnation à plus de trois mois d'emprisonnement, il faut que la condamnation prononcée soit au moins de trois mois et un jour (Cass., 26 mars 1862 et 24 avril 1867).

212. — Une condamnation pour fraudes électorales à moins de 3 mois de prison ne saurait donc entraîner par elle-même l'incapacité électorale.

On ne peut se fonder en ce cas pour ordonner qu'un électeur ne sera pas inscrit sur ce que l'interdiction des droits civiques a probablement été prononcée en outre contre lui. Ce serait se contenter d'une simple probabilité alors que la loi impose l'obligation de contrôler une supposition toute gratuite dont l'examen de la condamnation aurait fait immédiatement reconnaître l'inexactitude (Cass. 11 avril 1881).

§ 8. — *Notaires et officiers ministériels destitués par jugement.*

213. — **Sont privés du droit électoral les notaires, greffiers et officiers ministériels destitués en vertu de jugements ou de décisions judiciaires** (Décret du 2 février 1852, art. 15, § 8).

214. — Les notaires ne peuvent être destitués que par un jugement rendu par les tribunaux (Loi du 25 ventôse an XI, art. 53).

215. — Les greffiers peuvent l'être sur simple rapport du procureur général par décret du gouvernement (Loi du 27 ventôse an VIII, art. 92) (V. n°s 218 et 219).

216. — Les avoués, huissiers et commissaires-priseurs sont poursuivis disciplinairement devant le tribunal civil conformément à l'article 103 du décret du 30 mars 1808 ; le tribunal émet un avis sur la peine applicable, mais c'est le garde des Sceaux qui statue définitivement et propose la révocation au président de la République.

217. — Les décisions des Cours et des tribunaux, en matière disciplinaire, ne sont sujettes ni à l'appel ni au recours en cassation et aucune loi ne prescrit de les notifier aux inculpés (Cass. 30 juin 1890).

218. — Il résulte expressément des termes de l'article 15 § 8 que pour qu'un notaire, un greffier ou un officier ministériel doive être exclu de la liste électorale, il ne suffit pas que le fonctionnaire ou l'officier ministériel ait été destitué, il faut encore que la destitution ait eu lieu en vertu de jugement ou de décision judiciaire. On doit reconnaître ce caractère à toute destitution prononcée par l'autorité supérieure, après des poursuites criminelles, correctionnelles ou disciplinaires en vertu notamment de l'article 103 du décret du 30 mars 1808, parce que la destitution qui intervient dans de telles circonstances est le complément et le dernier acte des poursuites précédemment exercées, et que le chef de la justice exerce en cela une véritable et souveraine juridiction. Mais on ne saurait appliquer l'exclusion prononcée par la loi électorale au cas où la révocation est prononcée par l'autorité supérieure en l'absence de toutes poursuites, comme mesure purement administrative (Cass. 14, 21 août et 18 novembre 1850, 18 mars 1851, 26 mars 1862, 2 avril 1872, 19 avril 1880, 30 juin 1890 et 12 mai 1891).

219. — C'est ainsi que l'incapacité électorale ne résulte pas du décret qui destitue un greffier en vertu du pouvoir de révocation attribué au chef de l'Etat par l'article 92 de la loi du 27 ventôse an VIII (Cass. 25 novembre 1874).

220. — Mais la destitution prononcée par décret serait une cause d'incapacité s'il y avait eu poursuite disciplinaire alors même que le tribunal se serait seulement prononcé pour la suspension (Cass. 14, 21 août 1850 et 26 mars 1862).

Car le décret de destitution est alors le dernier acte de la poursuite disciplinaire et forme avec la sentence qui a prononcé la suspension une véritable décision judiciaire (Cass. 30 juin 1890).

221. — Les défenseurs près les tribunaux d'Algérie sont des officiers ministériels soumis à la juridiction disciplinaire du procureur général qui prononce les peines inférieures à la suspension et qui, lorsqu'il est d'avis d'appliquer la suspension ou la révocation, procède à une enquête, interroge le défenseur et adresse un rapport au ministre, à qui il appartient de statuer.

Pour les fautes commises à l'audience, le tribunal peut prononcer la suspension pendant trois mois : appel peut être formé devant la Cour si la suspension a été prononcée ou simplement requise : la décision est transmise au ministre qui a le droit de prononcer la destitution (Arrêté ministériel du 26 novembre 1841, articles 22, 23 et 24).

222. — Un décret non motivé qui se borne à pourvoir au remplacement d'un défenseur révoqué, ne présente pas les caractères d'une décision judiciaire prononçant la peine de la destitution pour fait disciplinaire (Cass. 9 mai 1882).

223. — Les notaires, les greffiers et les officiers ministériels destitués peuvent être relevés de l'incapacité électorale résultant de leur destitution en obtenant leur réhabilitation (Loi du 19 mars 1864).

§ 9. — *Vagabondage et mendicité.*

224. — **Sont privés du droit électoral les condamnés pour vagabondage ou mendicité** (Décret du 2 février 1852, art. 15, § 9).

225. — L'incapacité électorale édictée par ce paragraphe contre les individus condamnés pour mendicité frappe même ceux qui ont été condamnés antérieurement (Cass. 22 mars 1876) (V. n° 106).

226 — La condamnation pour mendicité entraînant seule l'incapacité électorale, le simple séjour dans un dépôt de mendicité ne saurait produire un semblable effet (V. n° 216).

§ 10. — *Destruction de registres, minutes ; abatage et mutilation d'arbres, etc.*

227. — **Sont déchus du droit électoral les condamnés à 3 mois d'emprisonnement au moins par application des articles 439 (destruction de registres, minutes, actes originaux de l'autorité publique, titres, billets, lettres de change, effets de commerce ou de banque), 443 (détérioration volontaire de marchandises servant à la fabrication), 445 (abatage d'arbres qu'on**

sait être à autrui), 446 (mutilation d'arbre), 447 (destruction de greffes) et 452 du code pénal (empoisonnement de chevaux, bêtes de voiture, de monture ou de charge, de bestiaux à corne, moutons, chèvres, porcs, de poissons dans les étangs, viviers ou réservoirs (Décret du 2 février 1852, art. 15, § 10) (V. nos 189 et 211).

228. — Ce paragraphe n'atteint pas un individu condamné à 8 jours de prison pour dévastation de récoltes, d'arbres fruitiers, de greffes et pour bris de clôture (Conseil d'Etat, 27 mai 1881).

§ 11. — *Tenue d'une maison de jeu de hasard ou de prêts sur gages.*

229. — **Sont privés du droit électoral les individus déclarés coupables des délits prévus par les articles 410 (tenue de maison de jeu de hasard) et 411 du code pénal (tenue de maison de prêts sur gages ou nantissement sans autorisation légale ou défaut de tenue régulière du registre réglementaire)** (Décret du 2 février 1852, art. 15, § 11).

230. — L'article 15 § 11 du décret organique du 2 février 1852 interdisait l'inscription, sur les listes électorales, des individus reconnus coupables des délits prévus par la loi du 21 mai 1836, portant prohibition des loteries.

La loi du 30 novembre 1875 (art. 22, § 4) déclare cette disposition abrogée, *sauf aux tribunaux à faire aux condamnés l'application de l'article 42 du Code pénal*, qui permet aux juges de prononcer, dans certains cas, l'interdiction de tout ou partie des droits civiques, civils ou de famille, parmi lesquels figurent les droits de vote, d'élection et d'éligibilité.

La loi du 30 novembre 1875 a donc rendu facultative pour les tribunaux la privation des droits électoraux qui, sous l'empire du décret du 2 février 1852, atteignait de plein droit les individus condamnés pour loteries non autorisées et a, par conséquent, mitigé les dispositions pénales de la législation précédente. A ce titre, et suivant le principe posé par le décret du 23 juillet 1810 (art. 6), la Cour de cassation a fait application de l'article 22 de cette loi aux individus qui, ayant commis une infraction antérieure à la promulgation de la loi du 30 novembre 1875, n'étaient pas encore sous le coup d'une décision judiciaire devenue définitive avant cette promulgation (Arrêt de la Cour de cassation, 14 janvier 1876).

Quant aux individus qui ont été *définitivement* condamnés pour infraction à la loi de 1836, antérieurement à la promulgation de la nouvelle loi électorale, ils ne peuvent se prévaloir des atténuations autorisées par cette dernière loi. D'une part, en effet, la rétroactivité de faveur qui fait échec aux prescriptions générales de l'article 4 du Code pénal ne saurait porter atteinte à l'autorité de la chose jugée (Code pénal de 1791 ; loi du 6 octobre 1791, titre IV, art. 1er). D'autre part, la loi de 1875 n'a pas fait disparaître l'interdiction des droits électoraux, prononcée par le décret de 1852. Elle s'est bornée à rendre cette interdiction facultative.

Le rétablissement des individus définitivement condamnés sur les listes électorales les placerait donc dans une situation meilleure que celle qui aurait pu leur être faite, en vertu de l'article 42 du code pénal, s'ils avaient été jugés postérieurement à la promulgation de la loi de 1875. Cette conséquence est inadmissible.

Il résulte des observations qui précèdent que les individus condamnés définitivement, avant la promulgation de la loi du 30 novembre 1875, pour infraction à la loi sur les loteries, demeurent privés du droit d'être inscrits sur les listes électorales et ne pourront figurer sur ces listes qu'après avoir obtenu leur réhabilitation (Note insérée au Bulletin officiel du ministère de l'intérieur, année 1876, p. 275).

231. — Le journaliste, condamné en vertu de la loi du 21 mai 1836 pour avoir annoncé une loterie étrangère et son tirage annuel, encourt l'exclusion (Cass. 7 août 1850).

§ 12. — *Militaires condamnés aux travaux forcés.*

232. — **Sont déchus de leurs droits électoraux les militaires condamnés au boulet ou aux travaux publics** (Décret du 2 février 1852, art. 15, § 4).

233. — Comme ces peines ne sont prononcées que pour crimes, ce paragraphe n'est qu'une application faite aux militaires des dispositions du paragraphe 1er (V. no 151).

234. — Un militaire condamné à 5 ans de fers est frappé d'une incapacité résultant de la condamnation, et qui ne peut cesser que par une amnistie ou par la réhabilitation (Cass. 4 août 1886).

235. — L'article 73 de la loi du 15 juillet 1889 sur le recrutement, édictant la privation des droits électoraux contre les militaires condamnés pour désertion en temps de guerre, ne doit pas être étendu au-delà de ses termes. Les militaires condamnés à l'emprisonnement pour désertion en temps de paix ne sont donc pas, par ce seul fait, privés de leurs droits électoraux (Lett. min. int. 24 mars 1891) (V. no 106).

236. — Les militaires, justiciables des conseils de guerre, peuvent se rendre coupables de crimes ou de délits de droit commun ou d'infractions à la discipline de l'armée. Dans le premier cas, les conseils de guerre appliquent, en vertu de l'art. 267 du code de justice militaire, les peines édictées par le code pénal. Ces condamnations ont au point de vue de la capacité électorale les mêmes conséquences que les condamnations prononcées par les tribunaux ordinaires, c'est-à-dire qu'elles entraînent ou n'entraînent pas l'incapacité du droit de vote et d'éligibilité suivant que le décret du 2 février 1852 a ou non attaché cette déchéance à la condamnation. Mais, en ce qui concerne les infractions au devoir militaire, l'article 15, § 12, ne déclare privés des droits électoraux que les condamnés aux travaux publics (la peine du boulet étant aujourd'hui abolie). Le législateur s'est donc attaché ici non plus à la nature du crime ou du délit, mais à la nature de la condamnation. Il en résulte qu'il n'y a pas à rechercher si l'infraction au devoir militaire se rapproche plus ou moins d'un délit ordinaire entraînant l'incapacité électorale. Le seul point à vérifier est celui de savoir quelle est la peine encourue (Lett. min. int., à min. guerre, 2 mars 1876) (V. n° 240).

237. — Les militaires condamnés à d'autres peines que les travaux publics peuvent être frappés d'incapacité électorale, mais seulement dans les mêmes conditions que tous les autres citoyens. (Cass. 26 mars 1862 et 26 mars 1867) (V. n°ˢ 181, 186 et 193).

238. — Un individu condamné par un conseil de guerre à deux ans de prison pour outrage par paroles et menaces en dehors du service envers un supérieur peut être inscrit sur les listes électorales (Avis min. int., 6 mars 1890).

239. — Une condamnation à un an d'emprisonnement, prononcée contre un militaire par un conseil de guerre pour la vente d'effets militaires de petit équipement, ne rentre ni dans les délits ordinaires, ni dans les crimes et délits militaires auxquels la loi a attaché l'incapacité électorale (Cass. 26 mars 1867).

240. — L'envoi d'un militaire dans une compagnie de discipline, sur l'avis du conseil de discipline de son régiment, doit être considéré comme une simple peine disciplinaire ne pouvant à aucun titre entraîner la radiation des listes électorales (Lett. min. int. à préfet Seine-Inférieure, 6 mars 1877).

§ 13. — *Fraudes en matière de recrutement.*

241. — **Sont privés du droit électoral les individus condamnés à l'emprisonnement par application des articles 38, 41, 43 et 45 de la loi du 21 mars 1832 sur le recrutement de l'armée** (Décret du 2 février 1852, art. 15, § 13).

242. — L'article 43 de la loi de 1832 prévoyait le cas de remplacement militaire. Il n'existe aucune disposition analogue dans la loi du 15 juillet 1889 sur le recrutement de l'armée, le remplacement n'existant plus.

243. — Les articles 38, 41 et 45 sont reproduits dans les articles 69, §§ 1 et dernier, 70 et 71 de la nouvelle loi.

244. — L'individu qui n'a pas été condamné en vertu de l'article 41 de la loi de 1832, ni même en vertu de l'article 63 de la loi du

27 juillet 1872, (actuellement art. 70 de la loi du 15 juillet 1889) **qui**
n'en est que la reproduction, mais en vertu de l'article 67 de **la loi**
de 1872 (actuellement art. 77 de la loi de 1889) n'est pas **frappé**
d'incapacité électorale, car l'article en vertu duquel cet électeur **a**
été condamné était introductif de délits nouveaux qui n'existaient
point légalement en 1852. En effet, d'après l'article 3 du code pénal,
les tentatives de délits ne sont considérées comme délits que dans
les cas déterminés par une disposition spéciale de la loi, d'où il
suit que quand la loi pénale déclare punissable une tentative de
délits qui ne l'était pas jusqu'alors, elle crée un nouveau délit (Cass.
17 mai 1881) (1).

245. — De cet arrêt du 17 mai 1881, on peut implicitement conclure que les condamnations prononcées par application des art.
69, §§ 1 et dernier, 70 et 71, qui ont remplacé dans la loi du 15
juillet 1889, les articles 38, 41 et 45 de la loi de 1832, ont pour conséquence immédiate d'entraîner l'incapacité électorale des condamnés.

246. — On peut aussi en déduire que les peines prononcées par
application des §§ 2 et 3 de l'article 69 de la loi de 1889 ne moti-
veraient pas la déchéance électorale, car les dispositions de ces
paragraphes sont nouvelles et n'existaient pas dans l'article 38
de la loi de 1832.

§ 14. — *Falsification de substances alimentaires.*

247. — **Sont privés du droit électoral les individus
condamnés à l'emprisonnement par application de
l'article 2 de la loi du 27 mars 1851** (Loi du 24 janvier 1889 ; Décret du 2 février 1852, art. 15, § 14) (V.
nos 168 et 289)

248. — L'article 2 de la loi du 27 mars 1851 punit la falsification
de la marchandise par des mixtions nuisibles à la santé. L'empri-

---

(1) L'art. 67 déclarait punissable la tentative du délit prévu par l'art. 63.
Dans la nouvelle loi de 1889, l'art. 77 ne maintient pas cette clause pénale car
il ne vise pas la tentative du délit prévu par l'art. 70, reproduction de l'art. 63
de la loi de 1872, et de l'art. 41 de la loi de 1832.

sonnement qu'il prévoit comporte une durée minima de trois mois.

249. — La loi promulguée le 24 janvier 1889 a eu pour résultat de rendre la capacité électorale à tous les condamnés à moins d'un mois de prison pour falsification, vente, mise en vente de denrées alimentaires ou médicamenteuses et tromperie sur la quantité des choses vendues. Les condamnés à plus d'un mois n'encourront plus que la déchéance quinquennale prévue par l'article 16. Ceux qui, antérieurement à la loi, ont subi une condamnation de cette nature et qui, depuis l'expiration de leur peine, sont restés cinq ans privés de leurs droits électoraux, sont aptes à être inscrits. Les condamnés à trois mois sont déchus perpétuellement et tombent sous le coup du § 4 de l'article 15. Ce paragraphe frappe d'une déchéance perpétuelle les condamnés par application de l'article 2 de la loi de 1851 (Circ. min. int. 30 janvier 1889) (V. n° 289).

250. — Les condamnés pour vente de boissons falsifiées sont frappés de la déchéance prévue par ce paragraphe (Cass. 16 novembre 1874).

§ 15. — *Usure.*

251. — **Les condamnés pour délit d'usure sont privés de leurs droits électoraux** (Décret du 15 février 1852, art. 15, § 15).

252. — La déchéance est encourue, quelle que soit la peine prononcée.

§ 16. — *Interdits.*

253. — **Les interdits sont déchus du droit électoral** (Décret du 15 février 1852, art 15, § 16).

254. — Si le n° 16 de l'article 15 du décret organique du 2 février 1852 comprend les interdits parmi ceux qui ne doivent pas être portés sur les listes électorales, cette exception ne peut être étendue à des individus non interdits, sous prétexte qu'ils seraient atteints d'aliénation mentale. La loi, en excluant d'une manière limitative les interdits, c'est-à-dire ceux dont l'interdiction a été judiciairement prononcée, n'a pas voulu abandonner la capacité électorale des citoyens à l'incertitude des appréciations fondées sur des éléments dépourvus de toute garantie (Cass. 17 et 29 avril 1878, 15 mai 1889).

255. — On ne peut donc refuser l'inscription d'électeurs en se bornant à déclarer qu'ils sont atteints d'aliénation mentale, sans mentionner une décision de justice qui ait prononcé leur interdiction (Cass. 19 avril 1880).

256. — Un électeur, fût-il vrai qu'il serait enfermé dans un asile d'aliénés, ne pourrait être privé de ses droits politiques qu'autant qu'un jugement aurait prononcé son interdiction (Cass 29 mars 1881) (1).

257. — On ne peut non plus refuser l'inscription d'un électeur par le motif qu'il est dans un état complet d'idiotisme, car il ne peut être privé de l'exercice de ses droits politiques qu'autant qu'un jugement aurait prononcé son interdiction (Cass. 31 mars 1851 et 12 avril 1888).

258. — Un individu pourvu d'un conseil judiciaire ne tombe pas sous l'application de ce numéro et peut être inscrit sur la liste électorale, sans que l'assistance du conseil judiciaire soit nécessaire pour réclamer l'inscription (Cour de Paris, 26 octobre 1830).

259. — Le sourd-muet bien que ne sachant ni lire ni écrire n'est pas privé de l'exercice du droit électoral (Cass. 12 novembre 1850).

§ 17. — *Faillis.*

260. — **Sont déchus de leurs droits électoraux les faillis non réhabilités dont la faillite a été déclarée soit par les tribunaux français soit par jugements rendus à l'étranger mais exécutoires en France** (Décret du 2 février 1852, art 15, § 17).

---

(1) Toutefois, pour les personnes non interdites, mais retenues en vertu de la loi du 30 juin 1838 dans un établissement public d'aliénés, le droit de prendre part au vote est suspendu, bien qu'elles soient inscrites sur la liste électorale (Décret réglementaire du 2 février 1852, art. 18, § 2).

261. — Les jugements des tribunaux de commerce étant exécutoires nonobstant appel, l'incapacité serait encourue alors même que le jugement déclaratif de faillite aurait été frappé d'appel (Cass. 12 novembre 1850 ; Lett. min. int., 21 octobre 1874).

262. — Les faillis non réhabilités ne peuvent être inscrits sur les listes électorales alors même qu'ils ont obtenu un concordat (Cass. 10 et 17 mars 1873 et 28 avril 1880) ou un jugement d'excusabilité (Cass. 16 novembre 1874) sauf toutefois les exceptions prévues aux nos 265 et 266.

263. — Le décret organique du 2 février 1852 n'ayant jamais cessé depuis les lois nouvelles de régler en Algérie comme en France les incapacités électorales, il s'ensuit que sont déchus du droit de vote dans notre colonie algérienne les faillis non réhabilités (Cass. 1 décembre 1874).

264. Les débiteurs admis au bénéfice de la liquidation judiciaire conservent leurs droits électoraux aux termes de l'article 21 de la loi du 4 mars 1889. Ils n'ont donc pas à justifier pour être inscrits sur la liste électorale soit qu'ils ont obtenu un concordat soit que ce concordat a été homologué (Cass. 7 avril 1891).

265. — Les anciens faillis déclarés concordataires ou excusables avant la promulgation de la loi du 4 mars 1889 sur la liquidation judiciaire pourront être inscrits sur les listes électorales s'ils obtiennent du tribunal qui a prononcé leur faillite un jugement déclarant qu'ils ne seront soumis qu'aux incapacités édictées par l'article 21 de la dite loi contre les débiteurs admis à la liquidation judiciaire (Loi du 4 mars 1889, art. 25 § 4) (1).

266. — De même les individus dont la faillite a été déclaré antérieurement à la promulgation de la dite loi pourront être inscrits si le jugement qui homologue le concordat obtenu par eux ou qui les déclare excusable décide qu'ils ne seront soumis qu'aux incapacités ci-dessus relatées (Loi du 4 mars 1889 ; Circ. min. int., 9 mars 1889).

267. — Mais les dispositions transitoires des articles 25 et suivants de la loi du 4 mars 1889 comprennent des exceptions qui s'appliquent exclusivement aux commerçants dont la faillite n'avait

(1) L'incapacité consiste à ne pouvoir être nommé à aucune fonction élective.

pas été définitivement prononcée au jour de la promulgation de la loi ou qui ayant été mis en faillite par un jugement définitif avant cette époque auraient obtenu un concordat ou auraient été déclarés excusables. Elles n'établissent aucune assimilation entre ces commerçants et ceux qui ont, au contraire, été déclarés en état de faillite ouverte sous l'empire de la loi du 4 mars 1889, encore bien qu'ils aient pu être considérés comme excusables. L'immunité restreinte accordée par son article 21 ne peut profiter qu'à ceux qui ont été admis au bénéfice de la liquidation judiciaire et les exceptions limitativement consacrées par ladite loi ne sauraient être étendues par voie d'interprétation (Cass. 12 mai 1891).

268. — On ne saurait refuser d'ordonner la radiation d'un électeur failli par le motif qu'étant mineur non émancipé à l'époque où le jugement de faillite a été rendu et n'ayant pas rempli les formalités prescrites par l'article 3 du code de commerce il ne pouvait être ni commerçant ni failli; que le jugement qui l'avait déclaré en faillite était en conséquence radicalement nul et qu'on ne pouvait le lui opposer. En admettant que l'électeur eut été à tort mis en faillite, le jugement déclaratif n'ayant pas été attaqué suivant les formes et dans les délais déterminés par la loi avait acquis l'autorité de la chose jugée. L'incapacité électorale qui en est la conséquence ne peut être effacée que par la réhabilitation (Cass. 29 décembre 1879) (V n° 262).

269. — Si une société en nom collectif est mise en faillite, tous les associés sont privés de leurs droits politiques (Cass. 23 août 1853 et 19 avril 1861)

270. — L'héritier immédiat ou le détenteur à titre gratuit de tout ou partie des biens ayant appartenu à un failli non réhabilité n'est frappé d'aucune incapacité en matière électorale (Cass. 22 février 1879).

271. — Le débiteur qui a fait cession de biens n'est pas comme le failli privé du droit électoral (Cour de Montpellier, 25 octobre 1837).

272. — L'incapacité électorale établie par ce paragraphe résulte de l'état de faillite d'un commerçant quand cet état est reconnu par une juridiction compétente. Une condamnation pour banqueroute simple ne peut, aux termes des articles 585 et 586 du code de commerce, être prononcée que contre un commerçant failli coupable des faits délictueux spécifiés par les dits articles. Si l'action publique à fin de répression du délit de banqueroute simple ou frauduleuse est indépendante de l'action en déclaration de faillite portée devant le tribunal de commerce, et a d'autres fins que cette dernière action, elle repose comme elle sur deux éléments primordiaux et essentiels dont la juridiction correctionnelle doit d'abord et avant tout reconnaitre et proclamer l'existence en termes exprès ou équivalents : à savoir la qualité de commerçant de la personne poursuivie et la cessation de ses paiements c'est-à-dire son état de faillite.

L'électeur condamné pour délit de banqueroute simple par jugement d'un tribunal correctionnel passé en force de chose jugée est donc en état de faillite déclarée par un tribunal compétent (Cass., 8 juillet 1885).

273. — L'individu déclaré en faillite par jugement d'un tribunal étranger, exécutoire en France, ne peut être inscrit alors même qu'il aurait été naturalisé français ultérieurement : il lui faut obtenir sa réhabilition (Cass., 15 juillet 1886).

SECTION III

Incapacités temporaires

274. — **Les condamnés à plus d'un mois d'emprisonnement pour rébellion, outrages et violences envers les dépositaires de l'autorité ou de la force publique ; pour outrages publics envers un juré à raison de ses fonctions ; pour délits prévus par la loi sur les attroupements et la loi sur les clubs et l'article 1er de la loi du 27 mars 1851, et pour infractions à la loi sur le colportage ne pourront pas être inscrits sur la liste électorale pendant 5 ans à dater de l'expiration de leur peine** (Loi du 24 janvier 1889 ; Décret du 2 février 1852, art. 16).

275. — L'article 16 ne se réfère à aucun texte de loi pénale. L'incapacité qu'il prononce s'applique à toute condam-

5

nation réunissant les caractères qu'il exige, quelle que soit la législation pénale sous l'empire de laquelle cette condamnation aurait été prononcée antérieurement ou postérieurement au décret du 2 février 1852 (Cass. 15 avril 1868) (V. n° 280).

276. — Il n'est pas nécessaire d'avoir été condamné pour les trois délits de rébellion, outrages et violence, spécifiés à l'article 16 pour être exclu de la liste électorale. La condamnation pour un seul de ces délits suffit (Cass. 19 août 1850).

277. — L'incapacité commence du jour où expire la peine infligée au condamné. Si celui-ci n'a pas subi sa peine, le point de départ de l'incapacité doit être placé à l'époque où il en est affranchi, c'est-à-dire au jour de la prescription par lui acquise ou à celui où il a obtenu sa grâce.

Ce n'est donc que cinq ans après l'accomplissement de cette prescription ou l'obtention de cette grâce que cesse la privation du droit électoral dont sont frappés pendant cinq ans à partir de l'expiration de leur peine les individus condamnés à l'emprisonnement pour l'un des délits prévus par l'art. 16 du décret de 1852 (Cass., 16 mai 1865).

§ 1. — *Rébellion.*

278. — L'incapacité électorale ne saurait résulter par analogie avec le délit de rébellion prévu et puni par les articles 209 et suivants du code pénal d'une condamnation à 40 jours d'emprisonnement pour entrave à la liberté du travail (Cass., 15 mai 1877).

§ 2. — *Outrages envers les dépositaires de l'autorité publique.*

279. — Aux termes de cet article les condamnés a plus d'un mois d'emprisonnement pour outrages envers les dépositaires de l'autorité ne peuvent être inscrits sur la liste électorale pendant cinq ans à partir de l'expiration de leur peine. Cette suspension de leur capacité politique prononcée par le décret comme conséquence du fait de leur condamnation n'a pas besoin d'être énoncée dans le jugement puisqu'aux termes de l'article 1 § 3 du décret réglementaire du 2 février 1852, c'est un devoir pour le maire (aujourd'hui la commission administrative) chargé de la confection de la liste électorale de n'y pas faire figurer ceux que la loi en exclut (V. n° 109).

280. — L'article 222 du code pénal modifié par la loi du 13 mai 1863 frappe l'outrage même non public que n'atteignait pas l'ancien article en vigueur lorsque le décret du 2 février 1852 a été rendu. Une condamnation prononcée en vertu du nouvel article pour un outrage non public entraine l'incapacité électorale (Cass., 15 avril 1868).

281. — L'individu condamné à 2 mois d'emprisonnement pour outrages publics envers un magistrat alors investi de ses fonctions est privé temporairement de l'exercice des droits électoraux, bien que la condamnation ne soit intervenue qu'à une époque où ce magistrat n'exerçait plus ses fonctions (Cass., 5 août 1850).

282. — Les incapacités en matière électorale comme en toute autre matière sont de droit étroit et ne peuvent être étendues d'un cas à un autre.

Un électeur condamné à 2 mois d'emprisonnement par application de l'article 19 de la loi du 17 mai 1819 qui punit l'injure publique envers les dépositaires ou agents de l'autorité publique pour des faits relatifs à leurs fonctions n'est pas atteint par l'incapacité prononcée par l'article 16 contre les condamnés pour outrages envers les dépositaires de l'autorité ou de la force publique. Il importerait peu que la peine eût été mal appliquée par le jugement de condamnation à un délit mal qualifié et que l'injure publique envers un dépositaire de l'autorité ou de la force publique pût constituer l'outrage fait publiquement d'une manière quelconque à un fonctionnaire public : ce jugement ayant acquis l'autorité de la chose jugée doit être appliqué au condamné suivant les termes de la condamnation, et on ne peut en faire résulter par une sorte de réformation indirecte une incapacité que ses termes ne comportent pas (Cass., 6 mai 1878).

283. — N'est pas frappé d'incapacité le condamné à un mois de prison pour dénonciation calomnieuse, alors même qu'elle aurait été dirigée contre un dépositaire de la force publique, ce délit ne pouvant être assimilé à l'outrage (Cass. 24 avril 1877).

284. — La condamnation à deux mois de prison pour outrages envers un ministre d'un culte légalement reconnu n'emporte pas déchéance, car celui-ci n'est pas considéré comme un fonctionnaire public (Cass. 26 mars 1877).

285. — Les agents de police doivent être considérés comme dépositaires de l'autorité publique; les condamnations pour rébellion, outrages et violences envers eux, emportent privation temporaire des droits électoraux (Cass. 21 avril 1879).

286. — Si l'individu condamné à plus d'un mois d'emprisonnement pour outrage envers les dépositaires de l'autorité et particulièrement les magistrats de l'ordre judiciaire doit être exclu des listes électorales pendant 5 ans à partir de l'expiration de sa peine, l'exclusion ne peut être prononcée qu'autant que la preuve de la condamnation est légalement établie; la notoriété publique invoquée comme unique preuve ne peut suffire (Cass 2 mai 1883) (V. n° 143).

§ 3. — *Outrage envers un juré.*

287. — Le délit d'outrages publics envers les jurés à raison de leurs fonctions ou envers les témoins à raison de leur déposition qui était autrefois réprimé par l'article 6 de la loi du 25 mars 1822 est remplacé par le délit de diffamation prévu par l'article 31 de la loi du 29 juillet 1881, lorsque l'outrage a eu lieu dans les conditions d'imputation d'un fait diffamatoire, de perpétration et de publicité constitutives du délit de diffamation, et qu'il est intervenu à raison des fonctions ou de la déposition : le condamné encourt alors la déchéance électorale temporaire (Cass. 15 avril 1868, par analogie) (Dalloz) (V. n° 117).

§ 4. — *Loi sur les clubs.*

288. — La loi sur les clubs a été abrogée par l'article 12 de la loi du 30 juin 1881, à l'exception de l'article 13 qui interdit les sociétés secrètes.

§ 5. — *Tromperie sur la marchandise.*

289. — Les condamnés à plus d'un mois de prison pour tromperie sur la qualité ou la quantité de la marchandise vendue encourent seuls la déchéance électorale pendant cinq ans (V. n⁰ˢ 168 et 247).

§ 6. — *Colportage.*

290. — La loi du 27 juillet 1849, sur le colportage, a été remplacée par les articles 18 à 22 de la loi du 29 juillet 1881 (art. 68) sur la presse.

L'article 21 de cette dernière loi a transformé en contraventions de simple police les infractions en matière de colportage, qui ne comportent jamais, en conséquence, de condamnation à un mois d'emprisonnement, et ne peuvent, par suite, jamais entraîner la déchéance temporaire.

(Voir ci-contre le tableau des incapacités).

TABLEAU DES INCAPACITÉS ÉLECTORALES D'APRÈS LE DÉCRET ORGANIQUE DU 2 FÉVRIER 1852,
MODIFIÉ PAR LA LOI DU 24 JANVIER 1889.

NOMENCLATURE PAR ORDRE ALPHABÉTIQUE DES CRIMES, DÉLITS ou autres causes d'incapacité.	NATURE ET DURÉE DES PEINES emportant l'exclusion de la liste électorale.	DURÉE DE L'EXCLUSION	ARTICLES du décret organique du 2 février 1852, qui prononcent l'exclusion.
Abus de confiance (Code pénal, art. 406 et 409).	Emprisonnement, quelle qu'en soit la durée.	Perpétuelle.	Art. 15, § 5.
Arbre abattu, sachant qu'il appartient à autrui (Code pénal, art. 445).	Emprisonnement de trois mois au moins.	Idem.	Art. 15, § 10.
Arbre mutilé, coupé ou écorcé de manière à le faire périr, sachant qu'il appartient à autrui (Code pénal, art. 446).	Idem. . . . , ...	Idem.	Idem.
Attaque publique contre la liberté des cultes, le principe de la propriété et les droits de la famille (Loi du 11 août 1848, art. 3) (1)	Quelle que soit la peine.	Perpétuelle	Art. 15, § 6.
Attroupements (Délits prévus par la loi sur les) (Loi du 7 juin 1848).	Emprisonnement de plus d'un mois	L'exclusion dure cinq ans à dater de l'expiration de la peine.	Art. 16.
Clubs (Délits prévus par la loi sur les) Loi du 28 juillet 1848 (2).	Idem.	Idem.	Idem.
Colportage d'écrits (Infraction à la loi sur le) Loi du 27 juillet 1849 (3).	Idem.	Idem.	Idem.
Crimes suivis d'une condamnation à des peines afflictives et infamantes (travaux forcés, déportation, détention ou réclusion), ou à des peines infamantes seulement (bannissement, dégradation civique). (Code pénal, art. 7 et 8).	Quelle que soit la durée de la peine.	Perpétuelle	Art. 15, § 1er

(1) Abrogé par la loi du 29 juillet 1881 sur la presse.
(2) L'article 13 de la loi du 28 juillet 1848 qui interdit les sociétés secrètes reste seul en vigueur (Loi du 30 juin 1881).
(3) La loi sur le colportage du 27 juillet 1849 a été remplacée par les art. 18 à 22 de la loi du 29 juillet 1881 sur la presse (art. 68).

NOMENCLATURE PAR ORDRE ALPHABÉTIQUE DES CRIMES, DÉLITS ou autres causes d'incapacité.	NATURE ET DURÉE DES PEINES emportant l'exclusion de la liste électorale.	DURÉE DE L'EXCLUSION	ARTICLES du décret organique du 2 février 1852, qui prononcent l'exclusion.
Crimes suivis d'une condamnation à l'emprisonnement correctionnel, en vertu de l'article 463 du Code pénal.	Emprisonnement, quelle qu'en soit la durée.	Perpétuelle	Art. 15, § 3.
Deniers publics soustraits par les dépositaires auxquels ils étaient confiés (Code pénal, art. 169 à 171).	Idem.	Idem.	Art. 15, § 5.
Destruction des registres, minutes, actes originaux de l'autorité publique, titres, billets, lettres de change, effets de commerce ou de banque, contenant ou opérant obligation, disposition ou décharge (Code pénal, art. 439.)	Emprisonnement de trois mois au moins.	Idem.	Art. 15, § 10.
Bulletin ajouté, soustrait ou altéré par les personnes chargées, dans un scrutin, de recevoir, compter ou dépouiller les bulletins contenant les suffrages des citoyens.	Emprisonnement de plus de trois mois.	Idem.	Art. 15, § 7. Art. 35.
Lecture de noms autres que ceux inscrits.	Idem.	Idem.	Idem.
Inscription sur le bulletin d'autrui de noms autres que ceux qu'on était chargé d'y inscrire.	Idem.	Idem.	Art. 15, § 7. Art. 36.
Collège électoral. (Irruption dans un collège électoral, consommée ou tentée avec violence en vue d'empêcher un choix).	Idem.	Idem.	Art. 15 § 7. Art. 42.
Liste électorale (Inscription obtenue sous de faux noms ou de fausses qualités, ou en dissimulant une incapacité prévue par la loi).	Idem.	Idem.	Art. 15, § 7. Art. 31.
Liste électorale (Inscription réclamée et obtenue sur deux ou plusieurs listes).	Idem.	Idem.	Art. 15, § 7. Art. 31.
Opérations électorales retardées ou empêchées au moyen de voies de faits ou menaces par les électeurs — Bureau outragé dans son ensemble ou dans l'un de ses membres par des électeurs pendant la réunion. — Scrutin violé.	Idem.	Idem.	Art. 15, § 7. Art. 43.

ÉLECTIONS

ÉLECTIONS (Suite).

NOMENCLATURE PAR ORDRE ALPHABÉTIQUE DES CRIMES, DÉLITS, ou autres causes d'incapacité.	NATURE ET DURÉE DES PEINES emportant l'exclusion de la liste électorale	DURÉE DE L'EXCLUSION	ARTICLES du décret organique du 2 février 1852, qui prononcent l'exclusion.
Opérations électorales troublées par attroupements, clameurs ou démonstrations menaçantes. — Atteinte portée à l'exercice du droit électoral ou à la liberté du vote.	Emprisonnement de plus de trois mois.	Perpétuelle	Art. 15, § 7. Art. 41.
Suffrages. — Deniers ou valeurs quelconques donnés promis ou reçus sous la condition soit de donner ou de procurer un suffrage, soit de s'abstenir de voter. — Offre ou promesse faite ou acceptée, sous les mêmes conditions, d'emplois publics ou privés.	Idem . . . . . . , .	Idem	Art. 15, § 7. Art. 38.
Suffrages influencés, soit par voies de fait, violences ou menaces contre un électeur, soit en lui faisant craindre de perdre son emploi, ou d'exposer à un dommage sa personne, sa famille ou sa fortune. — Abstention de voter déterminée par les mêmes moyens.	Idem	Idem	Art. 15, § 7. Art. 39.
Suffrages surpris ou détournés à l'aide de fausses nouvelles, bruits calomnieux ou autres manœuvres frauduleuses. — Abstention de voter déterminée par les mêmes moyens.	Idem	Idem	Art. 15, § 7. Art. 40.
Urne contenant les suffrages émis et non encore dépouillés (Enlèvement de l').	Idem	Idem	Art. 15, § 7. Art. 46.
Vote en vertu d'une inscription obtenue sous faux noms ou fausses qualités, ou en dissimulant une incapacité, ou en prenant faussement les noms et qualités d'un électeur inscrit.	Idem	Idem	Art. 15, § 7. Art. 38.
Vote multiple à l'aide d'une inscription multiple	Idem	Idem	Art. 15, § 7.
Empoisonnement de chevaux ou autres bêtes de voiture, de monture ou de charge, de bestiaux à cornes, de moutons, chèvres ou porcs, ou de poissons dans des étangs, viviers ou réservoirs. (Code pénal, art. 452.)	Emprisonnement de trois mois au moins.	Idem . . , . . .	Art. 31. Art. 15, § 10.
Escroquerie (Code pénal, art. 405)	Emprisonnement quelle qu'en soit la durée.	Idem	Art. 15, § 5.

NOMENCLATURE PAR ORDRE ALPHABÉTIQUE DES CRIMES, DÉLITS ou autres causes d'incapacité.	NATURE ET DURÉE DES PEINES comportant l'exclusion de la liste électorale.	DURÉE DE L'EXCLUSION	ARTICLES du décret organique du 2 février 1852 qui prononcent l'exclusion.
Faillite déclarée, soit par les tribunaux français, soit par jugement rendu à l'étranger, mais exécutoire en France (Code de commerce, art. 437 et suivants.)		L'exclusion cesse après la réhabilitation (1).	Art. 15, § 17.
Falsification de boissons et de substances ou denrées alimentaires ou médicamenteuses destinées à être vendues. — Vente ou mise en vente de ces denrées, sachant qu'elles sont falsifiées ou corrompues. (Loi du 17 mars 1851, art. 1er, et loi du 5 mai 1855).	Emprisonnement de plus d'un mois.	Exclusion de 5 ans à dater de l'expiration de la peine.	Art. 16 du décret de 1852, modifié par la loi du 24 janvier 1889.
	Emprisonnement de plus de trois mois.	Perpétuelle	Art. 15, § 4, du décret de 1852, modifié par la loi du 24 janvier 1889.
Falsification de denrées, boissons ou marchandises par des mixtions nuisibles à la santé (Loi du 27 mars 1851, art. 2).	Emprisonnement quelle qu'en soit la durée.	Idem.	Art. 15, § 14 du décret de 1852, modifié par la loi du 24 janvier 1889.
Greffe détruite (Code pénal, art. 417).	Emprisonnement de trois mois au moins.	Idem.	Art. 15, § 10.
Interdiction civile pour cause d'imbécillité, de démence ou de fureur (Code civil, art. 489 et suivants).		L'exclusion cesse à la levée judiciaire de l'interdiction (Code civil, art. 512).	Art. 15, § 16.
Interdiction correctionnelle du droit de vote et d'élection. (Code pénal, art. 42, 86, 89, 91, 123. — Art. 3 et 6 de la		La durée de l'exclusion est fixée par le juge-	Art. 15, § 2.

(1) Ou par l'effet du jugement qui relève de la déchéance un commerçant dont la faillite a été déclarée antérieurement à la loi du 4 mars 1889.— Ceux qui obtiennent la liquidation judiciaire conservent le droit d'être portés sur la liste électorale.

NOMENCLATURE PAR ORDRE ALPHABÉTIQUE DES CRIMES, DÉLITS, ou autres causes d'incapacité.	NATURE ET DURÉE DES PEINES emportant l'exclusion de la liste électorale.	DURÉE DE L'EXCLUSION.	ARTICLES du décret organique du 2 février 1852 qui prononcent l'exclusion
loi du 23 janvier 1873 sur l'ivresse. — Art. 6 de la loi du 7 juillet 1874).		ment et court à dater de l'expiration de la peine.	
Jeux de hasard (Maison de) (Code pénal, art. 410).	Quelle que soit la peine.	Perpétuelle	Art. 15, § 11.
Loteries non autorisées (1) (Loi du 21 mai 1836).	Idem.	Idem.	Idem.
Marchandises ou matières servant à la fabrication, gâtées volontairement. (Code pénal, article 443).	Emprisonnement de trois mois au moins.	Idem.	Art.15, § 10.
Mendicité (Code pénal, art. 274 à 279).	Quelle que soit la peine.	Idem	Art. 15, § 9.
Militaires condamnés au boulet ou aux travaux publics.	Quelle que soit la durée de la peine.	Idem	Art. 15, § 12.
Mœurs (Attentats aux) (Code pénal, art. 330 et 334).	Emprisonnement, quelle qu'en soit la durée.	Idem.	Art. 15, § 5.
Officiers ministériels (avoués, huissiers, greffiers, notaires) destitués en vertu de jugements ou de décisions judiciaires.		Idem.	Art. 15, § 8.
Outrage public à la morale publique et religieuse et aux bonnes mœurs (Loi du 17 mai 1819, art. 8) (2).	Quelle que soit la peine.	Idem.	Art. 15, § 6.
Outrage public à un juré à raison de ses fonctions ou envers un témoin à raison de ses dépositions (Loi du 25 mars 1822, art. 6)).	Emprisonnement de plus d'un mois.	L'exclusion dure cinq ans à dater de l'expiration de la peine.	Art. 16.
Outrage et violence envers les dépositaires de l'autorité ou de la force publique (Code pénal, art. 222 à 230).	Idem	Idem.	Idem.
Prêts sur gage ou nantissement (Maison de) établies ou tenues sans autorisation légale. — Registre non tenu. (Code pénal, art. 411).	Quelle que soit la peine.	Perpétuelle.	Art. 15, § 11.
Rébellion envers les dépositaires de l'autorité ou de la force publique (Code pénal, art. 209 à 221).	Emprisonnement de plus d'un mois.	L'exclusion dure cinq ans à dater de l'expiration de la peine.	Art. 16.
Récoltes (Dévastation de) (Code pénal, art. 411).	Emprisonnement de trois mois au moins.	Perpétuelle	Art. 15, § 10.

(1) Abrogé par la loi du 30 novembre 1875, art. 22.
(2) Abrogé par la loi du 29 juillet 1881 sur la presse, sauf en ce qui concerne l'outrage aux bonnes mœurs.

RECRUTEMENT

Jeunes gens omis sur les tableaux de recensement par suite de fraudes ou manœuvres (Loi du 21 mars 1832, art. 38. — Loi du 15 juillet 1889, art. 69).	Emprisonnement, quelle qu'en soit la durée.	Idem.	Art. 15, § 13.
Jeunes gens appelés à faire partie du contingent de leur classe, qui se sont rendus impropres au service militaire, soit temporairement, soit d'une manière permanente dans le but de se soustraire aux obligations imposées par la loi. — Complicité. — Loi du 21 mars 1832, art. 41.—Loi du 15 juillet 1889, art. 70.	Idem.	Idem.	Idem.
Substitution ou remplacement effectué, soit en contravention à la loi, soit au moyen de pièces fausses ou de manœuvres frauduleuses. — Complicité (Loi du 21 mars 1832, art. 43).	Idem.	Idem.	Idem.
Médecins, chirurgiens ou officiers de santé qui, déjà désignés pour assister au conseil de révision ou dans la prévision de cette désignation, ont reçu des dons ou agréé des promesses pour être favorables aux jeunes gens qu'ils doivent examiner, ou qui ont reçu des dons pour une réforme justement prononcée (Loi du 21 mars 1832, art. 45. — Loi du 15 juillet 1889, art. 71.)	Idem.	Idem.	Idem.
Service militaire à l'étranger pris par un Français majeur sans autorisation du gouvernement (Code civil, art. 21).		L'exclusion dure jusqu'à ce que la qualité de Français ait été recouvrée.	Art. 12.
Tromperie sur le titre des matières d'or ou d'argent, sur la qualité d'une pièce fausse vendue pour fine, sur la nature de toutes marchandises (Code pénal, art. 423).	Emprisonnement de trois mois au moins.	Perpétuelle	Art. 15, § 4.
	Emprisonnement de plus d'un mois.	L'exclusion dure cinq ans à dater de l'expiration de la peine.	Art. 16, modifié par la loi du 24 janvier 1889.
Tromperie par le vendeur ou l'acheteur sur la quantité des marchandises livrées (Loi du 27 mars 1851, art. 1er, n°3).	Emprisonnement de plus de trois mois.	Perpétuelle	Art. 15, § 4, modifié par la loi du 24 janv. 1889.
Usure (Lois du 3 septembre 1807 et du 19 décembre 1850).	Quelle que soit la peine.	Idem.	Art. 15, § 5.
Vagabondage (Code pénal, art. 269 à 271).	Idem.	Idem.	Art. 15, § 9.
Vol (Code pénal, art. 379, 388, 401).	Emprisonnement, quelle qu'en soit la durée.	Idem.	Art. 15, § 5.

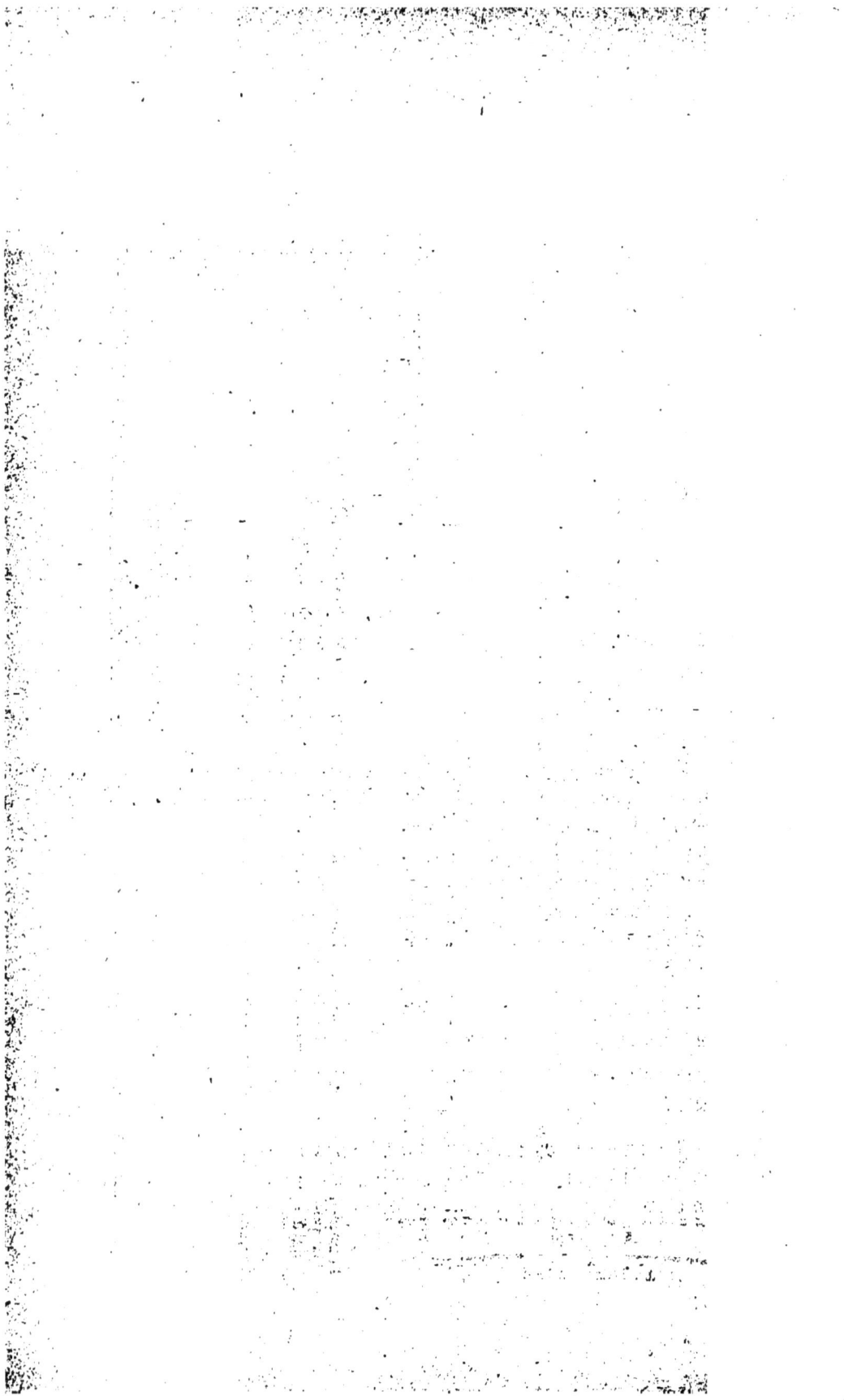

TITRE II

CONDITIONS PARTICULIÈRES

CHAPITRE 1er

DOMICILE RÉEL OU RÉSIDENCE DE SIX MOIS

291. — **La liste électorale comprend ceux qui ont leur domicile réel dans la commune ou y habitent depuis six mois au moins** (Loi du 5 avril 1884, art. 14, § 3, n° 1).

292. — Cette disposition a été insérée dans la loi à la suite d'un vote du Sénat admettant un amendement proposé par M. Delsol qui en avait ainsi expliqué l'objet : « Je veux faire disparaître tout doute sur la question de savoir si celui qui ne réside pas dans la commune mais qui y a son domicile réel peut ou non se faire porter sur la liste électorale ; pour faire disparaître ce doute, je propose de dire que la liste municipale comprend les électeurs qui ont leur domicile réel dans la commune, même n'y résidant pas, et en outre ceux qui n'y ayant pas leur domicile réel y résident depuis six mois. »

293. — L'une des deux circonstances du domicile réel ou de la résidence de six mois suffit par elle-même et par elle seule pour donner le droit à l'inscription (Cass., 8 avril 1886).

294. — La nouvelle disposition établit entre le domicile réel et la résidence une différence manifeste et n'impose qu'à la résidence la condition d'une durée d'au moins six mois (Cass., 22 mars 1888).

Division

SECTION 1re. — DU DOMICILE RÉEL.

§ 1. — *Du domicile d'origine.*

§ 2. — *Du changement de domicile.*

   a) *Comment s'opère-t-il ?*
     1° de là déclaration de changement de domicile.
     2° des circonstances supplétives de la déclaration

   b) *Ses conséquences.*
     1° s'il est antérieur au 4 février.
     2° s'il est postérieur au 4 février.

§ 3. — *De l'assiette du principal établissement.*

   a) *Fonctions publiques.*
     1° clercs de notaire.
     2° employés de chemins de fer.
     3° instituteurs.
     4° porteurs de contraintes.
     5° professeurs.

   b) *Domestiques.*
     1° conditions nécessaires pour qu'il y ait attribution de domicile.
       a) état de domesticité.
       b) domicile du maître dans la commune.
       c) cohabitation du maître et du serviteur.
     2° imposition de ce domicile.
     3° conservation de ce domicile.

   c) *Circonstances non prévues par la loi et d'où résulte présomption de con-*
   servation ou de transfert de domicile.
     1° absence de la commune.
     2° avocat.
     3° célibataire.
     4° conseiller municipal.
     5° contribution personnelle.
     6° dissentiments de famille.
     7° élèves d'écoles normales primaires.
     8° élèves d'un grand séminaire.
     9° élèves d'un petit séminaire.
     10° famille dans la commune.
     11° fermiers.
     12° internés dans un hospice.
     13° mariage.
     14° précarité de l'établissement.

15° propriété matérielle.
16° radiation sans réclamation.
17° usufruit.

SECTION II. — DE LA RÉSIDENCE DE SIX MOIS

§ 1. — *Caractère de la résidence.*

    a) *la résidence acquise au 31 mars est suffisante.*
    b) *la résidence successive dans les sections d'une même commune est suffisante.*

§ 2. — *Preuve et appréciation de la résidence.*
§ 3. — *Changement de résidence.*

SECTION Ire.

DU DOMICILE RÉEL

295. — En matière électorale comme en droit civil, les mots « domicile réel » sont employés par opposition à ceux de « domicile élu » (Cass., 16 avril 1885 et 10 avril 1888).

296. — Le domicile attributif du droit électoral n'est autre que celui dont la définition est donnée par les articles 102 et 103 du code civil : il existe au lieu où l'on a son principal établissement et ne peut être changé que par une volonté expresse jointe au fait d'une habitation dans un autre lieu. C'est en ce sens qu'on dit qu'il doit être réel et non intentionnel (Cass. 4 mai 1887).

297. — Le domicile réel une fois légalement constaté crée le droit électoral indépendamment du fait de toute habitation, et par conséquent de toute durée d'habitation ou de résidence (Cass., 31 mars 1886 et 28 juin 1887).

298. — Mais le législateur n'a point entendu donner le droit électoral aux seuls électeurs ayant dans la commune leur domicile réel qui par suite de circonstances particulières auraient quitté ce domicile depuis un temps plus ou moins long, à l'exclusion de tous ceux

qui déclareraient vouloir s'établir dans cette commune pour se soustraire à la résidence de six mois (Cass., 12 avril 1888).

299. — Si l'article 14 § 3 n° 1 autorise l'inscription sur
la liste électorale du citoyen qui, bien que n'ayant pas
dans la commune une résidence de six mois, y a son
domicile réel, le juge ne peut ordonner cette inscription
qu'à la condition de reconnaître par l'application des
règles de droit concernant le domicile que le demandeur
à fin d'inscription justifie en effet de l'existence d'un
domicile dans la commune où il n'a pas sa résidence
(Cass., 1 avril 1885).

300. — L'existence du domicile légal est une question de droit ;
il ne suffit donc pas que le juge affirme l'existence du domicile légal
en tel lieu ; sa décision manque de base s'il ne fait pas connaître
les circonstances d'où il tire cette déduction de manière à permettre
à la Cour de Cassation de vérifier si elle est juridique (Cass., 9
mai 1889).

301. —Le domicile réel est le domicile légal défini par
l'article 102 du code civil, soit le domicile d'origine,
soit celui qui est acquis par l'assiette du principal établissement et par le changement opéré conformément aux
prescriptions des articles 103, 104 et 105 du même code
(Cass., 8 avril 1886).

§ 1er — *Du domicile d'origine.*

302.—Ce domicile est le domicile d'origine quand rien
ne constate que l'électeur a eu l'intention de le changer
(Cass., 22 mars 1888).

303.—Tout Français est présumé avoir conservé son domicile d'o-
rigine si au fait d'une habitation dans un autre lieu il n'a pas joint
l'intention de fixer en ce lieu son principal établissement (Cass., 3
août 1886 et 11 avril 1889).

304. —En cas de doute sur le domicile d'origine et

à défaut d'autres indications, le lieu de la naissance doit être réputé domicile d'origine (Cass., 11 avril 1889) (V. n⁰ˢ 303, 305 et 309).

305. — Ce domicile peut être aussi celui que l électeur a acquis dans une commune pendant sa minorité par le fait de la translation dans ce lieu par le père de son propre domicile dont aux termes de l'article 108 du code civil dépend celui de son fils mineur. L'électeur conserve ce domicile s'il ne l'a pas transféré ailleurs depuis l'époque de sa majorité (Cass., 30 avril 1888).

306. — L'*enfant naturel* peut avoir son domicile d'origine au lieu où il est né et où il a été élevé (Cass., 18 juin 1889).

307. — L'enfant naturel non reconnu et mineur non émancipé, s'il n'a pas de tuteur ou s'il n'a pas été recueilli dans un hospice, ne saurait avoir d'autre domicile que celui de la personne qui s'est chargée de le nourrir et de l'élever (Cass., 9 mai 1889).

308. — A défaut d'un domicile d'origine en France qui ne saurait appartenir à l'*étranger naturalisé*, le domicile réel est déterminé par le lieu de la résidence au moment du décret de naturalisation (Cass., 23 mai 1889).

§ 2. — *Du changement de domicile.*

a) *Comment s'opère-t-il ?*

309. — **Le changement de domicile s'opère par le fait d'une habitation réelle dans un autre lieu, joint à l'intention d'y fixer son principal établissement** (Article 103 du code civil) (V. n⁰ 303).

310. — La preuve du fait de l'habitation réelle ne peut résulter que de circonstances dont le juge est souverain appréciateur (Cass., 25 août 1888 et 20 mars 1890).

1⁰ De la déclaration de changement de domicile.

311. — La preuve de l'intention de fixer dans un autre lieu son principal établissement résulte d'une déclaration expresse, faite tant à la municipalité du lieu qu'on quittera qu'à celle du lieu où on aura transféré son domicile (Article 104 du code civil).

312. — Mais le domicile réel n'a pas besoin d'avoir été précédé ou accompagné d'une déclaration à la mairie (Cass., 10 avril 1888) (V. n° 309).

313. — La déclaration de changement de domicile faite uniquement à la mairie du lieu de la résidence actuelle, et non suivie d'une déclaration correspondante à la mairie du lieu prétendu choisi, est sans effet (Cass., 7 décembre 1885).

314. — Loin de conclure qu'un électeur n'a pas conservé son domicile dans la commune parce qu'il n'a fait aucune déclaration à la mairie, on doit en tirer une induction contraire, une telle déclaration n'étant nécessaire, aux termes de l'article 104 du code civil, qu'au cas où l'électeur aurait voulu transférer son domicile dans une autre commune (Cass., 17 avril 1888).

2° Des circonstances supplétives de la déclaration.

315. — A défaut de la double déclaration prescrite par l'article 104 du code civil pour établir l'intention d'un citoyen de changer son domicile et de transférer son principal établissement dans une autre commune, la preuve de cette intention dépendra des circonstances (Article 105 du code civil) (V. n°ˢ 320 à 376).

316. — Le juge peut déclarer que cette intention ne résulte pas des circonstances alléguées et qu'il n'y a pas lieu de faire application de l'article 105 du code civil (Cass., 22 mars 1888).

b) *Conséquences du changement de domicile.*

1° S'il est antérieur au 4 février.

317. — Un électeur qui n'a plus son domicile dans une commune, qui n'y réside plus et qui n'est pas personnellement et nominativement inscrit au rôle des contributions directes de cette commune ne peut y être maintenu sur les listes électorales par le motif que le changement de domicile a eu lieu depuis moins de six mois (Cass., 12 avril 1888) (1) (V. n°° 411, 412, 413, 414 et 415).

2° S'il est postérieur au 4 février

318. — L'électeur qui, au moment de la révision de la liste électorale, avait son domicile dans la commune qu'il n'a quittée pour aller s'établir dans une autre commune que le 5 février c'est-à-dire après l'expiration du délai fixé pour les réclamations a un droit irrévocablement acquis à être inscrit sur la liste de la commune qu'il habitait. Sa demande d'inscription, formée en temps utile, ne saurait être repoussée pour un fait postérieur qui ne peut être pris en considération (Cass., 22 mars 1888).

319. — Cet électeur ne pourrait d'ailleurs être inscrit sur la liste électorale de la commune où il est venu établir son domicile après le 4 février. Il ne le pourrait pas alors même qu'en prévision de ce changement il aurait demandé son inscription avant le 4 février ; car les conditions nécessaires à l'inscription sauf celles relatives à l'âge et à la résidence doivent être remplies avant le 4 février (V. n°° 91, 132, 137 et 388).

§ 3. — *De l'assiette du principal établissement.*

320. — La loi a pris soin d'indiquer certaines circonstances qui comportent conservation ou translation du domicile dans un lieu déterminé.

a) *Fonctions publiques.*

321. — **Le citoyen appelé à une fonction publique tem-**

---

(1) Cet électeur n'est pas en effet privé de son droit électoral puisqu'il a le droit d'être inscrit dans le lieu où il a transféré son domicile.

poraire ou révocable conserve le domicile qu'il avait auparavant s'il n'a pas manifesté d'intention contraire (Article 106 du code civil).

322. — L'acceptation de fonctions conférées à vie emporte translation immédiate du domicile du fonctionnaire dans le lieu où il doit exercer ces fonctions (Article 107 du code civil) (V. n° 357).

1° Clercs de notaire.

823. — Le seul fait de résider dans une autre commune et d'y occuper la situation de clerc de notaire ne saurait faire présumer l'intention de changer de domicile (Cass., 17 avril 1888).

824. — La fonction de clerc de notaire est, en effet, essentiellement temporaire et révocable et n'a pas le caractère de fonction publique bien que la loi ait fait de la qualité de premier clerc une des conditions nécessaires pour être nommé notaire (Cass., 19 avril 1888).

825. — Mais l'intention de changer de domicile peut résulter de circonstances complémentaires que le juge peut invoquer (Cass., 28 mars 1888).

2° Employés de chemins de fer.

826. — L'acceptation de fonctions temporaires et révocables n'entraîne pas, aux termes de l'article 106 du code civil, translation de domicile dans la commune où ces fonctions doivent être exercées à moins de manifestation d'intention contraire. Un employé de chemin de fer en qualité de contrôleur peut être inscrit sur la liste électorale de la commune où il a conservé son domicile d'origine que ses fonctions ne lui ont pas fait perdre (Cass., 22 mars 1888).

3° Instituteurs.

827. — La circonstance qu'un électeur exerce actuellement dans une commune où il réside des fonctions d'instituteur adjoint ne peut faire présumer qu'il a perdu son domicile d'origine dans une autre commune (Cass., 17 avril 1888).

828. Le domicile d'origine se conserve malgré la résidence actuelle de l'électeur dans une autre commune où il exerce les fonctions d'instituteur public (Cass., 9 mai 1889).

829. — Le fait de son inscription sur la liste de la commune où il remplit actuellement les fonctions d'instituteur ne met point obstacle au maintien de l'électeur sur la liste de la commune où il a son domicile d'origine et où il déclare vouloir continuer d'exercer ses droits électoraux (Cass., 20 mai 1886).

4° Porteurs de contraintes.

330. — La condition de la résidence obligatoire pour le porteur de contraintes ne le prive pas du droit d'avoir son domicile légal dans une autre commune (Cass. 5 mai 1887).

5° Professeurs.

331. — Les maîtres répétiteurs et les professeurs à un lycée sont des fonctionnaires amovibles qui, à moins de déclaration spéciale, conservent leur domicile d'origine (Cass. 26 juin 1888).

332. — L'article 107 du code civil est inapplicable même aux professeurs titulaires de l'enseignement supérieur ; en effet, quelles que soient les garanties que leur accorde la loi, relativement à la révocation, au retrait d'emploi et même à la mutation par un emploi inférieur, il ne résulte d'aucun texte des lois actuelles que le Ministre n'ait pas le droit de les déplacer, s'il le juge nécessaire en leur attribuant toutefois un autre emploi au moins équivalant ; on ne peut donc considérer comme conférées à vie les fonctions de professeur à une faculté de droit (Cass., 13 mai 1885).

b). *Domestiques.*

333. — **Suivant l'article 109 du code civil, les majeurs qui servent ou travaillent habituellement chez autrui ont le même domicile que la personne qu'ils servent ou chez laquelle ils travaillent, lorsqu'ils demeurent avec elle dans la même maison** (Cass. 30 avril 1885 et 22 mars, 10, 12, 17 avril 1888).

1° Conditions nécessaires pour qu'il y ait attribution de domicile.

a) *État de domesticité.*

334. — Les termes de l'article 109 du code civil sont clairs ; ils visent l'ouvrier qui travaillant habituellement chez son patron demeure dans la même maison. Ils comprennent spécialement l'ouvrier boulanger travaillant habituellement chez son maître et demeurant dans sa maison, bien qu'engagé à tant par jour et au mois, et bien qu'il soit domicilié dans une autre commune (Cass. 17 avril 1885).

335. — Le juge, c'est-à-dire la commission de jugement et le juge de paix, peut, par une appréciation souveraine des faits, déclarer qu'un électeur n'est pas serviteur attaché à la personne du maître, qu'il est son homme d'affaires, gérant de la propriété de ce maître, et qu'il y habite d'une façon constante ; et, d'après cette constatation des faits, décider que cet électeur n'est pas dans le cas prévu par l'article 109 du code civil pour réclamer le domicile de ce maître (Cass., 10 avril 1888).

336. — Lorsqu'il est constaté qu'un électeur ne réside pas chez son maître en qualité de domestique, qu'il a conservé son domicile réel et d'origine dans une autre commune où il a demandé à être maintenu sur la liste électorale, la demande d'inscription faite par des tiers électeurs ne doit pas être accueillie (Cass., 17 avril 1885).

b) Domicile du maître dans la commune.

337. — L'état de domesticité ne détermine le domicile réel que s'il est accompagné 1° de l'existence constatée du domicile réel du maître dans le lieu où travaille le domestique ; 2° de leur habitation dans la même maison (Cass., 16 avril 1890).

338 — Le domestique dont le maître n'est pas domicilié dans la commune est sans droit pour y réclamer son inscription (Cass. 20 mai 1886)

339. Aussi ce n'est qu'après avoir constaté que le maître n'a pas son domicile réel dans la commune et avoir fait connaître d'où résulte son domicile dans une autre commune qu'on peut ordonner la radiation du serviteur comme ne pouvant avoir d'autre domicile que celui du maître (Cass., 10 avril 1888).

340. — De même le serviteur ne peut pas être rayé de la liste électorale de la commune où il réside avec son maître par le seul motif que lui et son maître n'y résident qu'accidentellement et sans explications sur le domicile du maître (Cass., 30 avril 1885).

c) Cohabitation du maître et du serviteur.

341. — Par ces mots : habitation dans la même maison, le législateur a évidemment entendu comprendre les dépendances de l'habitation du maître ou patron. Pour qu'il y ait lieu à l'application de l'article 109 du code civil, il n'est donc pas nécessaire que les serviteurs ou ceux qui travaillent habituellement chez autrui, demeurent sous le même toit et dans le même corps de bâtiment que la personne chez laquelle ils servent ou travaillent (Cass., 16 avril 1888, 13 et 23 mai 1889)

842. — La condition de cohabitation n'est pas établie si le serviteur réside habituellement dans une autre commune que celle où est domicilié son maître (Cass., 28 mars 1889).

Elle ne semble pas davantage établie si le maître réside habituellement dans une autre commune que celle de son domicile.

2° Imposition du domicile.

843. — Le serviteur à gages est domicilié chez son maître. Cette règle ne comporte aucune restriction qui puisse dans l'application limiter cette attribution de domicile.

844. — On prétendrait donc vainement pour maintenir l'inscription de cet électeur sur la liste d'une commune autre que celle de ce domicile, qu'il y est né, qu'il y a toujours été inscrit jusqu'à ce jour et qu'il désire continuer à y figurer tandis qu'il ne s'est jamais fait inscrire dans la commune du domicile de son maître comme il en avait la faculté, et qu'enfin il n'a jamais fait les déclarations prescrites par l'article 104 du code civil pour la translation du domicile (Cass., 3 mai 1887 et 26 avril 1888).

845. — Mais s'il ne peut être inscrit dans une autre commune à titre de domicilié, il peut y être inscrit à titre de contribuable (Cass., 5 mai 1881) (V. n° 464).

3° Conservation du domicile.

846. — Les domestiques ayant le même domicile que le maître chez lequel ils demeurent, ne peuvent être rayés de la liste électorale par le seul motif qu'ils ont quitté la commune depuis plus de six mois. Il faut encore affirmer, en l'établissant, qu'ils n'y ont pas conservé leur domicile (Cass., 25 mai 1887).

847. — Ce domicile une fois acquis il ne suffit pas pour leur en faire perdre le bénéfice qu'ils aient quitté le service de leur maître et cessé de résider dans la commune, s'ils n'ont pas depuis fixé ailleurs leur principal établissement (Cass., 11 août 1890).

848. — Le domestique qui a quitté la commune où il était domestique pour retourner dans celle où était son domicile d'origine a perdu le domicile temporairement acquis par lui et recouvré son domicile d'origine (Cass., 23 octobre 1889).

349. — L'électeur qui a cessé d'être domestique dans une commune et a exercé le métier de berger dans d'autres communes sans qu'il soit constaté qu'il ait habité avec les personnes chez lesquelles il a servi ou travaillé habituellement a le droit d'être maintenu sur la liste de sa commune d'origine où il figure s'il n'est pas établi qu'il avait à l'époque de la révision des listes un autre domicile légal que celui de son origine (Cass., 1 juin 1886).

c) *Circonstances non prévues par la loi et d'où résulte présomption de conservation ou de transfert de domicile.*

350. — A côté des circonstances qui emportent, aux termes mêmes de la loi, attribution du domicile légal, il en est d'autres qui permettent de présumer que ce domicile a été conservé ou perdu.

Voici celles de ces circonstances qui ont fait l'objet d'arrêts de la cour de cassation.

1° Absence de la commune.

351. — Le domicile se conserve dans la commune, si l'intéressé s'est éloigné pour des causes qui peuvent être passagères, s'il n'a manifesté par aucun acte l'intention de changer son domicile, si sa famille, ses intérêts et ses relations sont toujours au même lieu, s'il y a toujours voté et n'est pas inscrit ailleurs (Cass., 13 mai 1885).

352. — Le fait de s'éloigner du lieu où l'on a sa résidence et son domicile, pour aller habiter quelques mois dans une autre localité, afin d'y poursuivre l'obtention d'un emploi temporaire, ne saurait à lui seul impliquer, d'une manière manifeste, l'intention de changer de domicile et opérer ce changement (Cass., 13 mai 1889).

353, — Est suffisamment motivée la décision portant que le départ récent d'un électeur pour une localité où il est momentanément employé n'est que la suite d'une circonstance fortuite et qu'en réalité cet électeur n'a pas définitivement quitté la commune (Cass. 8 avril 1886).

354. — L'est également celle qui déclare qu'un individu qui a toujours été inscrit comme électeur est né dans la commune où habitent ses parents, que s'il habite en ce moment une autre localité, il revient souvent dans la commune, et que rien n'établit qu'il ait voulu fixer son domicile ailleurs (Cass., 8 avril 1886).

355. — L'est encore celle déclarant qu'un électeur n'a pas quitté la commune où il habite avec sa femme et ses enfants, et qu'il va chez son père en simple visiteur, dans une autre commune qu'on ne peut d'ailleurs considérer comme son domicile d'origine, puisqu'il l'a quittée dès longtemps pour s'établir successivement et faire le commerce dans plusieurs villes (Cass., 23 avril 1885).

2° Avocat.

356. — La résidence temporaire et discontinue dans une ville pour y faire son stage comme avocat, et se préparer au doctorat, est insuffisante pour constater l'intention d'adopter un nouveau domicile, de telles absences nécessitées par des études, laissant toujours présumer l'esprit de retour (Cass., 16 et 30 avril 1885) (1).

(1) Si l'ordonnance du 20 novembre 1822 a expressément maintenu les anciens usages, et si l'un de ces usages constatés par un arrêt du parlement de Paris, du 5 mai 1761, exigeait que l'avocat eut à Paris un domicile certain et connu, cette exigence ne s'appliquait, d'après les termes mêmes dudit arrêt, qu'à celui qui voulait être inscrit au tableau de l'ordre ; mais en admettant qu'elle ait sa raison d'être à l'égard de l'avocat en titre qui, devant exercer réellement la profession, peut être considéré comme ayant près de la juridiction où il exerce son principal établissement, il n'en saurait être de même de l'avocat stagiaire; son inscription n'est que temporaire ; il n'exerce la profession qu'à titre préparatoire ou comme préliminaire nécessaire à certaines fonctions publiques ; les usages du barreau de Paris lui imposent seulement d'avoir en cette ville une habitation assez décente pour sauvegarder la dignité professionnelle, et assez fixe pour assurer la surveillance disciplinaire à laquelle il reste soumis pendant la durée de ce stage.

L'ordonnance précitée lui permet même par son art. 31 de continuer ce stage dans d'autres cours, et par conséquent de se déplacer pendant sa durée ; une notable partie des licenciés en droit, inscrits au stage à Paris, y viennent faire, sous le patronage de l'ordre des avocats à la Cour d'appel, un simple apprentissage d'une profession qu'ils comptent exercer effectivement auprès d'autres juridictions ; quelques-uns même n'ayant pas atteint leur majorité au moment où ils commencent leur stage n'ont point la capacité légale nécessaire pour se constituer un domicile distinct de celui de leurs parents ou tuteurs.

Il est donc impossible de considérer l'avocat stagiaire à la cour d'appel de Paris comme ayant nécessairement et de plein droit son domicile en cette ville, ni comme ayant manifesté, par le seul fait de son inscription en la susdite qualité, l'intention d'abandonner son domicile d'origine pour le transporter à Paris (Tribunal de la Seine, 16 juin 1890).

357. — L'inscription d'un électeur au tableau des avocats près
une cour d'appel n'a point pour conséquence de transporter son
domicile en la ville où siège cette cour, alors qu'il est constaté que,
né dans une commune de parents qui y sont toujours domiciliés, il
y a été inscrit sur la liste électorale, lors de sa majorité, en qualité
de domicilié, il y a exercé ses droits d'électeur, et n'a jamais manifesté la volonté de transporter son domicile ailleurs, on ne saurait en effet appliquer en pareil cas les dispositions de l'article 107
du code civil spécial aux fonctionnaires nommés à vie (Cass., 17
avril 1888).

3° Célibataire.

358 — La qualité de célibataire ne saurait avoir d'influence sur
la détermination du domicile des citoyens, on ne saurait donc se
fonder sur cette unique circonstance qu'étant célibataire, un individu n'a d'autre domicile réel et légal que celui de son père. Alors
surtout qu'il n'est pas établi que le père ait eu son domicile dans
la commune à une époque où son fils était encore mineur, et qu'il
n'est pas prouvé par suite que ce fils ait eu pendant sa minorité son domicile dans la commune (Cass., 15 mai 1889).

4° Conseiller municipal.

359. — La qualité de conseiller municipal d'une commune ne
prouve pas, par elle seule, qu'on y possède son domicile (Cass., 21
avril 1887).

5° Contribution personnelle.

360. — Si, aux termes de l'article 13 de la loi du 21 avril 1832,
la contribution personnelle est payée dans la commune du domicile réel, cette circonstance du paiement ou du non-paiement de la
taxe ne suffit pas à elle seule pour déterminer le siège du domicile
réel de chaque citoyen (Cass., 9 mai 1889).

6° Dissentiments de famille.

361. — On ne peut sérieusement invoquer les dissentiments de
famille qui pourraient advenir, pour nier dans le présent la volonté chez un gendre de fixer son domicile dans le lieu où habitent les
parents de sa femme (Cass., 11 avril 1889).

7° Élèves d'écoles normales primaires.

362. — Les écoles normales primaires sont des établissements
publics dont le but est de former des instituteurs pour les écoles
communales. Les élèves qui y sont admis doivent y passer plu-

sieurs années, et à leur sortie ils se mettent en général à la disposition de l'autorité administrative qui leur assigne le lieu où ils exercent leurs fonctions. Ils sont tenus, pour obtenir la dispense du service militaire, de prendre l'engagement de se vouer pendant dix ans à l'enseignement (Art. 20, n° 6, de la loi du 27 juillet 1872, actuellement art. 23, n° 1, de la loi du 15 juillet 1889).

Destinés à rester ainsi éloignés, pendant une longue période de temps, de leur domicile d'origine, ils doivent, à moins de circonstances particulières, être présumés l'avoir abandonné et avoir voulu fixer leur principal établissement dans leur résidence de fait (Cass., 22 avril 1873) (V. cependant n°s 327, 328 et 329).

8° Élèves d'un grand séminaire.

363. — Les élèves d'un grand séminaire, par le fait même de leur soumission volontaire aux règles de la discipline ecclésiastique, doivent être présumés, jusqu'à preuve contraire, avoir fixé leur principal établissement dans la maison où ils sont dans l'obligation de demeurer pour se préparer à la prêtrise (Cass., 15 mai 1872, 22 avril et 9 juin 1873, 30 avril 1888) (1).

364. — Il en est de même des scolasticats des oblats d'Autun. Ces prêtres forment une société dont le siège est à Autun. C'est dans cette ville que chacun d'eux doit être réputé avoir son principal établissement, c'est-à-dire son domicile réel (Cass., 15 mai 1872).

365. — Ces élèves ne recouvrent pas leur domicile d'origine en revenant chez leurs parents à titre purement temporaire et en attendant leur nomination plus ou moins prochaine, au gré de leurs supérieurs, à la disposition desquels ils n'ont cessé de se tenir, à des fonctions ecclésiastiques dans les lieux qu'il leur plaira de désigner (Cass., 30 avril 1888).

9° Élèves d'un petit séminaire.

366. — On ne saurait faire résulter de la seule qualité d'élève d'un établissement d'enseignement secondaire (dans l'espèce, petit

---

(1). Cependant un arrêt du 30 avril 1885, se fondant sur ce que les absences nécessitées par des études sont temporaires et laissent toujours présumer l'esprit de retour, a décidé qu'un électeur né dans une commune où sa famille demeure et où il est resté lui-même chez ses parents, jusqu'à l'époque récente où il est allé comme élève au *Séminaire de Chambéry*, d'où il revient pendant les vacances, n'avait pas perdu son domicile d'origine dans cette commune.

séminaire de Montlieu, collège diocésain recevant des enfants se destinant à des carrières diverses) la présomption légale qu'il y a intention de fixer son domicile dans la commune où cet établissement est situé (Cass., 28 mars 1889).

367. — Mais si tous les élèves des petits séminaires ne peuvent pas être réputés par le seul fait de leur entrée dans ces établissements avoir abandonné leur domicile d'origine, ceux d'entre eux qui ont été dispensés du service militaire, aux termes de l'article 20, n° 7, de la loi du 27 juillet 1872 (actuellement article 23, n° 4, de la loi du 15 juillet 1889), comme élèves ecclésiastiques, désignés à cet effet par les évêques, doivent être assimilés aux élèves de grand séminaire. Les raisons de le décider sont les mêmes à l'égard des uns et des autres (Cass., 22 avril 1873).

10° Famille dans la commune.

368. — La constatation qu'un électeur a sa famille dans la commune où il est inscrit comme électeur depuis plusieurs années et où il demande à continuer d'exercer ses droits électoraux ne saurait suffire pour établir que cet électeur a son domicile dans cette commune (Cass., 8 avril 1886).

11° Fermiers.

369. — Les colons partiaires, métayers et fermiers, ont leur domicile réel dans la commune où ils ont établi leur exploitation agricole (Cass., 28 mars 1889).

12° Internés dans un hospice.

370. — La résidence des individus internés dans un hospice où ils doivent finir leurs jours constitue à leur égard le domicile réel exigé par la loi pour être inscrit sur la liste électorale (Cass., 1 avril 1873 ; Lett. min. int. à préfet Eure-et-Loir, 5 août 1874).

13° Mariage dans la commune.

371. — Le fait qu'un électeur s'est marié dans la commune, que les parents de sa femme y ont leur domicile et qu'il y vient de temps en temps, ne constitue pas à son profit l'existence d'un domicile réel dans cette commune (Cass., 12 avril 1888).

14° Précarité de l'établissement.

372. — Le caractère juridique du principal établissement et du domicile réel qui en est la conséquence ne saurait dépendre exclusivement de la non précarité de cet établissement ; la précarité est au contraire sans portée par elle-même (Cass., 20 juin 1888).

15° Propriété matérielle.

373. — Le domicile réel n'implique pas nécessairement l'existence d'une propriété matérielle (Cass., 10 avril 1885).

374. — Des électeurs peuvent avoir leur domicile dans une commune où ils demeurent bien qu'ils n'aient pas vendu leurs propriétés situées dans d'autres communes (Cass., 16 avril 1888).

16° Radiation sans réclamation.

375. — Le fait que des électeurs ont été rayés l'année précédente des listes électorales sans réclamation de leur part, l'allégation que leur domicile réel est là où ils gagnent leur vie, sont des motifs insuffisants pour établir qu'ils ont réellement transféré leur domicile dans un autre lieu que celui où ils avaient leur domicile d'origine (Cass., 11 avril 1888).

17° Usufruit.

376. — Le fait qu'un électeur est usufruitier de quelques parcelles de terre dans la commune ne suffit pas par lui seul à établir qu'il y ait son domicile réel (Cass., 18 avril 1888).

SECTION II

DE LA RÉSIDENCE DE SIX MOIS.

§ 1. — *Caractère de la résidence.*

377. — **L'exercice des droits électoraux dans une commune n'est pas attaché uniquement à l'existence du domicile civil dans cette commune, il l'est aussi au fait d'une résidence réelle et effective de l'électeur pendant six mois** (Cass., 6 avril 1886) (V. nos 291 à 294).

378. — Une demande en inscription, formée par un citoyen résidant depuis plus de six mois dans une commune, ne peut donc être rejetée par le motif qu'il n'a pas manifesté l'intention de se fixer dans la commune tant par une déclaration à la municipalité du lieu qu'il a quitté qu'à celle du lieu où il a transféré son domicile et qu'à défaut de déclaration expresse la preuve de l'intention ne résulterait pas des circonstances (Cass., 28 mars 1888).

379. — Les employés des services français de douane, police et chemins de fer en résidence à la gare internationale de Vintimille sur la frontière italienne, peuvent être considérés comme résidants à Menton dont le territoire est contigu (Lett. min. int. à préfet Alpes-Maritimes, 5 février 1876).

380. — *L'amnistie* n'a pas pour effet de faire considérer l'amnistié comme n'ayant pas cessé de résider (Déclaration du garde des Sceaux à la Chambre des Députés, 24 décembre 1880).

381. — L'inscription ne peut être refusée sous prétexte que la résidence, quoique présentant la *durée* légale, est *momentanée* (Cass., 3 avril 1866).

382. — La résidence réelle et effective que la loi exige pour l'exercice des droits électoraux est suffisamment établie par ce fait que depuis plus de six mois le citoyen travaille comme ouvrier cordonnier chez son patron dans la section de commune où il réclame son inscription, y vit et y loge. On ne saurait lui opposer qu'il a voté jusqu'alors dans une autre section où réside son père et que sa résidence actuelle est essentiellement temporaire (Cass., 16 avril 1885).

383. — Le logement en *garni* suffit pour établir l'habitation (Cass., 14 mars 1864, sol. impl.).

384. — Le séjour plus ou moins habituel d'un patron de barque dans la barque qu'il conduit et le stationnement plus ou moins prolongé de cette embarcation dans les eaux d'un lieu déterminé où le patron vient attendre les ordres de la compagnie qui l'emploie ne sont pas équivalents à une habitation fixe dans ce lieu (Cass., 4 avril 1870).

385. — Une *absence momentanée* de quelques jours ne peut enlever le droit électoral résultant d'une résidence de plus de six mois (Cass., 5 mai 1887).

386. — Le fait pour un serviteur à gages d'aller chaque semaine passer un jour dans sa famille n'est pas de nature à lui attribuer une résidence légale dans la commune habitée par cette famille (Cass., 17 avril 1888).

a) *La résidence acquise au 31 mars est suffisante.*

387. — A le droit d'être inscrit le citoyen qui ne remplissant pas la condition de résidence lors de la formation de la liste, la remplira avant la clôture définitive (Loi du 5 avril 1884, art. 14 § 4).

388. — Mais la demande d'inscription n'en doit pas moins être formée dans les délais légaux (V. n°ˢ 91, 132, 137, 319, 501 et 1142).

389. — L'article 14 de la loi du 5 avril 1884 admet comme électeurs les citoyens qui ont dans la commune une résidence de six mois et la supputation du temps de la résidence s'étend jusqu'au 31 mars à minuit. La résidence qui a commencé le 1ᵉʳ octobre est complète au 31 mars. Dès lors le citoyen qui fait la justification d'une telle résidence a droit à l'inscription de son nom sur la liste électorale de la commune où il réside (Cass., 8 avril 1886).

390. — Quoique la date de l'entrée en jouissance de lieux loués par un électeur dans une commune soit fixée par un bail au 29 septembre, si cet électeur déclare lui-même qu'il n'est venu pour la première fois dans la commune que le 10 octobre, c'est à partir de ce jour seulement qu'il y réside réellement et de fait. Il n'aura donc que 5 mois et 20 jours de résidence au 31 mars et il ne devra pas être inscrit sur la liste électorale (Cass., 23 avril 1885).

391. — Tout citoyen devenu majeur avant l'époque de la clôture, des listes a le droit d'être inscrit sur celles de la commune où il justifie à cette époque, d'une semblable résidence pendant le temps déterminé par la loi.

On se fonderait à tort en droit sur ce que les mineurs n'ont, au point de vue politique aussi bien qu'au point de vue civil, d'autre domicile que celui de leur père ou de leur tuteur pour dire qu'ils ne sauraient avoir jusqu'à l'époque de leur majorité, dans une autre commune, qu'une résidence sans effet quant à l'exercice des droits électoraux (Cass., 18 mars et 2 avril 1884 et 6 avril 1886).

392. — Un étranger naturalisé le 1ᵉʳ décembre 1885 paraît fondé à invoquer le temps pendant lequel il a résidé dans la commune en qualité d'étranger et peut par suite obtenir son inscription sur la liste revisée pour l'année 1886 (Lett. min. int. à préfet Vendée, 12 février 1886).

b) La résidence successive dans les sections d'une même commune
est suffisante.

393. — La division d'une commune en plusieurs sections ne rompt pas l'unité communale et ne permet pas de considérer le citoyen qui transfère sa résidence d'une section à l'autre comme étant allé résider dans une autre commune (Cass., 24 juin 1884).

394. — Les divers arrondissements de la ville de Paris ne formant qu'une seule et même commune, le citoyen qui justifie d'une résidence de six mois dans la ville de Paris doit être inscrit sur la liste de l'arrondissement qu'il habite au moment de la révision des listes, bien qu'il réside depuis moins de 6 mois dans cet arrondissement (Cass., 23 et 24 mars 1863).

395. — En pareil cas et alors même qu'il n'aurait pas été inscrit sur cette liste, il ne serait pas fondé à demander sa réinscription sur celle de l'arrondissement qu'il a quitté (Cass., 23 mars 1863).

396. — Du principe que la division d'une commune en plusieurs sections ne rompt pas l'unité communale il résulte que si la section qu'un citoyen sortant de l'autre section est venu habiter depuis peu de temps est, postérieurement à ce commencement de résidence, érigée en commune distincte, on doit comprendre dans la durée de sa résidence le temps qu'il a passé précédemment sur le territoire de l'autre section (Cass., 24 juin 1884).

397. — Il n'en serait pas de même si l'érection de la section en commune distincte était antérieure à l'époque où il est venu y fixer sa résidence, sortant du territoire de la commune dont la dite section a cessé de faire partie (Cass., 24 juin 1884).

§ 2. — *Preuve et appréciation de la résidence.*

398. — Les documents produits pour établir la résidence sont souverainement appréciés par le juge de paix (Cass., 20 août 1879 et 19 avril 1880).

399. — Alors que ces documents ne constituent pas une preuve légale de ce domicile électoral (Cass., 10, 16, 24, 25 et 30 mars 1863).

400. — Il en est ainsi spécialement : 1° des quittances de loyer (Cass., 24 et 25 mars 1863) ; 2° du certificat par lequel le propriétaire d'une maison atteste que le réclamant est employé chez un de ses locataires (Cass., 10 mars 1863) ; 3° du certificat délivré par un parent du réclamant et attestant qu'ils habitent en commun un appartement depuis plus de six mois (Cass., 10 mars 1863).

401. — Mais il appartient à la Cour de cassation d'apprécier si la qualité ou les pouvoirs de ceux qui ont délivré des certificats de cette nature sont ou non justifiés : c'est là une question de droit et non une question de pur fait abandonnée à l'appréciation souveraine du juge de paix (Cass. 10 mars 1863).

402. — Un certificat délivré par le maire, où il est attesté en termes purs et simples et sans qu'on spécifie de preuves particulières qu'un électeur a quitté la commune, ne saurait servir de base unique à une décision du juge de paix confirmant la radiation de cet électeur pour défaut de résidence. En effet, ce certificat, portant sur un fait que le maire, en cette qualité, n'avait point compétence pour rechercher ni constater, et, par conséquent, ne faisant pas légalement foi de son contenu, exprimait seulement une opinion personnelle, laquelle avait pour but ou au moins pour effet de justifier la décision prise par la commission de première instance : de cette manière, le maire se rendait indirectement juge et partie dans la même cause, ce qui est contraire aux règles fondamentales de notre organisation judiciaire et vicie de nullité le jugement attaqué (Cass., 28 avril 1830).

403. — Le certificat de résidence délivré à un locataire par le gérant d'une maison, comme fondé de pouvoirs du principal locataire, prouve par lui-même la qualité de celui qui l'a délivré, sans qu'il soit nécessaire de justifier de la procuration donnée par le propriétaire au principal locataire et fait par conséquent preuve du domicile électoral, en l'absence de toute circonstance pouvant faire douter de sa sincérité (Cass., 10 mars 1863).

404. — Si les juges du fait apprécient souverainement les questions d'habitation réelle, c'est à la condition que cette appréciation ne contienne pas une interprétation illégale des éléments qui constituent la résidence ; autrement elle ne saurait échapper à la censure de la Cour de Cassation (Cass., 27 juin 1877 et 11 août 1885).

7

405. — De la seule constatation que des citoyens ont été employés en qualité de cantonniers depuis plus de six mois à la surveillance de travaux de construction exécutés sur le territoire d'une commune, il ne saurait être tiré cette conséquence qu'ils ont résidé d'une façon continue dans la commune, car ces actes de surveillance, isolés de tous autres éléments d'appréciation, n'impliquent point nécessairement la résidence de ceux qui les ont exercés dans la commune où ils se sont produits (Cass., 11 août 1885).

406. — Les titulaires d'une concession en Algérie n'étant tenus aux termes de l'art. 3 du décret du 30 septembre 1878 qu'à une résidence de cinq ans sur cette concession, on ne saurait sans en indiquer la date l'invoquer contre un électeur concessionnaire pour soutenir qu'il ne peut pas avoir une résidence de six mois dans la commune (Cass., 18 avril 1888).

407. — La qualité de conseiller municipal n'implique pas nécessairement la résidence dans la commune (Cass., 24 juin 1884).

408. — La justification de la résidence ne peut résulter de la seule déclaration de celui qui demande son inscription (Cass., 23 mars 1875), ni même du serment par lui prêté (Cass., 1 décembre 1874).

409. — La preuve de la résidence peut être établie par témoins (Cass., 16 février 1887) (V. n° 1149).

410. — Si, en matière électorale, les déclarations relatives à la résidence sont souveraines, le juge de paix ne peut cependant rejeter la preuve offerte par les parties intéressées pour établir que les citoyens dont l'inscription est réclamée satisfont à la condition de résidence prescrite par la loi, sans s'expliquer sur les motifs qui rendaient cette preuve inutile et sans intérêt et qui autorisent le juge de paix à ne point ordonner l'enquête (Cass., 30 juillet 1883).

§ 3. — *Changement de résidence.*

411. — Le citoyen dont la résidence dans une commune ne doit pas, même au 31 mars, date de la clôture de la liste, avoir une durée de six mois, a le droit, en vertu des dispositions combinées de l'article 13 du décret du 2 février 1852 et de l'article 14 § 1ᵉʳ de la loi municipale du 5 avril 1884, et pour n'être point privé de l'exercice de ses droits électoraux, de réclamer le maintien de son inscription sur la liste électorale de la commune où il a cessé de résider, sans qu'il y ait lieu de distinguer entre la qualité d'électeur politique et celle d'électeur municipal, les deux listes se confondant d'après la loi du 5 avril 1884 (Cass., 1 avril 1885) (V. n° 317).

412. — L'électeur qui vient habiter une commune où il n'a pas au moment de la confection des listes les six mois de résidence nécessaires pour acquérir le droit d'être inscrit sur la liste électorale, s'il n'est pas d'ailleurs établi qu'il y ait transféré son domicile, doit être maintenu sur la liste de sa précédente habitation (Cass., 26 avril 1888).

413. — L'électeur déjà inscrit à raison de sa résidence dans la commune doit être maintenu sur la liste, bien qu'il ait changé de résidence, tant qu'il ne s'est pas écoulé depuis ce changement un laps de temps suffisant pour lui faire acquérir au moment de la révision annuelle le droit électoral dans la localité de sa nouvelle résidence (Cass., 13 mai 1889).

414. — Pour faire bénéficier un électeur du principe en vertu duquel l'électeur inscrit sur une liste ne doit être rayé que lorsqu'il a pu acquérir par une résidence de plus de six mois dans une autre commune le droit de s'y faire porter sur la liste électorale, il faut que cet électeur n'ait pas été porté sur la liste électorale de sa nouvelle commune (Cass., 12 avril 1888).

415. — Lorsque le maintien de l'inscription est ordonné par le motif que le citoyen n'a pu depuis son départ de la commune acquérir et produire des titres suffisants pour son inscription dans la commune où il a transporté son habitation, il importe de préciser d'une façon exacte l'époque du départ et de l'arrivée afin qu'il soit possible de reconnaître si, à raison des délais fixés par la loi pour les demandes d'inscription, cet électeur n'a pas pu justifier soit de l'établissement de son domicile réel soit de son inscription aux rôles des contributions directes dans la nouvelle commune et obtenir ainsi son inscription sur la liste électorale (Cass., 15 mai 1889).

CHAPITRE II.

CONTRIBUABLES.

416. — La liste électorale comprend ceux qui auront été inscrits dans la commune au rôle d'une des quatre contributions directes ou au rôle des prestations en nature, et, s'ils ne résident pas dans la commune, auront déclaré vouloir y exercer leurs droits électoraux.

Seront également inscrits, aux termes de cette disposition, les membres de la famille des mêmes électeurs compris dans la cote des prestations en nature, alors même qu'ils n'y sont pas personnellement portés, et les habitants qui, en raison de leur âge ou de leur santé, auront cessé d'être soumis à cet impôt (Loi du 5 avril 1884, art. 14, § 3, n° 2).

Division.

SECTION Iʳᵉ.

Règles générales.

§ 1. — *La disposition est limitative.*

417. — La disposition est limitative. Elle n'attribue le droit électoral qu'à ceux qui sont inscrits au rôle d'une des quatre contributions directes ou au rôle des prestations en nature.

418. — La contribution foncière, la contribution personnelle et mobilière, l'impôt sur les portes et fenêtres, l'impôt sur les patentes constituent les quatre contributions directes.

419. — Les citoyens inscrits au rôle des impositions sur les chevaux et voitures ou sur les billards (Cass., 8 mai 1877) ou sur le rôle de la taxe des chiens (Cass., 9 avril 1883) ne rentrent donc pas dans les prévisions de la loi.

420. — Le fils d'un électeur porté à la cote de l'impôt foncier ne peut obtenir son inscription sur la liste électorale par ce seul motif que son père est inscrit comme contribuable. La disposition qui autorise l'inscription sur la liste des membres de la famille d'un contribuable figurant au rôle des prestations en nature ne saurait être étendue au delà du cas spécial qu'elle prévoit (Cass., 23 mai 1889).

§ 2. — *L'inscription doit être personnelle.*

421. — **La loi attache le droit à l'électorat dans la commune, non au paiement de l'impôt ou au fait de la propriété foncière, mais à l'inscription personnelle du contribuable sur les rôles de la commune** (Cass. 21 avril 1887).

422. — Le paiement des contributions à titre de propriétaire ou à tout autre titre ne peut suppléer à l'inscription personnelle de l'électeur sur les rôles (Cass., 17 avril 1883).

423. — Un fils allèguerait donc vainement qu'il possède dans la commune par indivis avec son père des immeubles à raison desquels il supporte réellement une part d'impôt foncier. Cette circonstance, fût-elle établie, ne saurait suppléer à son inscription personnelle au rôle (Cass., 9 mai 1889) (V. nᵒˢ 420 et 421).

424. — De même ne peut être inscrit le fils qui n'est pas personnellement imposé et paye seulement des contributions en qualité de fermier de son père (Cass., 26 juin 1888).

425. — Le fils qui a hérité de son père ne peut se prévaloir pour être inscrit de ce que le nom de celui-ci est porté sur le rôle des contributions ni de ce qu'il paye le montant de la contribution (Cass., 18 juin 1889).

426. — Le mari ne saurait invoquer l'inscription du seul nom de sa femme sur les rôles pour demander sa propre inscription sur la liste électorale à titre de contribuable (Cass., 26 mars 1877 et 14 avril 1880).

427. — Mais le mari qui figure personnellement au rôle peut être inscrit alors même que l'immeuble dont il paie l'impôt appartiendrait à sa femme (Cass., 5 mai 1884).

428. — Le contribuable, inscrit personnellement au rôle des contributions, a le droit d'être électeur alors même qu'il reconnaît que les impôts sont, par suite de conventions, payés par un tiers (Cass., 17 avril 1883)

429. — Un électeur, qui a vendu les immeubles possédés par lui dans la commune, conserve cependant son droit électoral bien que l'impôt foncier soit en réalité payé par l'acquéreur, s'il a continué à figurer au rôle de la contribution foncière parce que la mutation de cote n'a pas été opérée (Cass., 30 avril 1885).

430. — L'électeur, qui réclame son inscription en qualité de prestataire et qui justifie être imposé personnellement et nominativement au rôle des prestations de la commune, ne saurait se voir opposer que cette mention ne lui est pas personnelle et qu'elle s'applique aux journées du bouvier, des bœufs et des charrettes attachés à la propriété qu'il exploite (Cass., 20 mai 1886).

a) Désignation collective pour abréviation.

431. — Par exception au principe que l'inscription doit être personnelle, des électeurs qui ont acquis un immeuble en commun et qui ont fait opérer la mutation ont le droit d'être inscrits à titre de contribuables, bien que l'inscription sur la matrice des rôles ait été faite pour se conformer aux instructions administratives sous une forme abrégée, telle que « Blanc et consorts », attendu que cette mention se réfère virtuellement à la feuille de mutations qui contient les noms de tous les propriétaires (Cass., 16 avril 1888).

432. — De même, en cas de propriété restée indivise entre des co-héritiers qui ont fait opérer la mutation sur les rôles, il suffit qu'un électeur soit compris dans une désignation abrégée telle que « Lambert, frères et sœurs » établie conformément aux instructions administratives et qui se réfère virtuellement à la feuille des mutations où sont mentionnés tous les noms (Cass., 1 juillet 1889).

b) Membres de la famille des prestataires.

433. — Une autre exception au principe de l'inscription personnelle est admise par la loi au profit des membres de la famille d'un électeur porté au rôle des prestations en nature. Ils peuvent être inscrits sur la liste électorale s'ils sont compris dans la cote des prestations en nature applicable au chef de famille (Cass., 20 mai 1886).

434. — L'électeur qui a cessé d'être compris dans la cote des prestations en nature de son père ne doit pas être inscrit, lors même que la décharge de sa part de prestations aurait été prononcée sur la demande de son père (Cass., 17 novembre 1874).

435. — Un membre de la famille ne peut prétendre être compris dans la cote des prestations en nature que si le nombre des journées imposées est assez grand pour qu'aucun doute ne soit possible à cet égard (Cass., 6 avril 1881).

436. — C'est d'ailleurs à lui de prouver qu'il est vraiment porté sous la cote du chef de famille (Cass., 19 juin 1883).

437. — La disposition dont bénéficient les membres de la famille du prestataire est limitative dans ses termes comme dans son esprit. Elle ne peut être étendue à d'autres personnes qu'aux membres de la famille, c'est-à-dire à ceux qui tiennent à l'électeur par les liens du sang ou de l'affinité. Les colons partiaires, les métayers ou les domestiques qui ne se rattachent à l'électeur que par un lien de subordination ou d'intérêt ne peuvent pas l'invoquer (Cass., 17 avril 1883 et 23 avril 1884).

c) Habitants dispensés de l'impôt des prestations par leur âge ou leur santé.

438. — Les habitants qui, en raison de leur âge ou de leur santé, ont cessé d'être soumis à l'impôt des prestations en nature, peuvent être inscrits sur la liste électorale bien que ne figurant pas au rôle des prestations.

439. — C'est à l'âge de 60 ans qu'on cesse d'être soumis à cet impôt (Loi du 21 mai 1836, art. 3).

440. — Peuvent seuls invoquer la disposition ceux qui ont été antérieurement inscrits au rôle de cet impôt à l'encontre de ceux qui n'y ont jamais figuré (Cass., 28 avril 1880 et 2 avril 1884).

441. — Il faut même que la prestation ait été fournie dans la commune où l'inscription est demandée (Cass., 8 novembre 1880).

§ 3. — *Quotité de la contribution.*

442. — Il suffit pour avoir le droit d'être inscrit sur la liste électorale d'une commune d'y figurer au rôle des contributions directes ou des prestations en nature, si minime que soit la somme pour laquelle on y est porté (Cass., 9 mai 1889).

§ 4. — *A quelle époque doit exister l'inscription au rôle.*

443. — La loi du 5 avril 1884 a dérogé à celle du 7 juillet 1874 en attribuant le droit électoral à toute personne qui est inscrite au rôle des contributions directes ou des prestations en nature dans une commune sans exiger, comme le faisait l'article 5 de la dite loi de 1874, que l'inscription remonte à une année (Cass., 15 avril 1886 et 5 mai 1887).

444. — L'inscription au rôle des contributions au moment où la liste électorale est établie suffit pour donner droit à être porté sur la liste (Cass., 10 avril 1888) (V. n° 461).

445. — Le requérant n'est dès lors tenu de justifier de sa qualité de contribuable qu'au moment et pour le temps où il demande son inscription (Cass., 17 avril 1888).

446. — Pour que le réclamant puisse invoquer son inscription au rôle, il faut que celui-ci ait été publié. Tant qu'il ne l'a pas été, il n'a aucune valeur légale (Lett. min. int. à préfet Sarthe, 24 janvier 1885).

447. — La demande à l'effet d'être inscrit comme électeur dans une commune où on est porté au rôle des contributions peut être formée pour la première fois devant la commission municipale de jugement dans les vingt jours à partir de la publication des listes dressées par la commission administrative (Cass., 9 avril 1888).

§ 5. — *Preuve de l'inscription.*

448. — Les rôles des contributions ne sont pas des documents publics pouvant être communiqués à tout requérant. Les percepteurs sont seulement tenus de délivrer à toute personne portée au rôle l'extrait relatif soit à ses propres contributions, soit aux contributions de toute autre personne, moyennant rétribution de vingt-cinq centimes par extrait. Les extraits de rôle sont délivrés gratuitement aux préfets, sous-préfets et maires (Art. 60 de l'instruction générale ; Lett. min. int. à préfet Alpes-maritimes, 15 janvier 1875).

449. — Constituent une preuve légale de l'inscription de l'électeur sur les rôles, les extraits délivrés par la direction des contributions directes (Cass., 19 avril 1888); les extraits authentiques du rôle des prestations en nature (Cass., 22 avril 1888) ; un certificat émané du percepteur des contributions (Cass., 17 avril 1878 et 22 avril 1884), du maire de la commune (Cass., 6 mai 1884), de l'adjoint au maire (Cass., 26 mai 1884).

450. — Un certificat régulier du maire ou de l'adjoint est suffisant pour attester l'identité d'un contribuable qui a été par erreur porté au rôle avec un prénom autre que le sien (Cass., 2 mai 1883).

451. — Le juge saisi d'une demande d'inscription en matière électorale n'a pas qualité pour vérifier la régularité et le bien fondé d'une inscription sur le rôle des contributions; il ne peut que constater le fait de l'inscription ou de la non-inscription pour en tirer les conséquences que la loi elle-même en a déduites (Cass., 8 avril 1886).

452. — Il n'a pas notamment à contrôler la décision d'un conseil de préfecture prescrivant une mutation de cote (Cass., 5 mai 1875).

453. — Il ne saurait non plus refuser d'avoir égard à des extraits délivrés par la direction des contributions, constatant l'inscription de l'électeur au rôle d'une commune, par l'unique motif qu'il est également inscrit pour les mêmes causes au rôle des contributions d'une commune voisine (Cass., 19 avril 1888).

454. — Le certificat émané du percepteur des contributions fait pleine foi des énonciations qu'il contient, aux termes de l'article 1319 du code civil, et constitue une preuve légale de l'inscription de l'électeur sur le rôle des prestations en nature.

Un jugement ne pourrait donc refuser de tenir compte d'un semblable certificat en se fondant sur ce que l'électeur ayant cessé de résider chez son père dès le mois d'octobre précédent, et par conséquent avant la confection des rôles, n'avait pas dû y être compris pour l'année suivante dans la cote afférente à son père (Cass., 22 avril 1884).

455. — Une demande en inscription, appuyée par un certificat délivré par le maire attestant que le demandeur est inscrit au rôle des contributions directes, ne peut être rejetée, sans que la décision ait contesté la sincérité de cette pièce émanée d'une autorité compétente pour la délivrer, et par ce seul motif qu'elle ne forme pas une preuve irréfutable du fait attesté (Cass., 6 mai 1884).

SECTION II.

CONTRIBUABLES NON RÉSIDANTS.

456. — Tout citoyen a le droit de se faire porter à titre de contribuable sur la liste électorale d'une commune autre que celle de sa résidence ou de son domicile légal (Cass., 16 avril 1885) (V. n⁰ˢ 826 et 878).

457. — Il importe donc peu que les électeurs n'habitent pas les immeubles pour lesquels ils sont imposés et les louent à des tiers ou que ces biens ne soient pas susceptibles d'habitation (Cass., 15 juillet 1884).

458. — L'inscription d'un électeur au rôle des prestations en nature donne seule aux membres de sa famille la faculté d'être portés sur la liste électorale, indépendamment de toute condition de résidence ou de domicile (Cass., 20 mai 1888).

§ 1. -- *Electeur non encore inscrit.*

459. — L'inscription sur la liste électorale ne peut être requise que par le contribuable lui-même, lorsqu'il ne réside pas dans la commune (Cass., 15 juillet 1884 et 22 mars 1888).

460. — Mais la demande d'inscription peut être faite par mandataire (V. n°ˢ 758 et suivants).

461. — Le citoyen, non résidant dans la commune, ne peut demander son inscription sur la liste électorale à titre de contribuable ou de prestataire qu'autant qu'il figure actuellement au rôle des contributions directes ou des prestations en nature : il ne peut invoquer une inscription antérieure au rôle s'il a cessé d'y figurer au jour de sa demande puisqu'il a perdu ainsi le titre qui seul le dispenserait de rapporter la preuve d'une résidence réelle dans la commune (Cass., 18 juin 1884) (V. n° 444).

462. — Le fonctionnaire public, assujetti à une résidence obligatoire à raison de ses fonctions, peut néanmoins, comme tout autre contribuable, requérir son inscription sur la liste électorale de la commune où il est porté au rôle des contributions directes, à la condition de justifier qu'il n'est point inscrit sur la liste électorale de la commune où il exerce ses fonctions (Cass., 16 avril 1885 et 21 avril 1887).

§ 2. — *Electeur déjà inscrit.*

463. — Le citoyen, déjà inscrit sur la liste électorale d'une commune, conserve le droit d'y figurer sans avoir besoin de faire aucune déclaration, alors même qu'il aurait transporté son domicile dans une autre commune s'il continue à figurer au rôle des contributions directes ou des prestations en nature (Cass., 11 avril 1889).

464. — Cette règle est applicable notamment à l'électeur dont le domicile a été transporté dans une autre commune aux termes de l'article 109 du code civil en qualité de domestique (Cass., 11 avril 1889).

465. — Ainsi qu'au fonctionnaire assujetti à la résidence obligatoire dans une autre commune par les fonctions qui viennent de lui être conférées, sans qu'il soit alors tenu de prouver qu'il n'est point inscrit dans cette dernière commune (V. n°ˢ 462 et 888).

466. — Mais cet électeur, bien que continuant de figurer au rôle des contributions directes ou des prestations en nature, n'aurait pas le droit d'être maintenu sur la liste électorale de la commune, s'il était prouvé qu'il a requis personnellement et obtenu son inscription sur la liste de la commune où il est, soit fonctionnaire public, soit domestique (V. n° 878).

467. — Lorsque l'électeur qui avait le droit de continuer à figurer comme contribuable sur la liste électorale de la commune a été indûment rayé, la demande en réinscription sur cette liste peut être présentée tant par lui-même que par un tiers électeur (Cass., 11 avril 1877).

SECTION III.

DES SECTIONS DE COMMUNES.

468. — Le citoyen, qui ayant sa résidence dans une commune justifie de son inscription au rôle des contributions d'une autre commune, peut, sur sa demande, être inscrit sur la liste électorale de cette dernière commune. Il n'en saurait être autrement en cas de sectionnement d'une commune. Par suite, l'électeur qui a sa résidence dans une section peut demander à être porté sur la liste électorale d'une autre section où sont situés des immeubles dont il est propriétaire et pour lesquels il est inscrit sur les rôles (Cass., 5 mai 1887).

469. — **Le droit à l'électorat, lorsqu'il résulte de l'inscription au rôle des contributions directes, ne peut être exercé que dans la section de commune où est situé l'immeuble imposé** (Cass., 30 avril 1885).

470. — C'est ainsi que des électeurs qui habitent la section A ne sont pas fondés à réclamer leur inscription dans la section B, alors que les contributions directes pour lesquelles ils sont inscrits au

rôle dans la commune n'ont pas leur assiette sur ladite section B
(Cass., 5 mai 1887).

471. — Vainement ils prétendraient qu'il est impossible d'établir
dans quelle section est situé leur immeuble et qu'ils doivent être
inscrits dans cette section, parce qu'elle est voisine de celle de leur
résidence (Cass., 30 avril 1885).

472 — C'est ainsi que le citoyen qui est inscrit au rôle des
contributions directes à raison d'un immeuble situé dans une section de commune doit être porté sur la liste électorale de cette section, alors même qu'il serait domicilié hors de la commune et que
l'arrêté de sectionnement aurait décidé que les électeurs domiciliés
hors de la commune seraient inscrits sur la liste électorale d'une
autre section (Cass., 21 mai 1879).

473. — Les arrêtés de sectionnement qui n'ont d'autre objet que de
déterminer les localités comprises dans les diverses sections qu'il
convient d'établir dans une commune ne peuvent en effet porter
atteinte aux droits des électeurs tels qu'ils résultent des dispositions
de la loi, ni en modifier l'exercice (Cass., 26 mai 1879).

474. — L'impôt des patentes ayant son assiette dans le lieu où
s'exerce l'industrie, l'électeur résidant dans une section autre que
celle où il a son établissement industriel peut requérir son inscription sur la liste de la section communale où se trouve le siège de
cet établissement (Cass., 5 mai 1887).

475. — La cote personnelle et mobilière a son assiette
dans l'habitation et ne saurait attribuer le droit électoral dans une section autre que celle dans laquelle est
l'habitation (Cass., 5 mai 1887).

476. — L'impôt des prestations en nature, à la différence de celui des contributions foncières, n'ayant son
assiette sur aucune partie déterminée du territoire de
la commune, ne saurait attribuer à celui qui y est assujetti le droit électoral dans une section autre que celle
dans laquelle est son habitation (Cass., 25 avril et 5
mai 1887).

CHAPITRE III.

ALSACIENS-LORRAINS.

477. — La liste électorale comprend ceux qui, en vertu de l'article 2 du traité du 10 mai 1871, ont opté pour la nationalité française et déclaré fixer leur résidence dans la commune conformément à la loi du 19 juin 1871 (Loi du 5 avril 1884, art. 14, § 3, n° 3).

478. — Aux termes de la loi du 19 juin 1871 « sont électeurs et éligibles, sans condition de temps de résidence dans le nouveau domicile qu'ils ont choisi ou choisiront en France, les citoyens français qui, conformément à l'article 2 du traité du 10 mai 1871, ont opté ou opteront pour la nationalité française, à la charge par eux de faire, à la mairie de leur nouvelle résidence, leur déclaration constatant la volonté d'y fixer leur domicile et d'y réclamer leur inscription sur les listes électorales ».

Division.

SECTION Ire. — QUELS ALSACIENS-LORRAINS PEUVENT INVOQUER CETTE DISPOSITION.

SECTION II. — DE LA DÉCLARATION A FAIRE PAR LES INTÉRESSÉS.

§ 1. — *Nature de la déclaration.*
§ 2. — *Forme de la déclaration.*

SECTION Ire.

QUELS ALSACIENS-LORRAINS PEUVENT INVOQUER CETTE DISPOSITION.

479. — Les dispositions de la loi du 19 juin 1871 ne concernent que les alsaciens-lorrains qui, ayant opté pour la nationalité française, demandent à être électeurs et éligibles, sans condition de temps de résidence, dans leur nouveau domicile en France. Les conditions imposées à l'exercice de ce droit exceptionnel par la dite loi et le paragraphe 5 de l'article 5 de la loi du 7 juillet 1874, (actuellement n° 3 du § 3 de l'article 14 de la loi du 5 avril 1884) ne peuvent donc être exigées des alsaciens-lorrains qui réclament leur inscription sur les listes électorales d'une commune en vertu des dispositions générales des autres paragraphes de ce même article (Cass., 15 juillet 1884).

480. — L'alsacien-lorrain qui, après avoir opté, a usé une fois du bénéfice de l'article 5 de la loi de 1874 (actuellement de l'article 14 de la loi du 5 avril 1884) et réclamé ses droits électoraux sans condition de résidence, est soumis pour l'avenir quant à l'exercice de ses droits électoraux aux mêmes conditions que les autres citoyens français (Cass., 27 avril 1880).

481. — Mais pour refuser le bénéfice de la disposition à un alsacien-lorrain, il faut qu'il soit constaté que celui-ci avait précédemment usé de ce bénéfice dans une des communes où il aurait temporairement résidé depuis son option (Cass., 27 avril 1880).

SECTION II.

DE LA DÉCLARATION A FAIRE PAR LES INTÉRESSÉS.

§ 1. — *Nature de la déclaration.*

482. — La loi du 19 juin 1871, en accordant aux alsaciens-lorrains qui ont opté pour la nationalité française le droit d'être électeurs et éligibles, sans condition de temps de résidence, dans leur nouveau domicile en France, avait exigé de leur part une déclaration préalable à la mairie de la nouvelle résidence constatant la volonté d'y fixer leur domicile et d'y réclamer leur inscription sur les listes électorales; mais la loi du 7 juillet 1874 par son article 5 (dont la loi du 5 avril 1884 n'est que la reproduction) a substitué à la déclaration de domicile imposée aux alsaciens-lorrains une simple déclaration de résidence (Cass., 30 avril 1883).

§ 2. — *Forme de la déclaration.*

483. — Les lois de 1874 et de 1884 n'ont assujetti cette déclaration à aucune forme spéciale et irritante, et notamment elles n'en ont point prescrit la transcription sur les registres de la mairie. Il suffit donc, pour que les alsaciens-lorrains jouissent du privilège qui leur a été concédé, qu'ils aient par un écrit adressé au maire expressément déclaré leur volonté de fixer leur résidence dans la commune, qu'en fait ils l'y aient établie et qu'ils y aient réclamé leur inscription sur les listes électorales (Cass., 30 juillet 1883).   8

CHAPITRE IV.

FONCTIONNAIRES PUBLICS ET MINISTRES DU CULTE.

484. — La liste électorale comprend ceux qui sont assujettis à une résidence obligatoire dans la commune en qualité soit de ministres des cultes reconnus par l'État, soit de fonctionnaires publics (Loi du 5 avril 1884, art. 14, § 3, n° 4).

Division.

SECTION Iʳᵉ.

RÈGLES GÉNÉRALES.

§ 1. — *La résidence doit être effective.*

485. — Bien loin de séparer le droit électoral de la

résidence réelle en faveur des fonctionnaires publics ou des ministres du culte, la loi n'accorde ce droit, en dehors des conditions ordinaires, qu'à ceux qui sont assujettis à une résidence obligatoire dans la commune. Il résulte de cette disposition que les fonctionnaires soumis à l'obligation de résider dans la commune où ils exercent leurs fonctions peuvent y être inscrits sur la liste électorale dès qu'ils sont tenus de s'y établir (V. n°⁸ 502 et 503); mais on ne saurait en conclure que l'obligation de résider attachée à leurs fonctions suffit pour leur donner le droit d'être inscrits sur la liste de la commune où ils doivent les exercer, si, au lieu de se conformer à cette obligation, ils ont conservé leur résidence effective dans une autre commune (Cass., 12 juin 1877).

486. — Tout fonctionnaire public doit, pour jouir du bénéfice de cette disposition, justifier d'une résidence effective dans la commune où il exerce ses fonctions (Cass., 15 mai 1889) (V. n⁰ˢ 485 et 502).

487. — Par suite, c'est dans la section de sa résidence que le fonctionnaire ou le ministre du culte doit être inscrit et non dans celle où il exerce ses fonctions (Cass., 15 juin 1885).

488. — Ainsi, les fonctionnaires et officiers publics, tels que les greffiers et huissiers, astreints à résider au siège du tribunal auquel ils sont attachés, ne doivent pas, au cas où la ville est divisée en sections, être inscrits sur la liste de la section où est établi le siège de ce tribunal s'ils résident dans une autre section (Cass., 23 mars 1885).

489. — Les sergents de ville à Paris doivent être inscrits sur les listes de l'arrondissement où ils ont leur habitation personnelle et non sur celle de l'arrondissement où est situé le poste de police auquel ils sont attachés pour leur service public (Cass., 12 avril 1864).

490. — L'instituteur n'est pas tenu de demeurer dans la maison

d'école et c'est son habitation qui seule doit être prise en considération pour déterminer la section où il doit être inscrit comme
électeur (Cass., 26 mai 1884).

491. — Il en serait de même si au lieu d'habiter la
commune où il exerce ses fonctions le fonctionnaire
résidait dans une autre commune.

492. — Ainsi, les employés de préfectures et sous-préfectures qui
résident dans une commune limitrophe de la ville où ils sont fonctionnaires doivent être inscrits sur la liste électorale de cette commune (Cass., 17 et 23 novembre 1874) (V. n° 525).

493. — Le greffier de justice de paix, autorisé à avoir une résidence
autre que celle du chef-lieu de canton, ne peut se prévaloir de sa
qualité de fonctionnaire public assujetti à résidence pour se faire
inscrire sur la liste électorale de la commune chef-lieu de canton
(Cass., 4 mai 1881).

494. — Un huissier de justice de paix ne peut être inscrit sur la
liste électorale de la commune, chef-lieu de canton, s'il n'y réside
pas (Cass., 6 mai 1878) (V. n° 533).

495. — Les juges de paix doivent être inscrits sur la liste de la
commune qu'ils habitent dans le canton (Cass., 9 juin 1884).

496. — Le notaire institué dans une commune mais qui, en fait,
réside dans une autre où il a même, contrairement à la loi, transporté son étude, doit être inscrit dans cette dernière (Cass., 26 mars
1867).

§ 2. — *Le fonctionnaire ne doit pas être déjà inscrit sur une autre liste.*

497. — L'électeur, inscrit sur la liste électorale d'une
autre commune, ne peut être porté sur les listes de la
commune où il est nommé fonctionnaire que s'il a provoqué ou sollicité sa radiation (Cass., 30 avril 1888) (V.
n° 826).

498. — C'est ainsi que l'électeur, inscrit sur la liste électorale de
sa commune d'origine, ne peut être inscrit sur celle de la commune

où il vient d'être nommé desservant, s'il n'a pas provoqué ou sollicité sa radiation de la liste de la première commune (Cass., 21 mai 1881).

499. — De même, le ministre du culte ou le fonctionnaire public, inscrit sur la liste de sa précédente résidence, doit, pour être inscrit dans la commune où il est envoyé, justifier de sa radiation ou tout au moins de sa demande de radiation (Cass., 24 avril 1882, 4 avril et 22 août 1884, 22 mars 1888).

500. — Il ne faut point perdre de vue qu'une semblable justification n'est nécessaire qu'au cas où il existe une précédente inscription et que le fonctionnaire public ne saurait être tenu de rapporter la preuve qu'il n'est pas inscrit déjà sur la liste électorale d'une autre commune (V. nº 462).

§ 3. — *Délai de la demande d'inscription.*

501. — Aux termes de l'article 2 de la loi du 7 juillet 1874, aucune réclamation ne peut plus être admise après le délai de 20 jours à partir de la publication de la liste. Cette règle, destinée à assurer à l'égard de tous et par mesure générale la clôture de la liste à une même date, ne souffre pas d'exception en ce qui concerne les fonctionnaires publics assujettis à la résidence dans la commune.

Pour admettre une exception en leur faveur, on ne saurait se prévaloir de la disposition autorisant l'inscription des citoyens qui, ne remplissant pas les conditions d'âge et de résidence lors de la formation des listes, les rempliront avant la clôture définitive.

En effet, s'il ressort de cette disposition qu'il n'y a pas lieu de refuser l'inscription de ces électeurs, il n'en résulte point qu'ils puissent utilement réclamer leur inscription dans d'autres délais que ceux déterminés par l'article 2 précité de la loi de 1874 (Cass., 13 mai 1885 et 25 mai 1857) (V. n° 504).

502. — Il suffit que le titre de fonctionnaire public tenu à résidence leur appartienne au moment de leur demande faite dans les délais légaux pour que leur droit à l'inscription soit acquis (Cass., 11 avril 1888).

503. — Le notaire est investi du titre de fonctionnaire public par le décret qui l'institue. Il peut donc requérir, même avant sa prestation de serment, son inscription sur la liste électorale de la commune où une résidence obligatoire lui a été imposée, pourvu que sa demande ait lieu dans le délai fixé pour les réclamations (Cass., 11 avril 1888).

504. — Mais la demande ne saurait être faite sans que la qualité de fonctionnaire public soit acquise et en prévision d'une nomination prochaine dont il pourrait être ultérieurement justifié avant le 31 mars devant le juge de paix (V. n°° 91, 132, 137, 319 et 388).

SECTION II.

FONCTIONNAIRES PUBLICS.

§ 1. — *Définition.*

505. — La qualité de fonctionnaire public, dans le sens de la loi électorale, appartient à tout citoyen investi d'un caractère public et chargé d'un service d'utilité publique, qu'il soit ou non rétribué par l'Etat (Cass., 21 août et 15 novembre 1850, 23 novembre 1874 et 21 avril 1879).

506. — Il ne faut pas oublier que la fonction publique doit comporter la résidence obligatoire dans la commune

pour autoriser l'inscription du fonctionnaire sur la liste électorale (Cass., 15 mai 1889) (V. n°˚ 485 et 486).

§ 2. — *Enumération énonciative des fonctionnaires publics.*

a) *Sont fonctionnaires :*

507. — Les agents assermentés des compagnies de chemins de fer, qu'ils soient simples gardes, aiguilleurs, piqueurs, cantonniers, chefs de section ou de district (Cass., 23 novembre 1874, 27 et 28 avril 1880 et 7 mai 1883)

508. — Les agents de change (Cass., 24 février et 16 avril 1885).

509. — Les agents de la police municipale (Cass., 21 août 1850).

510. — Les agents secondaires des Ponts et chaussées et du service vicinal (Lett. min. int. à préfet Ardèche, 27 août 1874).

511. — Les agents voyers cantonaux (Cass., 9 juillet 1851).

512. — L'archiviste d'une ville (Cass., 21 août 1850).

513. — Les aspirants agentsvoyers (Cass., 5 novembre 1850).

514. — Les avoués (Cass., 9 décembre 1850 et 9 avril 1851).

515. — Les caserniers, qui sont des agents purement civils au compte du département de la guerre (Lett. min. int. à préfet Vosges, 16 avril 1878).

516. — Le chef de section auxiliaire dans le cadre des travaux de l'État, nommé par décision ministérielle : il a sa résidence dans la commune où il est attaché en cette qualité au bureau de l'ingénieur (Cass., 26 avril 1880).

517. — Les commis-greffiers près des cours et tribunaux (Cass., 14 août 1850).

518. — Les commis-greffiers assermentés des justices de paix (Cass., 3 mars 1851).

519. — Les commissaires-priseurs (Lett. min. int. à préfet Seine-et-Oise, 18 septembre 1874).

520. — Les conducteurs des ponts et chaussées (Cass., 4 mai 1887)

521. — Les délégués du conseil académique chargés de la surveillance des écoles libres et publiques du canton (Cass., 16 avril **1851).**

522. — Les douaniers (Cass., 7 avril 1873), qui ne peuvent être considérés comme militaires (Cass., 7 mai 1884 et Lett. min. int. à préfet Alpes-Maritimes, 20 février 1883).

523. — Les employés assermentés des compagnies de chemins de fer (V. nᵒ 507).

524. — Les employés même non assermentés des chemins de fer de l'Etat (Lett. min. int. à préfet Deux-Sèvres, 27 mars 1883).

525. — Les employés des préfectures et sous-préfectures (Cass., 13 et 20 août 1850, 17 et 23 novembre 1874) (V. nᵒ 492).

526. — Les employés des trésoreries générales (Lett. min. int. à préfet Mayenne, 3 août 1874).

527. — Les facteurs des Halles (Cass., 26 août 1850).

528. — Les facteurs des postes (Cass., 26 août et 5 novembre 1850, 15 juin 1885, 3 juin 1890).

529. — Les gardes champêtres (Cass., 13 novembre 1850, 22 avril 1879 et 5 mai 1884).

530. — Les greffiers des cours et tribunaux (Cass., 23 mars 1885) (V. nᵒ 488).

531. — Les greffiers des justices de paix (Cass., 4 mai 1881).

532. — Les huissiers audienciers (Cass., 23 mars 1885) (V. nᵒ 488).

533. — Les huissiers de justice de paix (Cass., 1ᵉʳ juin 1851 et 6 mai 1878) (V. nᵒ 494).

534. — Les instituteurs publics (Cass., 15 juillet 1884), même ceux qui ne sont qu'adjoints (Cass., 26 mai 1884) (1).

535. — Les juges de paix (Cass., 9 juin 1884) (V. nᵒ 495).

536. — Les magistrats (Cass., 6 août 1850).

537. — Les maîtres d'études, même à titre provisoire, dans un

---

(1) Par arrêt du 16 avril 1885, la cour de cassation a décidé que l'instituteur suppléant n'est qu'un simple auxiliaire dont le rôle subordonné, éventuel et discontinu le distingue essentiellement du fonctionnaire public assujetti à une résidence obligatoire.

collège communal en vertu d'une autorisation donnée par le recteur de l'académie (Cass., 18 novembre 1874).

538. — Les maîtres répétiteurs aux lycées (Cass., 20 mai 1886).

539. — Les membres du bureau de bienfaisance (Cass., 5 novembre 1850).

540. — Les notaires (Cass., 11 avril 1888).

541. — Les percepteurs, même surnuméraires, des contributions directes (Cass., 30 novembre 1850).

542. — Les porteurs de contrainte dans le lieu où ils sont commissionnés (Cass., 21 avril et 5 mai 1887). L'article 32 du règlement du 21 mars 1879 leur impose seulement l'obligation de résider au chef-lieu d'arrondissement (Cass., 30 juillet 1883), mais le préfet peut leur imposer une résidence obligatoire dans la commune (Cass., 15 juillet1886).

543. — Les portiers consignes des places fortes (Cass., 14 août 1850).

544. — Les préposés de l'octroi (Cass., 12 août 1850).

545. — Les professeurs aux lycées (Cass., 4 avril 1883).

546 — Les professeurs de l'enseignement supérieur (Cass., 13 mai 1885).

547. — Les prud'hommes (Cass., 7 mars 1845).

548. — Les receveurs des douanes (Cass., 21 mars 1864).

549. — Les receveurs principaux des postes (Cass., 9 avril 1851)

550. — Les sous-inspecteurs des douanes (Cass., 24 avril 1876).

551 — Les surnuméraires de l'enregistrement (Cass., 26 novembre 1850).

552. — Cette énumération est purement énonciative : elle ne comprend que les fonctionnaires publics assujettis à la résidence obligatoire, qui ont été reconnus comme tels par la Cour de cassation. Il ne faudrait donc point s'imaginer qu'il n'existe pas d'autres fonctionnaires publics que ceux qui sont indiqués ici à titre d'exemples.

b) *Ne sont pas fonctionnaires :*

553. — Les adjoints (Cass., 1er mai 1866 et 22 avril 1868).

554. — L'afficheur des actes de la mairie et de la préfecture (Cass., 10 décembre 1850).

555. — Les cantonniers des ponts et chaussées (Cass., 20 août 1850).

556. — Le cantonnier sur un chemin de grande communication qui dessert plusieurs communes (Cass., 20 août 1879).

557. — Le cantonnier sur un chemin d'intérêt commun servant à plusieurs communes (Cass., 2 mai 1883).

558. — Le cantonnier non assermenté, agent subalterne d'une compagnie de chemin de fer qui l'emploie à des travaux manuels (Cass., 21 avril 1889).

559. — Le commis-greffier provisoire (Cass., 20 novembre 1850).

560. — Le comptable au service d'une compagnie de chemin de fer, non assermenté (Cass., 7 mai 1883).

561. — Les conseillers municipaux (Cass., 4 mai 1880).

562. — Les directeurs des comptoirs de la banque de France (Trib. de la Seine, 4 mai 1882).

563. — Les employés de chemin de fer non assermentés (Cass., 4 mai 1880 et 16 avril 1888).

564. — Les gardes particuliers, même assermentés (Cass., 29 avril 1879).

565. — Les garçons de bureau de la Cour des comptes (Cass., 28 août 1850).

566. — L'homme de peine employé dans un abattoir (Cass., 21 août 1850).

567. — Les instituteurs privés, notamment les frères de la doctrine chrétienne (Cass., 18 novembre 1850 et 19 avril 1880).

568. — Les instituteurs suppléants (Cass., 16 avril 1885) (V. n° 534).

569. — Les maires (Cass., 1er mai 1866 et 22 avril 1868). (1)

570. — Les officiers de réserve (Conseil d'Etat, 12 mars 1880).

571. — Les ouvriers de chemin de fer non assermentés (Cass., 16 avril 1888).

---

(1) Contra — Cass., 10 décembre 1850.

572. — Les pharmaciens (Cass., 28 mai 1883).

573. — Les sapeurs-pompiers (Cass., 2 décembre 1850).

574. — Les sonneurs de cloches dans une paroisse (Cass., 6 août 1850).

575. — Le surveillant à gages de travaux pour le compte d'une commune (Cass., 28 avril 1884).

576. — Les trésoriers de conseil de fabrique (Cass., 14 août 1850).

577. — Cette énumération purement énonciative ne comprend que les personnes à qui la qualité de fonctionnaire public a été déniée par des arrêts de la cour de cassation. Il existe donc un grand nombre de titulaires d'autres emplois ou services qui ne sont pas fonctionnaires publics.

SECTION III

MINISTRES DU CULTE.

578. — Les ministres d'un culte reconnu par l'Etat, qui sont assujettis à une résidence obligatoire dans la commune, ont le droit d'être portés sur la liste électorale de cette commune.

579. — Les cultes reconnus par l'Etat sont les cultes catholiques, juifs et protestants.

580. — La qualité de ministre du culte appartient non seulement aux évêques, vicaires généraux, curés, grands rabbins, rabbins et pasteurs.

581. — Elle appartient encore aux desservants bien que, nommés par les évêques, ils soient amovibles et ne soient pas tenus de prêter serment (Cass., 5 mai 1887 et 17 avril 1888).

582. — Aux vicaires, bien qu'ils ne reçoivent leur traitement que de la fabrique (Cass., 22 mars 1880).

583. — Aux prêtres attachés par l'autorité diocésaine comme professeurs à un petit séminaire ou tout autre établissement ecclésiastique public, bien qu'ils ne reçoivent de traitement ni de l'Etat ni d'une commune (Cass., 27 août et 11 novembre 1850, 24 avril 1877)

584. — A l'aumônier d'un monastère investi par son évêque du pouvoir d'exercer, en certains cas, son ministère dans la commune (Cass., 19 août 1850).

585. — Au contraire, ne doivent pas être considérés comme ministres du culte pouvant réclamer leur inscription sur la liste électorale sans condition de résidence, les aumôniers d'un établissement privé dirigé par les frères des écoles chrétiennes (Cass., 19 avril 1880).

586. — Ni l'aumônier d'un asile d'aliénés ayant un caractère purement privé (Cass., 5 avril 1870).

587. — Ni les freres de la doctrine chrétienne, instituteurs libres (Cass., 19 avril 1880).

588. — Ni les séminaristes (Lett. min. int. à préfet Morbihan, 3 août 1874).

CHAPITRE V.

MILITAIRES.

589. — L'absence de la commune résultant du service militaire ne portera aucune atteinte aux règles édictées pour l'inscription sur les listes électorales (Loi du 14 avril 1884, art. 14, § 5).

590. — Les militaires en activité de service et les hommes retenus pour le service des ports ou de la flotte, en vertu de leur immatriculation sur les rôles de l'inscription maritime, seront portés sur les listes des communes où ils étaient domiciliés avant leur départ (Décret organique du 2 février 1852, art. 14)

591. — Les militaires et assimilés de tous grades et de toutes armes des armées de terre et de mer ne prennent part à aucun vote quand ils sont présents à leurs corps, à leur poste ou dans l'exercice de leurs fonctions. Ceux qui, au moment de l'élection, se trouvent en résidence libre, en non activité ou en possession d'un congé, peuvent voter dans la commune sur les listes de laquelle ils sont régulièrement inscrits. Cette dernière disposition s'applique également aux officiers et assimilés qui sont en disponibilité ou dans le cadre de réserve (Loi du 15 juillet 1889, art. 9 ; Loi du 30 novembre 1875, art. 2).

La question du vote des militaires ne rentre pas dans le cadre de ce manuel. Elle ne sera donc pas examinée.

Division

SECTION Iʳᵉ.

INSCRIPTION DANS LA COMMUNE OÙ LE MILITAIRE A FIGURÉ
SUR LE TABLEAU DE RECENSEMENT.

592. — Les militaires en activité de service doivent
être portés sur les listes électorales des communes où
ils étaient domiciliés avant leur départ; le temps passé
sous les drapeaux n'ôte pas à la résidence dûment constatée son caractère consécutif et compte pour l'accomplissement de la durée nécessaire à l'exercice du droit électoral (Cass., 11 mai 1875).

593. — Aussi, lorsqu'il résulte d'un certificat régulier délivré par
le maire qu'un électeur a satisfait à la loi du recrutement en janvier 1885 et a été porté à cet effet sur le tableau de recensement de
la commune, le jugement qui prononce en 1886 la *radiation* de cet
électeur parce qu'il n'avait pas une résidence de six mois viole l'article 14 du décret du 2 février 1852 (Cass., 8 avril 1886).

594. — Si l'absence pour le service militaire ne porte
aucune atteinte aux droits de l'électeur, le soldat sous
les drapeaux ne peut être inscrit sur la liste électorale
d'une commune que tout autant qu'au moment de son
départ pour l'armée il avait dans cette commune soit son
domicile réel soit une résidence qui sans cette absence
aurait atteint avant la clôture des listes une durée de six
mois (Cass., 3 août 1886).

595. — Comme le droit électoral est attaché soit à la résidence de
six mois soit au domicile réel, pour rayer un marin libéré du service ou un militaire de la liste électorale il ne suffit pas de constater qu'au moment de son appel sous les drapeaux il ne résidait plus
dans la commune, il faut de plus établir qu'il n'y avait pas conservé
son domicile réel (Cass., 11 août 1885).

596. — Un marin, porté inscrit sur la matricule des gens de mer,
a sa résidence de droit dans la commune où il est né et a satisfait

à la loi du recrutement. C'est donc sur la liste de cette commune qu'il doit être inscrit à moins qu'il n'ait perdu ce droit en allant, depuis sa libération du service, établir sa résidence dans une autre commune (Cass., 5 mai 1884).

597. — D'ailleurs, même au cours du service, la qualité d'inscrit maritime n'empêche pas l'inscrit de changer de résidence, s'il le juge à propos ; mais ce changement ne saurait résulter du seul fait de son absence. En effet l'inscription maritime implique que l'inscrit peut ou doit se livrer à la navigation sur mer et se trouver ainsi obligé à des absences aussi longues que fréquentes. Cela est vrai aussi bien des inscrits provisoires que des inscrits définitifs et au point de vue de la conservation de la résidence aucune distinction n'est à faire entre ces deux catégories.

Dans ces conditions, pour justifier la radiation d'un électeur, il est nécessaire qu'il soit établi non seulement qu'il est absent de la commune, mais qu'il a transféré sa résidence dans un autre lieu (Cass., 22 mai 1883) (V. n° 594).

598. — Les militaires en activité de service devant être portés sur la liste de la commune où ils étaient domiciliés avant leur départ, ils doivent être maintenus sur cette liste dans le cas où ils contractent un nouvel engagement sans avoir quitté le drapeau, car le fait de leur rengagement dans ces conditions ne constitue pour eux qu'une prorogation de service et non pas un second départ qui puisse avoir pour effet de leur conférer la qualité d'électeur dans la commune où le rengagement a été contracté (Cass., 5 juin 1867).

SECTION II.

INSCRIPTION DANS UNE AUTRE COMMUNE AU COURS OU APRÈS LA LIBÉRATION DU SERVICE.

599. — La disposition qui autorise l'inscription du militaire sur la liste électorale de la commune qu'il a quittée pour accomplir son service n'empêche pas celui-ci de réclamer, s'il le préfère, son inscription dans une autre commune où il a acquis, soit au cours, soit à la fin de son service, le droit d'être inscrit.

600. — Un militaire qui, pourvu d'un congé régulier mais tem-poraire, est resté six mois sans interruption dans une commune, y a acquis le droit d'être inscrit sur la liste élctorale (Cass., 26 avril 1888).

601. — S'il ne s'est établi définitivement dans cette commune qu'à l'expiration de son temps de service militaire, son absence dans l'in-tervalle, résultant de l'obligation de ce service, n'a pas pu avoir pour effet de le priver d'un droit qui lui appartenait déjà et qui est expressément réservé par les dispositions du paragraphe 5 de la loi du 5 avril 1884 (Cass., 26 avril 1888) (V. n° 589).

602. — Nulle disposition de loi n'interdit au marin classé de quitter, en se conformant aux lois et règlements de la matière, la commune qu'il habitait avant son départ et de transporter sa rési-dence dans une autre localité. On ne peut donc repousser sa de-mande d'inscription basée sur six mois de résidence dans la com-mune en décidant qu'il doit être considéré comme domicilié de droit dans la commune qu'il habitait avant son départ (Cass., 22 mars 1888) (V. n° 595, 596 et 597.)

603. — Si l'absence d'un militaire de la commune qu'il habitait au moment de son départ ne fait point obstacle à ce qu'il soit ins-crit, pendant qu'il est sous les drapeaux, sur les listes électorales de cette commune, et que même il s'y fasse inscrire à son retour, sans nouvelle et effective résidence pendant le temps fixé par la loi, il ne s'ensuit pas qu'après sa libération il ne puisse obtenir son inscription sur les listes d'une autre commune où il réside réelle-ment pendant la durée de son service militaire, où il n'a cessé de résider depuis sa mise à la retraite jusqu'au jour de la révision des listes électorales.

En effet, ce militaire, affranchi quand il n'est plus sous les dra-peaux du régime spécial sous lequel il était placé, reprend le libre exercice du droit de vote dans toute commune où il remplit les con-ditions prescrites par la loi électorale. Par conséquent, il lui suffit notamment de justifier d'une résidence réelle et effective pendant le temps voulu alors même qu'elle a commencé pendant la durée de son service militaire pourvu qu'elle s'y soit continuée sans interrup-tion depuis sa libération (Cass., 26 novembre 1883) (V. n° 595).

DEUXIÈME PARTIE

RÉVISION ANNUELLE DE LA LISTE ÉLECTORALE

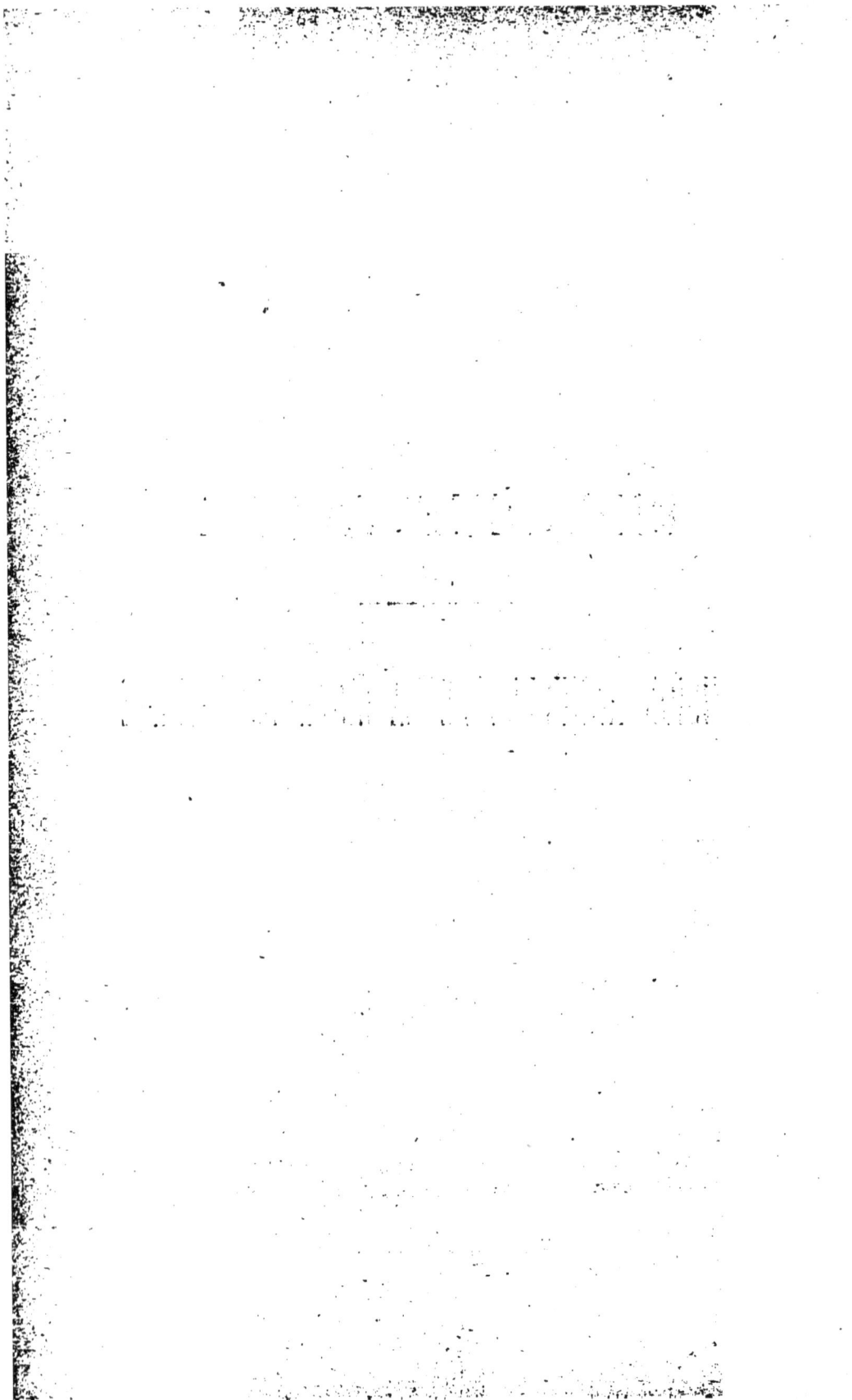

DEUXIÈME PARTIE

RÉVISION ANNUELLE DE LA LISTE ÉLECTORALE

Epoques et délais des diverses opérations relatives à la révision de la liste électorale (1).

	Nombre de jours	Terme des délais
Préparation des tableaux de rectifications	10	10 janvier
Délai accordé pour dresser les tableaux de rectifications	4	14 janvier
Publication des tableaux de rectifications.	1	15 janvier
Délai ouvert aux réclamations	20	4 février
Délai pour les décisions des commissions chargées du jugement des réclamations.	5	9 février
Délai pour la notification des dernières décisions de ces commissions	3	12 février
Délai d'appel devant le juge de paix . .	5	17 février
Délai pour les décisions du juge de paix.	10	27 février
Délai pour les notifications des décisions du juge de paix.	3	2 mars
Délai du recours en cassation	10	9 mars 12 mars
Clôture définitive des listes	»	31 mars

(1) Tous ces délais ne sont pas de rigueur. Les seuls qui doivent être observés sous peine de déchéance sont : le délai de 20 jours pour former les réclamations ; celui de 5 jours pour former appel ; celui de 10 jours pour former un pourvoi en cassation, ce délai court du jour du jugement ou du jour de sa notification, selon que le requérant n'a pas eu ou a eu un contradicteur devant le juge de paix.

Division.

TITRE I.

OPÉRATIONS ADMINISTRATIVES.

CHAPITRE Iᵉʳ.

DE LA COMMISSION ADMINISTRATIVE DE RÉVISION.

Division.

SECTION Ire.

COMPOSITION DE LA COMMISSION.

604 — **Une liste électorale sera dressée dans chaque commune par une commission composée du maire, d'un délégué de l'administration désigné par le préfet et d'un délégué choisi par le conseil municipal** (Loi du 7 juillet 1874, art. 1, § 1).

605 — Dans les communes qui auront été divisées en sections électorales (1), la liste sera dressée dans chaque section par une commission spéciale composée : 1° du maire ou adjoint ou d'un conseiller municipal dans l'ordre du

---

(1) Les communes peuvent être divisées en sections électorales par le Conseil général dans la session d'août. Les sectionnements opérés subsistent jusqu'à une nouvelle décision (Loi du 5 avril 1884, art. 11 et 12). Lorsque la commune est divisée en plusieurs cantons, le sectionnement devra être opéré de telle sorte qu'une section électorale ne puisse comprendre des portions de territoire appartenant à plusieurs cantons (Loi du 7 juillet 1874, art. 1, § 3).

tableau ; 2° d'un délégué de l'administration désigné par le préfet ; 3° d'un délégué choisi par le conseil municipal (Loi du 7 juillet 1874, art. 1, § 2; Circ. min. int., 30 novembre 1884) (V. n° 616).

606. — Dans les villes *qui comprennent plusieurs cantons*, mais *qui n'ont pas été divisées en sections*, une seule commission doit être établie, car la loi ne distingue pas entre les villes comprises dans plusieurs cantons et celles qui n'appartiennent qu'à un seul (Lett. min. int. à préfet Loiret, 28 juillet 1874, et autres).

607. — A Paris et à Lyon, la liste sera dressée, dans chaque quartier ou section, par une commission composée du maire de l'arrondissement ou d'un adjoint délégué, du conseiller municipal élu dans le quartier ou la section, et d'un électeur désigné par le préfet du département (Loi du 7 juillet 1874, art. 1, § 4).

§ 1er. — *Du maire.*

608. — Le maire a la présidence de la commission.

609. — En cas d'absence, de suspension, de révocation ou de tout autre empêchement, le maire est provisoirement remplacé dans la plénitude de ses fonctions par un adjoint dans l'ordre des nominations, et, à défaut d'adjoints, par un conseiller municipal désigné par le conseil, sinon pris dans l'ordre du tableau (Loi du 5 avril 1884, art. 84).

§ 2. — *Du délégué de l'administration.*

610. — La loi ne fixant aucune condition pour le choix des délégués de l'administration, le préfet peut désigner ces délégués soit parmi les habitants de la commune, soit en dehors de la commune. Il est recommandé de les prendre parmi les personnes les plus honorables et qui, par leur situation, peuvent échapper absolument à tout soupçon de partialité. Rien ne s'oppose d'ailleurs à ce que, pour les localités peu importantes, où la révision des listes n'offre par conséquent point de difficultés, le préfet charge un même délégué de le représenter à la fois dans plusieurs communes (Circ. min. int., 30 novembre 1884).

611. — L'administration peut toujours remplacer ses délégués (Lett. min. int. à préfet Tarn-et-Garonne, 12 janvier 1875).

612. — Si, au cours des opérations, le délégué de l'administration venait à être nommé maire, le préfet n'a qu'à désigner un autre délégué (Lett. min. int. à préfet Aube, 25 janvier 1878).

613. — Par décision du 24 juillet 1874, le ministre des finances a accordé la franchise postale à la correspondance échangée entre les préfets ou sous-préfets et les délégués de l'administration (**Circ. min. int., 30 novembre 1884**).

§ 7. — *Du délégué du conseil municipal.*

614. — Le conseil municipal désigne ses délégués lors de la session ordinaire de novembre.

Le préfet doit convoquer avant le 1er janvier, en session extraordinaire, les conseils municipaux qui n'ont pas encore choisi leurs délégués.

615. — Ces délégués sont au nombre de trois par commune ou par section, si la commune est divisée en sections électorales ; un seul d'entre eux fait partie de la commission administrative, les deux autres s'adjoindront plus tard aux membres de cette commission pour le jugement des réclamations. Les délégués doivent de préférence être pris dans le sein du conseil municipal ; rien n'oblige cependant cette assemblée à y renfermer son choix ; elle pourrait désigner d'autres personnes en qui elle aurait confiance, pourvu que ces personnes fussent inscrites sur les listes électorales de la commune (Circ. min. int., 30 novembre 1884).

616. — Si le conseil municipal ne se réunit pas au premier appel en nombre suffisant pour délibérer valablement, il y a lieu de recourir aux trois convocations successives prévues par l'article 50 de la loi du 5 avril 1884 (même circulaire).

617. — Dans le cas où certains conseils municipaux refuseraient de nommer des délégués, le tableau rectificatif pourrait être dressé par le maire, assisté du délégué de l'administration. Il en serait de même si le délégué nommé par l'assemblée communale refusait de remplir son mandat (même circulaire) (V. nᵒˢ 911 et 912).

618. — En cas d'élection d'un nouveau conseil, la désignation des délégués peut être faite soit par lui soit par l'ancien conseil dont les pouvoirs ne cessent qu'au moment de l'installation du nouveau (Lett. min. int. à préfet Loiret, 10 janvier 1878).

619. — Au cas où le conseil municipal récemment élu et non encore installé donnerait sa démission collective, c'est l'ancien conseil municipal qui devrait être réuni pour nommer les délégués. Ceux-ci seraient pris dans son sein (Lett. min. int. à préfet Loire Inférieure, 3 janvier 1875).

620. — Le nouveau conseil municipal peut valablement nommer ses délégués alors même qu'une protestation serait pendante devant le conseil de préfecture ou que l'élection d'une partie des membres aurait été annulée (Lett. min. int. à préfet Seine-et-Marne, 25 décembre 1876). (1)

621. — L'élection d'un délégué qui n'est pas actuellement inscrit sur la liste électorale ne paraît pas valable : mais c'est au conseil de préfecture à se prononcer à cet égard (Lett. min. int. à préfet Seine-et-Marne, 19 janvier 1876).

---

(1) Il suffit en effet pour la validité de la délibération que la majorité des membres en exercice assiste à la séance (L. 5 avril 1884, art. 50).

622. — Le délégué nommé par un précédent conseil peut remplir son mandat alors même qu'il ne ferait plus partie du nouveau conseil municipal (Lett. min. int. à préfet Loiret, 10 janvier 1878) ou que le conseil municipal dont il fait partie viendrait à être suspendu (Lett. min. int., à préfet Aisne, 7 août 1874) (V. nᵒˢ 908 et 909).

623. — Si au cours des opérations le délégué du conseil municipal vient à être nommé maire, c'est à cette assemblée seule qu'il appartient de le remplacer dans la mission dont il était investi. Le conseil municipal devrait donc être convoqué dans le plus bref délai pour nommer un autre délégué (Lett. min. int. à préfet Aube, 25 janvier 1878).

SECTION II.

RÉUNION DE LA COMMISSION.

§ 1ᵉʳ. — *Lieu*

624. — **La loi n'a pas déterminé le lieu de réunion de la commission administrative. C'est à la mairie qu'elle doit d'ordinaire se réunir** (Circ. min. int., 30 novembre 1884).

625. — Les commissions chargées de réviser les listes des diverses sections doivent aussi au moins en règle générale et sauf les circonstances exceptionnelles qui pourraient motiver une dérogation siéger au chef-lieu, à la maison commune. C'est du reste dans les archives de la mairie que se trouvent centralisés les documents que les commissions auront besoin de consulter pour leur travail (même circulaire).

§ 2. — *Date.*

626. — **La commission administrative doit se réunir**

sur la convocation du maire dès les premiers jours
de janvier puisqu'elle doit accomplir son travail dans
la première dizaine du mois.

627. — La commission administrative ne peut fonctionner que pendant la période de révision de la liste
électorale : elle ne peut plus se réunir lorsqu'elle a effec-
tué son travail sauf à la fin du mois de mars pour dresser la liste définitive (V. n°s 666 et suivants, et 1443).

SECTION III.

DES OPÉRATIONS DE LA COMMISSION.

628. — **Du 1er au 10 janvier de chaque année, la
commission administrative ajoute à la liste les citoyens qu'elle reconnaît avoir acquis les qualités exigées par la loi, ceux qui acquerront les conditions
d'âge et d'habitation avant le 1er avril et ceux qui
auraient été précédemment omis. — Elle en retranche:
1° les individus décédés ; 2° ceux dont la radiation a
été ordonnée par l'autorité compétente ; 3° ceux qui
ont perdu les qualités requises par la loi ; 4° ceux
qu'elle reconnaît avoir été indûment inscrits, quoique
leur inscription n'ait point été attaquée** (Décret réglementaire du 2 février 1852, art. 1er).

§ 1. — *Renseignements à recueillir par la commission.*

629. — De la combinaison des articles 18 et 19 du
décret organique du 2 février 1852 et de l'article 1 du
décret réglementaire de la même date, il résulte que le
maire (aujourd'hui la commission administrative) doit
procéder chaque année à la révision de la liste électorale,

ajouter à cette liste les citoyens qui ont acquis les qualités exigées par la loi et en retrancher ceux qui ont perdu ces qualités ; *en s'abstenant de prescrire aucune forme spéciale pour cette opération préliminaire et toujours modifiable dans ses résultats, la loi a confié à la conscience du maire (aujourd'hui des membres de la commission municipale) le choix et l'appréciation des renseignements qui peuvent déterminer sa décision* (Cass., 16 mars 1863) (V. n° 820).

630. — L'article 6 de la loi du 7 juillet 1874 qui édicte des pénalités contre les complices du délit consistant dans le fait d'avoir réclamé et obtenu l'inscription sur la liste d'un citoyen ayant des incapacités électorales ne fait pas d'exception en ce qui touche les membres de la commission municipale qui peuvent donc être reconnus coupables comme complices d'un délit d'inscription à l'aide de déclarations frauduleuses et condamnés comme tels (Cour de Bastia, 3 octobre 1878).

a) *Antécédents judiciaires des électeurs.*

631. — Pour que les fonctionnaires, chargés d'exercer un contrôle permanent sur les listes et de veiller à ce que les incapables et les indignes en soient écartés, soient en mesure de remplir la mission que le législateur leur a confiée, il faut qu'ils puissent notamment connaître d'une manière prompte et sûre les antécédents judiciaires des électeurs qui figurent sur les listes ou qui demandent à y être portés. Aussi toutes les fois que les autorités administratives désireront connaître la situation judiciaire d'individus qu'elles supposeront avoir perdu leurs droits politiques par suite de condamnations, elles devront procéder de la manière suivante (Circ. min. int., 12 juillet 1875).

1° Condamnations postérieures au 1er janvier 1875.

632. — Si les condamnations sont présumées encourues depuis le 1ᵉʳ janvier 1875, (1) le maire devra s'adresser à la sous-préfecture du lieu de naissance de ces individus. Les maires des communes du même arrondissement s'adresseront directement aux sous-préfets ; les maires des communes des autres arrondissements, appartenant au même département, enverront leur demande au sous-préfet de leur arrondissement qui, pour éviter les pertes de temps, la transmettra à son collègue sans passer par l'intermédiaire du préfet. Enfin, les demandes émanant d'autorités d'un autre département seront adressées directement par les soins du préfet à leur collègue (Circ. min. int., 12 juillet 1875).

633. — Lorsqu'une demande régulièrement formée sera parvenue à la sous-préfecture, il y devra être répondu immédiatement. Le premier soin sera de rechercher s'il existe dans le casier administratif électoral un bulletin au nom de la personne signalée. S'il s'en trouve un ou plusieurs, le sous-préfet dressera un relevé de ces bulletins, sans avoir à apprécier si les droits électoraux ont été depuis recouvrés. Le relevé sera certifié par le fonctionnaire qui le délivrera. Il portera le visa du préfet, lorsqu'il sera destiné à une autorité d'un autre département. Si le casier ne contient aucun bulletin concernant la personne désignée, le sous-préfet devra d'abord s'assurer auprès du maire de la commune mentionnée comme lieu de naissance si elle y est réellement née. Selon le résultat de ses recherches, il fera connaître que cet individu n'est point porté sur les registres des actes de naissance de ladite commune, ou qu'il y est effectivement inscrit, mais qu'il n'existe point de bulletin de condamnation à son nom (même circulaire).

2° Condamnations antérieures au 1ᵉʳ janvier 1875.

634. — Pour les condamnations présumées antérieures au 1ᵉʳ janvier 1875, le préfet à qui s'adresse

(1) Il a été constitué à partir du 1ᵉʳ janvier 1875 des casiers administratifs électoraux tenus aux sous-préfectures du lieu de naissance des condamnés ou à la préfecture pour l'arrondissement chef-lieu.

alors le maire demande au parquet du tribunal civil du lieu de naissance des condamnés, ou présumés tels, un extrait de leur casier judiciaire. Les greffiers ne doivent sous aucun prétexte refuser de répondre aux demandes de renseignements émanées des préfectures à l'occasion de la confection ou de la révision des listes électorales (Circ. min. int., 30 décembre 1874 et 12 juillet 1875).

a) Rémunération due au greffier.

635. — Chaque communication d'extraits de casiers judiciaires donne droit au greffier à 25 centimes par bulletin affirmatif, c'est-à-dire mentionnant une ou plusieurs condamnations, à 15 centimes par bulletin négatif. Le paiement de cette rémunération reste à la charge des administrations publiques qui réclament les dits extraits (Circ. min. int., 5 février 1890).

b) Mode de paiement de la rémunération.

636. — Chaque semestre et autant que possible dans le courant des mois de juin et de décembre, le maire doit établir un mandat général, avec l'indication, soit dans le corps, soit au verso de ce document, des greffiers créanciers et des sommes qui leur sont respectivement dues. Les receveurs municipaux rempliront d'après ces renseignements autant de mandats-cartes qu'il y aura d'officiers ministériels portés sur le mandat général de paiement, et ils auront soin en remettant les fonds au bureau de poste de demander, sur ce mandat, l'acquit pour ordre du receveur postal. Indépendamment de cette signature, le mandat général devra être appuyé de tous les talons détachés des mandats cartes adressés aux destinataires (Circ. min. int., 23 juin 1891).

637. — Le mandat général sera établi, sur le modèle ordinaire, par le maire qui y portera en regard du nom de chaque greffier la somme due et dans une colonne ad hoc le droit de 1 p. 100 correspondant. Les sommes ainsi inscrites seront totalisées et comprendront à la fois la rémunération des greffiers et les frais d'envoi des fonds. L'ordonnateur ajoutera au bas du mandat la formule suivante destinée à être signée par le receveur municipal:

Le Receveur des postes soussigné atteste qu'il a reçu la somme de (1). . . . *ci-dessus mentionnée et correspondant au montant de* (2)..... *mandats-cartes déposés par M ....* (*Percepteur ou receveur municipal*).

(Signature).

Cette attestation, jointe à la mention : « *Droits de greffe* », que le maire insérera en tête du mandat général, est destinée à mettre les divers comptables à l'abri de toute erreur (même circulaire).

638. — Quant au mandat-carte, dont tous les bureaux de France et d'Algérie sont pourvus, voici quel en est le mode d'emploi.

Les formules en sont gratuitement délivrées aux guichets à toute personne, et en tel nombre qu'il est nécessaire. Elles sont ensuite remplies par l'expéditeur, qui sera, dans l'espèce, le receveur municipal. Celui-ci n'a qu'à les présenter lui-même ou à les faire présenter au bureau de son choix, avec les sommes qu'il désire transmettre. Le bureau, après avoir encaissé la somme

---

(1) Ecrire la somme en toutes lettres.
(2) Indiquer le nombre des mandats en toutes lettres.

indiquée sur le mandat-carte, vérifié et perçu le droit correspondant (1 0/0), en détache le reçu qu'il remet au porteur, et fait parvenir ensuite le titre au bureau payeur. A l'arrivée du mandat, un avis est immédiatement adressé au bénéficiaire pour l'inviter à venir en toucher le montant.

Comme l'expéditeur des mandats-postaux ordinaires, l'expéditeur d'un mandat-carte peut réclamer un avis d'accusé de réception dont le coût est de 0 fr. 10 ; mais la délivrance de cet accusé, qui réduirait l'un des principaux avantages du nouveau mode de paiement, l'économie, sera la plupart du temps sans utilité, vu la modicité des intérêts en cause. L'emploi du mandat-carte, les mentions inscrites sur le mandat général et la signature pour ordre du Receveur des Postes garantissent d'ailleurs les communes d'une manière suffisante (même circulaire).

3° Condamnations frappant des Alsaciens-Lorrains.

639. — Les casiers administratifs des alsaciens-lorrains se trouvent au ministère de la Justice. C'est au garde des Sceaux que doivent être adressées les demandes de renseignements les concernant (Lett. min. int. à préfet Saône-et-Loire, 28 janvier 1887).

b) *Age des électeurs.*

640. — Pour obtenir les actes de naissance qui leur paraîtront nécessaires, les commissions administratives ou plutôt les maires n'ont qu'à s'adresser, comme il a été dit pour les casiers administratifs, soit au sous-préfet, soit au préfet (V. n°ˢ 632 et 633).

641. — Les extraits de ces actes sont délivrés gratuitement (V. n° 93).

c) *Inscription au rôle des contributions.*

642. — Si la commission administrative veut acquérir la certitude qu'un citoyen figure réellement au rôle
des contributions directes, le maire n'a qu'à réclamer
un extrait du rôle au percepteur tenu de le lui délivrer
gratuitement (V. n° 448).

§ 2. — *Des inscriptions et radiations faites par la commission.*

a) *D'office.*

1° Inscriptions.

643. — La loi municipale du 5 avril 1884 n'a pas
maintenu la disposition de la loi du 7 juillet 1874 qui
établissait une distinction entre les catégories d'électeurs qui devaient être inscrits d'office et de ceux qui
ne pouvaient l'être que sur leur déclaration. Par suite,
la commission de révision peut porter *d'office* tous les
électeurs sur le tableau rectificatif sauf une seule
exception. Les électeurs inscrits à titre de contribuables
ou de prestataires doivent, aux termes de l'article 14
n° 2 de la loi du 5 avril 1884, déclarer leur intention
d'exercer dans la commune, s'ils n'y résident pas, leurs
droits électoraux (Circ. min. int., 30 novembre 1884).

644. — Cette circulaire ne vise pas une autre catégorie d'électeurs qui ne doivent pas non plus être inscrits d'office. Ce sont les alsaciens-lorrains rentrant
dans les prévisions de l'art. 14 n° 3 de la loi du 5 avril
1884. Cette omission est peut-être voulue à raison du
petit nombre d'individus susceptibles d'invoquer la dite
disposition.   10

645. — Ainsi donc, en principe, la commission administrative peut et doit même inscrire d'office tous les individus qui remplissent l'une des conditions suivantes: 1° domicile réel; 2° résidence de six mois ; 3° inscription au rôle des contributions directes ou des prestations en nature avec résidence dans la commune; 4° résidence obligatoire en qualité de fonctionnaires publics ou de ministres du culte.

646. — Toutefois la commission administrative devrait s'abstenir d'opérer l'inscription d'office d'un individu figurant déjà sur la liste électorale d'une autre commune (V. n° 826).

2° Radiations.

647. — En matière de radiations, les pouvoirs de la commission administrative ne comportent pas les mêmes restrictions qu'en matière d'inscriptions. Elle peut opérer d'office toutes les radiations.

648. — Dès que le droit d'un électeur de figurer sur la liste électorale lui paraît douteux, elle peut, en le rayant, le mettre en demeure de fournir toutes les justification nécessaires (V. n° 86, 844 et suivants).

349. — Il va sans dire que la radiation constituerait une mesure inutilement vexatoire si le droit de l'électeur était incontestable.

650. — Ainsi la commission administrative devrait s'abstenir d'opérer la radiation d'un électeur qui pourrait invoquer l'autorité de la chose jugée (V. n° 851).

651. — Elle ne devrait pas non plus rayer d'office un électeur parce qu'il figure déjà sur la liste électorale d'une autre commune, à moins qu'il n'y ait été inscrit sur sa demande ou qu'il n'ait profité de son inscription pour voter dans cette commune.

652. — Par contre, l'électeur qui ne remplit plus la condition pour laquelle il a été inscrit devrait être rayé s'il ne se trouve pas dans un des autres cas autorisant l'inscription sur la liste électorale.

653. — Les diverses causes qui peuvent motiver la radiation ou le maintien d'un électeur sur la liste électorale sont longuement exposées aux nᵒˢ 844 et suivants.

b) *Sur demande.*

1° Inscriptions.

654. — Les demandes d'inscriptions sur la liste électorale, qu'elles soient formées par les électeurs eux-mêmes ou pour leur compte, n'ont pas besoin d'être adressées en premier lieu à la commission administrative puis reproduites près de la commission de jugement si la première ne les a pas admises. Il suffit qu'elles soient présentées pour la première fois à la commission de jugement (V. nᵒ 799).

655. — Il en est ainsi même pour les demandes d'inscriptions à titre de contribuable non résidant ou d'alsacien-lorrain (V. nᵒˢ 758, 1138, 1139 et 1279).

656 — Les prescriptions à observer pour que les demandes soient régulièrement formées, ne seront donc exposées qu'au chapitre Iᵉʳ du titre II qui traite des réclamations présentées à la commission de jugement (V. nᵒˢ 773 et suivants).

2° Radiations.

657. — Les demandes de radiations, qu'elles émanent des électeurs ou soient formées contre eux, n'ont pas besoin d'être d'abord soumises à la commission administrative.

658. — Tout ce qui concerne les demandes de radiation ne sera donc examiné qu'au chapitre Iᵉʳ du titre II (V. nᵒˢ 773 et suivants, notamment 793).

659. — Il importe cependant de remarquer que l'électeur, qui demande son inscription sur la liste électorale d'une commune, étant tenu de justifier devant la commission de jugement de cette commune, qu'il a obtenu ou tout au moins requis en temps utile sa radiation de la liste électorale où il a été antérieurement porté, fera sagement de demander sa radiation à la commission administrative de la commune où il est inscrit, s'il veut être assuré de produire sa justification dans les conditions déterminées.

SECTION IV.

DES SECTIONS DE COMMUNE.

§ 1 — *Fonctionnement d'une commission par section.*

660. — Dans les communes divisées en sections électorales, il doit être dressé par une commission, composée comme il est dit au n° 605, une liste distincte par section (Circ. min. int., 30 novembre 1884).

661. — Cette disposition s'applique uniquement aux sections électorales proprement dites établies par les conseils généraux. Elle ne s'applique pas aux simples bureaux de vote destinés à faciliter l'accès du scrutin et qu'il appartient au préfet de créer, suivant les besoins, conformément aux articles 3 du décret organique du 2 février 1852, 4 de la loi du 30 novembre 1875 et 13 de la loi du 5 avril 1884 (même circulaire).

662. — Elle ne s'applique pas non plus aux villes qui comprennent plusieurs cantons mais qui n'ont pas été divisées en sections électorales (V. n° 606).

Il est toutefois indispensable de dresser cette liste particulière pour chaque canton en vue des élections départementales. De plus le travail de révision doit lui aussi se faire par canton à raison de la compétence des juges de paix. Pour concilier ces divers intérêts, le système suivant pourrait être adopté. La commission unique, qui doit réviser la liste entière, continuerait à diviser son travail par canton, mais les listes cantonales seraient considérées comme les éléments de la liste générale et une fois la révision terminée la commission les réunirait en une seule liste alphabétique qui serait arrêtée et signée par la commission. Une liste générale par fiche peut être très utile, mais elle ne suffirait pas et il faudrait en faire deux copies sur cahier, l'une pour la préfecture, l'autre pour le secrétariat de la mairie (Lett. min. int. à préfet Gironde, 14 janvier 1874).

663. — Lorsque le sectionnement électoral a été fait par le Conseil général sans respecter les limites cantonales comme le veut le § 3 de l'article 1 de la loi du 7 juillet 1874, les listes doivent être néanmoins dressées d'après le dernier tableau de sectionnement établi par le Conseil général (Lett. min. int. à préfets Nord, H^te-Vienne, Indre et Isère, 14, 15 et 20 juillet 1874).

664. — Les conseils municipaux des communes comprises dans le tableau des sections arrêtées par le Conseil général doivent choisir autant de délégués qu'il y a de sections électorales et désigner en même temps deux autres délégués par section, chargés de constituer la commission de jugement (Circ. min. int., 30 novembre 1884).

665. — Il parait désirable en principe que des délégués différents soient nommés pour chaque section. C'est, il semble, le vœu de la loi et c'est dans ce sens qu'ont été rédigées les instructions ministérielles des 30 novembre 1884 et 19 novembre 1885.

Mais comme le législateur ne s'est pas formellement exprimé à cet égard, il ne parait pas que les opérations soient entachées de nullité par cela seul que les mêmes délégués du conseil municipal auraient siégé dans les commissions des diverses sections, à la condition toutefois que le conseil municipal ait manifesté nettement l'intention de donner aux mêmes personnes le droit de le représenter dans chacune des commissions.

La commission devra fonctionner séparément pour chaque section et le préfet devra désigner des délégués différents (Lett. min. int. à préfets Tarn 2 février 1875 et Basses-Pyrénées, 14 décembre 1887).

§ 2. — *Durée du fonctionnement de la commission.*

666. — Bien entendu, la commission administrative ne fonctionne qu'à l'époque de la révision des listes électorales (V. n°ˢ 627, 696 et 1443).

667. — S'il était nécessaire de procéder à des élections peu de temps après la division de la commune en sections électorales (1) et par suite avant l'époque de la révision annnelle des listes, ce serait le maire qui devrait procéder seul à la confection des listes par une simple opération matérielle de transcription de la liste électorale dressée antérieurement (Conseil d'État, 25 février 1876). Le sectionnement ne saurait en effet avoir pour conséquence de modifier la liste électorale arrêtée définitivement avant la décision du Conseil général ou d'altérer le corps électoral et de modifier les droits des électeurs inscrits sur la liste générale (Cass., 23 mars 1875).

668. — La répartition des électeurs entre les sections doit être faite d'après les indications de domicile portées sur la liste close le 31 mars. Les électeurs non domiciliés inscrits à raison de leur contribution et qui sont propriétaires dans plusieurs sections peuvent opter (Lett. min. int. à préfet Vaucluse, 30 décembre 1880) : ceux qui ne sont propriétaires que dans une section ne peuvent être inscrits que dans cette dernière (V. n°ˢ 469 et suivants et 673).

669. — L'époque de la révision annuelle arrivée, les règles tracées par la loi sont alors appliquées et les listes sont dressées par la commission administrative. Le maire ne pourrait pas à ce moment dresser seul et sans le concours de la commission les listes des sections (Conseil d'État, 23 juin et 7 juillet 1882).

§ 3. — *Mode de confection des listes.*

670. — Une difficulté est à prévoir provenant de ce que les sectionnnements ne sont pas permanents et

---

(1) Nous avons vu plus haut (note sous le n° 604) que le sectionnement se fait au mois d'août.

peuvent être modifiés chaque année par le Conseil général, tandis qu'aux termes de l'article 12 de la loi du 5 avril 1884, les élections partielles, faites au cours de la période quaternale pour compléter le conseil municipal, doivent avoir lieu d'après le même sectionnement qui a servi au renouvellement général du conseil (Conseil d'État, 30 décembre 1887). Il peut donc être nécessaire de recourir tantôt aux listes établies d'après les sectionnements arrêtés dans la dernière session d'août (renouvellement intégral du conseil par suite de démissions collectives, de dissolution ou d'annulation totale des opérations), tantôt aux listes établies d'après les sectionnements antérieurs. Comment procéder alors ?

Plusieurs hypothèses peuvent se présenter (Circ. min. int., 30 novembre 1884.)

a) *Établissement d'un nouveau sectionnement.*

671. — La commune a été pour la première fois sectionnée lors de la dernière session du Conseil général.

Cette première hypothèse ne présente aucune difficulté. La liste est établie par sections conformément au dernier vote du Conseil général ; les listes des sections sont, en outre, conformément aux dispositions de l'article 1er § 5 de la loi du 7 juillet 1874, réunies après leur clôture en une liste unique. Cette dernière liste sert en cas d'élections partielles ; en cas de renouvellement général, on suit les listes par section (Circ. min. int., 30 novembre 1884.)

b) *Suppression de l'ancien sectionnement.*

672. — La commune était antérieurement divisée en sections électorales, mais le Conseil général a, dans sa dernière session, supprimé le sectionnement.

Dans cette hypothèse, il ne doit être établi qu'une commission et qu'une seule liste, puisqu'il n'existe plus actuellement de sections. Mais comme, en cas d'élections particlles, les électeurs des anciennes sections peuvent être appelés à voter séparément, il faut que le maire puisse au besoin diviser la liste unique. Dans ce but, la commission doit avoir soin d'inscrire en regard du nom de chaque électeur : pour les électeurs domiciliés, le domicile en vertu duquel ils étaient portés sur les anciennes listes, ou en vertu duquel ils auront demandé à être portés sur la liste nouvelle ; et pour les électeurs précédemment inscrits comme contribuables ou qui demanderont à être inscrits en cette qualité, la situation de l'immeuble ou établissement en raison duquel ils sont portés au rôle. De cette façon, le maire n'aura, lorsqu'il s'agira de diviser la liste unique en listes de sections, qu'une opération purement matérielle à faire, son rôle se bornant à prendre dans la colonne à ce destinée, le domicile réel ou électoral qui y sera indiqué (Circ. min. int., 30 novembre 1884).

673. — Le maire, lorsqu'il est appelé à fractionner une liste définitivement close, ne peut pas modifier les indications de domicile réel ou électoral portées sur la liste, même sur la demande des intéressés qui ne sont plus recevables à faire des déclarations d'option (Circ. min. int., 30 novembre 1884) (V. n° 667).

c) *Modification du sectionnement.*

674. — Les sections précédemment établies par le Conseil général ont été modifiées, quant à leur nombre ou à leurs limites, dans la dernière session d'août. Dans ce cas, les listes des sections doivent être établies d'après le dernier sectionnement voté par le Conseil général ; mais avec les mêmes indications de domicile réel ou électoral en regard du nom de chaque électeur, afin que le maire puisse, en cas d'élections partielles, établir les listes d'émargement d'après les limites des anciennes sections (Circ. min. int., 30 novembre 1884).

§ 4. — *Formation d'une liste générale.*

675. — Il est dressé, en outre, d'après les listes spéciales à chaque section ou quartier, une liste générale des électeurs de la commune par ordre alphabétique (Loi du 7 juillet 1874, art. 1 § 5) (V. n° 1449).

676. — Les listes des diverses sections, telles qu'elles auront été arrêtées par les commissions, seront réunies, par les soins du maire, en une seule liste alphabétique pour toute la commune. C'est cette liste unique qui formera le registre électoral de la commune (Circ. min. int., 31 décembre 1875) (V. n° 662).

677. — A Paris et à Lyon, cette liste générale est dressée par arrondissement (Loi du 7 juillet 1874, art. 1er, § 6).

SECTION V.

REGISTRE DES DÉCISIONS DE LA COMMISSION.

678. — **La commission administrative tient un registre de toutes ses décisions et y mentionne les motifs et les pièces à l'appui** (Décret réglementaire du 2 février 1852, art. 1, § dernier).

679. — La plupart des commissions ne se conforment pas à ces prescriptions. Elles considèrent que ce registre ferait double emploi, soit avec le tableau rectificatif qui contient l'indication écourtée des motifs d'inscription ou de radiation et qui est conservé en minute dans les archives de la mairie, soit avec le registre des réclamations sur lequel sont également brièvementindiqués la nature et le motif de la décision rendue **sur les** demandes d'inscription ou de radiation.

Cette pratique est fort regrettable. La tenue de ce registre est exigée par la loi. Il a pour objet de conserver la trace des opérations de la commission administrative.

Rien ne s'opposerait d'ailleurs à ce qu'il serve ensuite à inscrire les décisions de la commission de jugement.

Le procès-verbal constatant la réunion et les opérations de la commission administrative au cours de chaque séance pourrait être établie en ces termes :

L'an mil huit cent quatre-vingt-   , le   janvier, les membres de la commission administrative de la commune (ou section de commune) de   , composée de   , maire (ou adjoint ou conseiller municipal, à défaut du maire ou adjoint empêché), de   , délégué de l'administration, et de   , délégué du conseil municipal, se sont réunis à la mairie, à   heures du matin (ou de relevée), sous la présidence du maire (ou adjoint). Ils ont reconnu qu'il y avait lieu, d'une part, d'inscrire sur la liste électorale : 1° les nommés   , qui ont atteint, ou atteindront leur majorité avant le 31 mars prochain, ainsi que cela résulte de leurs actes de naissance ci-annexés et qui sont domiciliés (ou résident depuis plus de six mois) dans la commune ; 2° les nommés   , qui sont venus s'établir dans la commune et y possèdent leur domicile (ou une résidence de plus de six mois) ainsi que cela résulte de   ; 3° les nommés   , qui ont été nommés (indiquer la fonction), et qui résident effectivement dans la commune ; — d'autre part, de rayer de la liste électorale : 1° les nommés   , décédés, ainsi que le constatent leurs actes de décès ; 2° les nommés   , qui figuraient sur la liste comme contribuables non résidants et qui ne sont plus portés au rôle des contributions directes ; 3° les nommés   , qui ont cessé de résider dans la commune et qui n'y ont pas de domicile et n'y paient aucune contribution ; 4° les nommés   , qui ont été condamnés, le premier à   , le second à .   , condamnations pour lesquelles ils ont encouru la déchéance électorale. Ces inscriptions et radiations figureront au tableau rectificatif et avis des radiations devra être donné aux intéressés.

La séance a été levée à   heures, et les membres ont immédiatement signé.   (*Suivent les signatures.*)

SECTION VI.

TABLEAU RECTIFICATIF.

680. — Les additions et retranchements apportés à la liste électorale par la commission administrative sont consignés dans un tableau qui porte le nom de tableau rectificatif et qui doit être dressé du 10 au 14 janvier. Il contient deux parties distinctes : l'une réservée aux additions, l'autre aux retranchements. Dans cette dernière partie, le tableau rectificatif rappelle le numéro attribué sur la liste de l'année précédente à l'électeur rayé et mentionne succintement en regard du nom les motifs du retranchement (Circ. min. int., 30 décembre 1875).

681. — **La commission administrative doit arrêter et signer le tableau rectificatif avant le 15 janvier** (Circ. min. int., 30 novembre 1884).

682. — Les frais d'impression des cadres pour la formation des listes électorales sont à la charge du département (Lois du 7 août 1850 et du 10 août 1871; Circ. min. int., 12 juillet 1874).

683. — Les maires reçoivent de la préfecture les imprimés nécessaires à la confection en double exemplaire des tableaux rectificatifs dont voici le modèle :

Tableau des additions et retranchements.

Commune de

Additions.

N° d'ordre.	NOMS ET PRÉNOMS	Lieu de naissance.	Date de naissance.	QUALIFICATION	Demeure.	Observations.

Retranchements.

N° d'ordre.	NOMS ET PRÉNOMS	Lieu de naissance.	Date de naissance.	QUALIFICATION	Demeure.	Observations.

CHAPITRE II.

PUBLICITÉ DONNÉE AUX OPÉRATIONS DE LA COMMISSION ADMINISTRATIVE

684. — Les listes seront déposées au secrétariat de la mairie, communiquées et publiées conformément à l'article 2 du décret règlementaire du 2 février 1852 (Loi du 7 juillet 1874, art. 2, § 1).

685. — L'électeur qui aura été l'objet d'une radiation d'office de la part de la commission administrative sera averti sans frais par le maire.

Notification de la décision sera faite par écrit et à domicile par les soins de l'administration municipale (Loi du 7 juillet 1874, art. 4, §§ 1 et 2).

Division.

SECTION Ire. — PUBLICITÉ DONNÉE AU TABLEAU RECTIFICATIF.

§ 1. — *Dépôt du tableau et avis du dépôt.*
       a) *dépôt.*
       b) *avis du dépôt.*

§ 2. — *Communication du tableau.*

SECTION II. — AVERTISSEMENT AUX ÉLECTEURS RAYÉS D'OFFICE.

SECTION III. — TRANSMISSION DU TABLEAU RECTIFICATIF AU SOUS-PRÉFET PUIS AU PRÉFET.

SECTION Ire

PUBLICITÉ DONNÉE AU TABLEAU RECTIFICATIF.

§ 1. — *Dépôt du tableau et avis du dépôt.*

a) *Dépôt.*

686. — Le tableau contenant les additions et retranchements faits par le maire (actuellement la commission administrative) à la liste électorale est déposé au plus tard le 15 janvier au secrétariat de la commune (Décret réglementaire du 2 février 1852, art. 2, § 1).

687. — Dans les villes et communes divisées en sections, c'est à la mairie que les listes doivent être publiées et tenues à la disposition de tous les électeurs (Circ. min. int., 30 novembre 1884).

En effet, aucune disposition de loi ne prescrit la publication du tableau dans chacune des sections des communes sectionnées (Conseil d'Etat, 12 novembre 1886).

688. — Le dépôt des listes au secrétariat de la mairie situé au domicile personnel du maire est une irrégularité que justifie cependant l'insuffisance du local servant de mairie (Conseil d'Etat, 1er mars 1878).

Ce mode de publication serait par suite valable, de même que si le dépôt avait eu lieu chez le secrétaire de la mairie conformément à un usage regrettable mais habituellement suivi dans la commune (Conseil d'Etat, 12 décembre 1871).

689. — Un procès-verbal de dépôt du tableau doit être dressé par le maire (Circ. min. int., 30 novembre 1884).

b) *Avis du dépôt.*

690 — Le jour même du dépôt du tableau, avis en sera donné par affiches aux lieux accontumés. (Décret règlementaire du 2 février 1852, art. 2, § 2).

691. — Les affiches donnant avis du dépôt doivent faire connaître que les demandes en inscription ou en radiation seront reçues pendant vingt jours (Circ. min. int., 30 novembre 1884).

692. — Le procès-verbal de dépôt du tableau doit constater non seulement le dépôt mais encore l'avis du dit dépôt.

Avis du dépôt du tableau rectificatif.

Les habitants sont prévenus que le tableau contenant les additions et retranchements faits, par la commission électorale nommée en vertu de l'article 1er de la loi du 7 juillet 1874, à la liste électorale de la Commune, est déposé au secrétariat de la mairie, et sera communiqué à tout requérant jusqu'au 4 février prochain inclus, tous les jours, de . . . à. . . . du matin et de. . . .à. . . . du soir; que de plus le dernier jour, 4 février, il pourra être consulté en outre de 7 heures à minuit.

Pendant ce délai, les demandes en inscription et radiation seront reçues à la mairie pour être jugées conformément à la loi.

Fait à   , le 15 janvier 189 .

Le Maire,

(Signature)

Procès-verbal du dépôt.

L'an mil huit cent quatre-vingt   , le quinze janvier, a été déposé au secrétariat de la mairie le tableau rectificatif des additions et retranchements à la liste électorale dressé par la commission administrative de la commune (ou section de commune) de .
Le même jour avis de ce dépôt a été donné aux habitants de la commune par affiche apposée à la porte de la mairie. En foi de quoi

nous avons dressé le présent procès-verbal, que nous avons signé ce dit jour quinze janvier 189 .

Le Maire,
(*Signature*).

693. — Le dépôt du tableau à la mairie est suffisant pour la publicité pourvu qu'il ne soit refusé communication de la liste à aucun citoyen (Conseil d'Etat, 18 mai 1861). L'affichage du tableau n'est en effet prescrit par aucune loi (Conseil d'Etat, 16 juin 1882 et 23 janvier 1885).

694. — Même l'article 2 du décret réglementaire du 2 février 1852 dont les termes clairs et précis ne sauraient recevoir d'extension prescrit seulement de publier par affiche l'avis du dépôt du tableau rectificatif au secrétariat de la mairie et n'autorise pas le maire à afficher ce tableau lui-même (Tribunal de Corbeil, 3 mai 1888).

695. — Une action en dommages-intérêts pourrait être intentée devant le tribunal civil contre le maire qui ferait ou laisserait afficher à la porte extérieure de la mairie un tableau contenant l'indication de motifs de retranchements fondés sur l'incapacité prétendue de l'électeur (même jugement).

696. — Après la publication du tableau des rectifications qui constitue la liste préparatoire, la commission chargée de la révision des listes n'y peut plus apporter aucune modification (Conseil d'Etat, 16 juin 1866) (V. n° 666).

§ 2. — *Communication du tableau.*

697. — **Le tableau sera communiqué à tout requérant qui pourra le recopier et le reproduire par la voie de l'impression** (Décret réglementaire du 2 février 1852, art. 2, § 2) (V. n°ˢ 1451 et suivants).

698. — La communication et la copie du tableau doivent avoir lieu à la mairie sans déplacement (Circ. min. int., 30 novembre 1884).

699. -- Le maire qui refuse à un électeur la communication du tableau ou le droit d'en prendre copie commet un excès de pouvoir (Conseil d'Etat, 19 juin 1863 et 2 mars 1888 par analogie).

700. — Le maire est préposé par la loi pour remplir toutes les opérations administratives qui se rapportent à la révision annuelle des listes électorales, en procédant dans les délais impartis à la confection des tableaux d'addition ou de retranchement. Tout acte relatif à cette partie de ses fonctions, soit qu'il communique lesdits tableaux ou la liste électorale aux électeurs qui en font la demande, soit qu'il juge à propos, comme dans l'espèce, de différer cette communication, rentre évidemment dans le domaine des faits administratifs. L'appréciation de ces faits, comme l'appréciation de la conduite du maire, appartient exclusivement à l'autorité administrative (Cour de Bastia, 17 mars 1880) (V. nº 1458).

701. — Si la communication du tableau est requise à l'occasion d'une demande d'inscription ou de radiation, un recours devant les tribunaux civils peut être exercé contre le maire qui refuse cette communication (Tribunal des conflits, 18 novembre 1850) (V. nº 1458).

SECTION II.

AVERTISSEMENT AUX ÉLECTEURS RAYÉS D'OFFICE.

702. — **L'électeur rayé d'office par la commission administrative doit aux termes de l'article 4 de la loi du 7 juillet 1874 être avisé par le maire de cette radiation** (V. nº 685).

703. — Cette disposition n'est pas applicable à des électeurs qui n'ont pas été portés sur les listes établies pour la première fois ; ils ne peuvent être considérés comme des électeurs rayés d'office dans le sens de l'article 4 précité (Conseil d'Etat, 7 août 1875).

704. — En cas d'omission de l'avertissement, le maire peut, même après la clôture des listes, réparer cette omission et adresser à l'électeur rayé la notification prescrite par la loi du 7 juillet 1874 (Lett. min. int. à préfet Basses-Alpes, 20 mai 1878) (V. n° 929).

705. — Sur le mode à suivre par le maire pour faire parvenir l'avertissement, voir ce qui a trait à la notification de la décision de la commission de jugement (V. n°ˢ 946 et suivants).

706. — Pour les conséquences du défaut de notification, voir les n°ˢ 805 et suivants, 846 et 847).

SECTION III.

TRANSMISSION DU TABLEAU RECTIFICATIF AU SOUS-PRÉFET PUIS AU PRÉFET.

707. — **Une copie du tableau et du procès-verbal constatant l'accomplissement des formalités prescrites par la loi sera en même temps transmise au sous-préfet de l'arrondissement, qui l'adressera, dans les deux jours, au préfet du département** (Décret réglementaire du 2 février 1852, art. 3).

708. — La transmission qui ne serait pas effectuée dans les délais prescrits ne serait pas nécessairement irrégulière (Conseil d'Etat, 20 décembre 1889, Sol. impl.).

709. — L'envoi au préfet du tableau des retranchements n'étant qu'une mesure d'administration intérieure qui ne se rattache en rien aux mesures de publicité, l'omission de cet envoi, non plus que l'existence d'irrégularités dans les opérations de la commission administrative ne mettent pas obstacle à l'exercice du droit d'attaquer ces opérations au fond devant la commission municipale (Cass. 20 mai 1885).

CHAPITRE III

RECOURS ADMINISTRATIF CONTRE LES OPÉRATIONS DE LA COMMISSION

Division.

SECTION Iʳᵉ.

RECOURS AU CONSEIL DE PRÉFECTURE.

710. — Si le préfet estime que les formalités et les délais prescrits par la loi n'ont pas été observés, il devra, dans les deux jours de la réception du tableau, déférer les opérations du maire (actuellement de la commission administrative) au conseil de préfecture du département, qui statuera dans les trois jours et fixera, s'il y a lieu, le délai dans lequel les opérations devront être refaites (Décret règlementaire du 2 février 1852, art. 4).

§ 1. — *Droit exclusif du préfet.*

711. — S'il appartient au préfet de déférer au conseil de préfecture les opérations de révision des listes électorales, aucune disposition de loi n'a conféré aux électeurs le droit d'exercer un semblable recours (Conseil d'État, 2 juillet 1880 et 27 juillet 1883).

§ 2. — *Droit de recours subordonné à l'existence d'opérations de révision.*

712. — Lorsque dans une commune il n'a pas été procédé à la révision des listes électorales, le préfet ne peut pas, par application de l'article 4 du décret règlementaire, demander au conseil de préfecture de fixer un délai pour y procéder. C'est seulement au cas où les opérations ont eu lieu et ont été déclarées irrégulières par le conseil de préfecture que celui-ci peut, après en avoir prononcé l'annulation, fixer par voie de conséquence les délais dans lesquels elles devront être refaites (Conseil d'Etat, 22 mars 1875 ; Circ. min. int., 30 novembre 1884).

713. — C'est au préfet, chargé d'assurer dans l'étendue du département l'exécution des lois, qu'il appartient de prendre les mesures nécessaires pour qu'il soit immédiatement procédé au travail de révision et ensuite au dépôt du tableau rectificatif suivant les formes prescrites par le décret règlementaire du 2 février 1852, les délais accordés aux citoyens pour former leurs réclamations ne devant d'ailleurs courir que du jour de la publication (Même arrêt ; Circ. min. int., 30 novembre 1884).

714. — Dans ce cas, la clôture définitive des listes peut naturellement être reportée après le 31 mars (Conseil d'Etat, 20 décembre 1878 et 17 janvier 1891 ; Lett. min. int. à préfet Vaucluse, 8 mars 1877) (V. n°ˢ 710 et 727).

S'il est nécessaire de procéder à des élections avant l'expiration du délai fixé par arrêté du préfet pour la clôture définitive des listes, elles ne peuvent être faites que sur les anciennes listes (Conseil d'Etat, 20 décembre 1878, 4 et 17 janvier 1889).

§ 3. — *Délai dans lequel doit s'exercer le droit de recours.*

715. — L'article 4 du décret du 2 février 1852, autorise bien le préfet à demander au conseil de préfecture l'annulation des opérations préliminaires de révision, mais il met à ce droit une condition rigoureuse, c'est que la requête soit formée dans les deux jours qui suivent la réception du tableau rectificatif. Lorsque ce délai est depuis longtemps passé et que les opérations de révision sont parachevées, il n'est pas possible de recourir à la procédure exceptionnelle tracée par cette disposition. (Lett. min. int. à préfet Allier, 9 août 1884).

716. — Le recours formé par le préfet après l'expiration de ce délai doit être déclaré irrecevable par le conseil de préfecture (Conseil d'Etat, 20 décembre 1889).

717. — Le point de départ du délai est le jour où le tableau parvient à la préfecture (Même arrêt).

§ 4. — *Faits pouvant motiver l'annulation des opérations.*

718. — Le fait d'avoir nommé contrairement à l'article 1ᵉʳ de la loi du 7 juillet 1874 une commission de cinq membres au lieu d'une commission de trois membres pour la révision des listes électorales constitue une inobservation des formalités prescrites par la loi. Le préfet doit donc saisir le conseil de préfecture si les délais du recours ne sont pas expirés (Lett. min. int. à préfet Morbihan, 1ᵉʳ février 1883).

719. — Les opérations doivent être annulées si le maire a, sans le concours de la commission spéciale, procédé à l'inscription d'électeurs domiciliés dans une section sur la liste d'une autre section dans laquelle ils sont portés au rôle des contributions directes (Conseil d'Etat, 23 juin 1882).

720. — Les opérations sont nulles si le délégué de l'administration n'y a pas concouru (Conseil de préfecture de la Gironde, 10 mars 1886).

721. — Le conseil de préfecture peut annuler les opérations auxquelles la commission a procédé en se fondant sur ce que l'administration n'a pas été représentée à ces opérations par un délégué, celui qu'elle avait désigné ayant été convoqué aux réunions de la commission et ayant siégé en qualité de délégué du conseil municipal (Conseil d'Etat, 29 juin 1888).

722. — Les opérations peuvent être annulées lorsque le tableau a été préparé et dressé sans le concours du délégué du conseil municipal (Conseil de préfecture de la Seine, 4 février 1881).

723. — Le défaut de publication du dépôt du tableau rectificatif dans les délais prescrits peut motiver l'annulation des opérations de la commission de révision (Même arrêt).

724. — Lorsque le tableau rectificatif a été dressé apres les délais et publié tardivement, le préfet doit saisir le conseil de préfecture qui annulera les opérations et impartira de nouveaux délais (Lett. min. int. à préfet Finistère, 28 mai 1875).

§ 5. — *Faits ne pouvant pas motiver l'annulation des opérations de révision.*

725. — Le conseil de préfecture ne peut pas annuler les opérations auxquelles la commission chargée de la révision annuelle a procédé, en se fondant sur ce que le délégué du conseil municipal et celui de l'administration n'ont pas signé les tableaux de rectification ni les listes définitives. Aucune disposition du décret de 1852 ou de la loi de 1874 n'a prescrit l'apposition des signatures de tous les membres de la commission comme une des formalités essentielles dont l'accomplissement est garanti par l'article 4 du décret règlementaire du 2 février 1852 (Conseil d'Etat, 6 août 1881 et 7 août 1883).

726. — Le conseil de préfecture ne peut annuler les opérations auxquelles la commission chargée de la révision annuelle a procédé, en se fondant sur des faits postérieurs à la publication du tableau,... spécialement sur ce que la mairie aurait été fermée pendant une partie de la dernière journée du délai imparti aux électeurs pour former leurs réclamations (Conseil d'Etat, 7 août 1883 et 26 décembre 1884).

§ 6. — *Nouveaux délais à impartir par le conseil de préfecture.*

727. — Le conseil de préfecture qui annule des opérations de révision doit impartir de nouveaux délais pour le travail de révision des listes électorales. Il peut, en ce cas, abréger les délais fixés par le décret du 2 février 1852, à l'exception de ceux qui sont accordés aux citoyens pour former leur réclamation (Conseil d'Etat, 22 mars 1875) (V. n° 714).

SECTION II.

RECOURS AU CONSEIL D'ETAT.

§ 1. — *Droit du Ministre de l'Intérieur.*

728. — Les décisions par lesquelles le conseil de préfecture statue sur les opérations de révision de la liste électorale lorsqu'elles lui sont déférées par le préfet et fixe, s'il y a lieu, le délai dans lequel les opérations annulées devront être faites, ont un caractère contentieux et peuvent dès lors être déférées au Conseil d'Etat (Conseil d'Etat, sol. imp. 22 mars 1875).

729. — Ce recours doit être formé par le ministre de l'Intérieur et non par le préfet (Même arrêt).

730. — L'article 45 de la loi du 5 mai 1855, qui permet le recours direct au Conseil d'Etat au cas où le conseil de préfecture n'a pas statué dans le mois sur une demande en annulation des opérations électorales, n'est pas applicable aux réclamations tendant à l'annulation des opérations de révision de la liste électorale (Conseil d'Etat, 2 juillet 1880) (1).

§ 2. — *Droit de recours du maire et des autres électeurs en cas d'annulation des opérations par le conseil de préfecture.*

731. — Le maire a qualité pour déférer au Conseil d'Etat tant pour excès de pouvoirs qu'à titre de recours contentieux un arrêté du conseil de préfecture prononçant l'annulation des opérations de la révision (Conseil d'Etat, 7 août 1883, 26 décembre 1884, 29 juin 1888 et 20 décembre 1889).

732. — Le conseil d'Etat avait précédemment, par arrêt du 21 décembre 1850, déclaré irrecevable le pourvoi présenté par des délégués, ayant concouru avec le maire à la formation des listes, contre un arrêté du conseil de préfecture annulant les opérations de la révision ; lors du pourvoi qui a fait l'objet de l'arrêt du 7 août 1883, le ministre de l'Intérieur a rappelé, pour admettre sa receva-

---

(1) Le conseil de préfecture devrait régulièrement statuer dans les trois jours (V. n° 710).

bilité que le maire était électeur et avait comme tel intérêt à l'annulation de l'arrêté du conseil de préfecture. De ce rapprochement il semble résulter que le pourvoi a été déclaré recevable parce qu'il émanait d'un électeur. D'où cette conclusion que les électeurs auraient qualité pour déférer au Conseil d'Etat les arrêtés du conseil de préfecture annulant les opérations de révision. Telle est du moins l'opinion de Dalloz, code des lois politiques et administratives, tome 1er p. 1024, nos 3834 et suivants.

§ 3. — *Droit de recours des électeurs en tous autres cas.*

733. — Un électeur n'est pas recevable à déférer au Conseil d Etat la décision par laquelle le préfet a refusé de demander au conseil de préfecture l'annulation des opérations préparatoires de la révision (Conseil d'Etat, 9 juillet 1886).

734. — Ni l'arrêté du conseil de préfecture qui, sur le déféré du préfet, maintient les opérations attaquées (Conseil d'Etat, 14 mars 1879).

735. — Il n'a pas davantage qualité pour attaquer la régularité des dites opérations par la voie du recours au Conseil d'Etat (Conseil d'Etat, 9 juillet 1886).

736. — Les réclamations qu'il peut avoir à former concernant la composition des listes doivent être portées devant la commission municipale sauf appel au juge de paix et recours en cassation. Il n'appartient ni au conseil de préfecture ni au conseil d'Etat d'examiner si les inscriptions sur la liste sont justifiées (Conseil d'Etat, 4 juin et 19 novembre 1875, 6 août 1878, 2 février 1883, 23 décembre 1884. . . .) (V. no 754).

TITRE II.

OPÉRATIONS JUDICIAIRES.

CHAPITRE Iʳᵉ.

RECOURS JUDICIAIRE CONTRE LES OPÉRATIONS DE LA COMMISSION ADMINISTRATIVE.

Division.

SECTION Iʳᵉ. — QUI PEUT RÉCLAMER.

§ 1. — *Electeur agissant pour son propre compte.*
    a) *inscription.*
      1° demandée pour la première fois.
      2° demandée à la suite de radiation.
    b) *radiation.*

§ 2. — *Electeur agissant pour ou contre un autre électeur.*
    a) *inscriptions.*
      1° d'un domicilié.
      2° d'un résidant.
      3° d'un contribuable non résidant.
    b) *radiations.*

§ 3. — *Sous-Préfets et Préfets.*

§ 4. — *Membres de la commission administrative.*

SECTION II. — FORME DES RÉCLAMATIONS.

§ 1. — *Du registre des réclamations.*

§ 2. — *L'inscription sur le registre n'est pas nécessaire pour la validité de la réclamation.*

§ 3. — *Sous quelle forme peut être faite la réclamation.*

    a) *réclamation par écrit.*

    b) *réclamation verbale.*

    c) *réclamation implicite.*

    d) *réclamation par exploit d'huissier.*

SECTION III. — DÉLAI DES RÉCLAMATIONS.

§ 1. — *Inscription.*

    a) *demandée pour la première fois dans la commune.*

        1• demande antérieure à la période de réclamation proprement dite.

        2• demande faite pendant cette période.

    b) *réclamée à la suite d'une radiation opérée par la commission administrative.*

        1° électeur intéressé.

        2• tiers électeur.

§ 2. — *Radiation.*

SECTION IV. — JUSTIFICATION DES RÉCLAMATIONS.

§ 1. — *Preuve de l'existence de la réclamation.*

§ 2. — *Preuve du droit du réclamant.*

    a) *inscription.*

        1• réclamée pour la première fois dans la commune.

        de la double inscription considérée au point de vue de l'inscription.

        2• réclamée à la suite d'une radiation.

        de l'autorité de la chose jugée.

    b) *radiation.*

        1° demandée par l'électeur lui-même.

        de la permanence de la liste.

        de la double inscription considérée au point de vue de la radiation.

        2° demandée par un tiers électeur.

SECTION V. — DES AVERTISSEMENTS EN CAS DE CONTESTATION DE L'INSCRIPTION PAR UN TIERS ÉLECTEUR.

SECTION Iʳᵉ.

QUI PEUT RÉCLAMER.

787. — Lors de la révision annuelle, et dans

les délais qui seront réglés par les décrets du pouvoir exécutif, tout citoyen omis sur la liste pourra présenter sa réclamation à la mairie.

Tout électeur inscrit sur l'une des listes de la circonscription électorale pourra réclamer la radiation ou l'inscription d'un individu omis ou indûment inscrit.

Le même droit appartient aux préfets et aux sous-préfets (Décret du 2 février 1852, art. 19, §§ 1, 2 et 3).

738. — L'électeur qui aura été l'objet d'une radiation d'office de la part de la commission administrative pourra présenter ses observations (Loi du 7 juillet 1874, art. 4, § 1).

§ 1er. — *Electeur agissant pour son propre compte.*

a) *Inscription.*
1° Demandée pour la première fois.

739. — Tout citoyen qui, bien qu'en droit de l'être, n'aura pas été inscrit d'office sur la liste électorale par la commission administrative, pourra réclamer et demander son inscription auprès de la commission de jugement.

740. — L'électeur qui a son domicile réel ou une résidence de six mois au moins dans une commune, devant y être porté d'office sur la liste électorale, n'est assujetti à peine de déchéance à aucune demande d'inscription auprès de la commission administrative.

En cas d'omission de son nom sur les listes préparées par celle-ci, il peut, en vertu de l'article 2 de la loi du 7 juillet 1874, réclamer contre cette omission devant la commission de jugement (Cass., 5 mai 1887).

741. — L'erreur dans l'indication du domicile donne lieu à plus qu'une simple rectification lorsque, par suite de la division de la commune en sections, le domicile peut classer l'électeur dans des collèges électoraux différents. La réclamation doit en ce cas être assimilée à une demande d'inscription ou de radiation. Elle est formée et jugée de la même manière (Cass., 26 mars 1862).

742. — Le citoyen qui ne pouvait être inscrit d'office et qui n'a pas demandé son inscription à la commission administrative peut également réclamer cette inscription devant la commission de jugement.

743. — La disposition de l'article 2, § 2, de la loi du 7 juillet 1874 est générale et s'applique à toutes les inscriptions qui doivent avoir lieu en vertu de l'article 14 de la loi du 5 avril 1884, aucune disposition de loi n'exigeant que les demandes en inscription formées devant la commission municipale contentieuse aient été précédemment soumises à la commission administrative.

Ces demandes ne sauraient être déclarées irrecevables par ce motif que les commissions chargées de statuer sur les réclamations électorales ne peuvent, aux termes de l'article 19 du décret organique du 2 février 1852, ajouter à la liste que les citoyens omis, et qu'on ne doit point considérer comme omis les citoyens qui n'ont pas réclamé leur inscription auprès de la commission administrative (Cass., 9 avril 1888).

2° Demandée à la suite de radiation.

744. — Tout électeur qui a été rayé par la commission administrative peut réclamer sa réinscription devant la commission de jugement.

745. — Si l'omission de l'avertissement prescrit par l'article 4 de la loi du 7 juillet 1874, en cas de radiation d'office, n'emporte pas nullité de la décision de la commission administrative, elle laisse au moins subsister, pour l'électeur, le droit de se pourvoir devant la commission municipale pour obtenir que les motifs de sa radiation lui soient connus et qu'il soit mis à même de les contrôler et de les combattre (Cass., 27 juillet 1887).

b) *Radiation.*

746. — Tout électeur peut s'adresser à la commission

de jugement pour lui demander sa radiation de la liste électorale. Il n'est point tenu de formuler en premier lieu sa demande devant la commission administrative (V. n° 657).

§ 2. — *Electeur agissant pour ou contre un autre électeur.*

747. — L'article 19 du décret du 2 février 1852 a ouvert un recours assuré contre les erreurs que la commission administrative aurait pu commettre dans la première opération de révision des listes électorales. Aux termes de cet article, non seulement l'électeur omis sur la liste peut réclamer contre son omission mais encore tout électeur inscrit sur l'une des listes de la circonscription électorale peut réclamer l'inscription ou la radiation d'un individu omis ou indûment rayé (Cass., 16 mars 1863).

748. — Il n'a point été dérogé à cette règle par la législation ultérieure. La loi du 30 novembre 1875 décide que les élections des députés se feront sur les listes municipales de plusieurs communes groupées en une circonscription électorale, et ces dispositions doivent être sous ce rapport combinées avec celles de l'article 5, § 4, de la loi du 7 juillet 1874 rédigées en vue des élections communales ; dès lors tous les électeurs compris dans la même circonscription ont respectivement les uns vis-à-vis des autres le même intérêt et par suite le même droit de contrôle sur les listes devant servir à une élection unique (Cass., 22 mars 1876 et 25 juin 1884)

749. — Il faut donc entendre par ces mots de la loi « circonscription électorale » la circonscription du département lorsque les élections ont lieu au scrutin de liste

(Cass., 25 avril 1888), la circonscription de l'arrondissement lorsque les élections ont lieu au scrutin d'arrondissement (L. 13 février 1889).

750. — Le droit de réclamer la radiation ou l'inscription d'un individu indûment inscrit ou omis sur une liste électorale n'appartient qu'aux électeurs inscrits sur la liste de la circonscription électorale (Cass., 26 avril 1888).

751. — C'est ainsi que des électeurs qui demandent leur inscription n'ont pas qualité pour demander la radiation des électeurs inscrits sur la liste (Cass., 12 avril 1888).

752. — L'article 19 du décret du 2 février 1852, en accordant aux tiers électeurs le droit de réclamer l'inscription ou la radiation d'un électeur omis ou indûment inscrit sur la liste électorale, n'a point entendu étendre l'exercice de l'action populaire qui naît de cet article au-delà de l'objet qu'il spécifie, à savoir en ce dernier cas l'exclusion de la liste électorale de tout individu qui n'a pas qualité pour y figurer (Cass., 29 avril 1890).

753. — Le dit article ne saurait recevoir son application dans le cas où le tiers électeur, reconnaissant l'existence du droit de l'électeur inscrit et ne réclamant pas sa radiation de la liste où il figure, se borne à critiquer l'insertion dans cette inscription d'un nom écrit dans l'acte de naissance de l'électeur et à soutenir que les mentions de l'acte de l'état civil n'étant pas exactes, il n'en doit point être fait état dans l'inscription sur la liste électorale.

Une pareille réclamation constitue une véritable action en rectification d'un acte de l'état civil et en retranchement d'une mention qui y figure. Cette action est tout à fait indépendante du droit électoral dont l'existence ni l'exercice ne sont contestés et elle ne peut être introduite que par ceux-là seuls auxquels la loi permet d'en saisir la justice (Cass., 29 avril 1890).

754. — Un tiers électeur ne saurait non plus avoir le droit de provoquer judiciairement au moyen de demandes individuelles d'inscription l'établissement des listes électorales que n'aurait pas dressées la commission administrative. L'autorité judiciaire ne peut se substituer en pareil cas à l'autorité administrative (Cass., 5 janvier 1880).

a) *Inscriptions.*

1° D'un domicilié.

755. — Tous les électeurs qui ont leur domicile réel dans la commune peuvent et doivent y être inscrits d'office. L'inscription de ces derniers peut dès lors être réclamée par tout tiers électeur sans justification de mandat (Cass., 7 juillet 1886).

756. — Tout électeur inscrit dans la commune a le droit de demander l'inscription d'un citoyen qui possède son domicile d'origine dans cette commune s'il n'est pas établi que, résidant depuis quelque temps dans un autre lieu comme employé de commerce, il ait eu l'intention d'y fixer son domicile (Cass., 20 mai 1886).

2° D'un résidant.

757. — Si la commission de révision d'une commune ou d'une section de commune omet d'inscrire un individu résidant dans la commune ou dans la section ou de radier celui qui n'y réside plus, tout tiers électeur est recevable à critiquer cette omission (Cass., 9 juin 1884).

3° D'un contribuable non résidant.

758. — Les électeurs dont l'inscription est demandée à raison de ce fait seul qu'ils figurent au rôle des contributions sont seuls tenus de faire une déclaration de leur intention d'exercer leurs droits électoraux dans la commune (Cass., 7 juillet 1886).

Est sans qualité pour agir dans leur intérêt un tiers électeur qui n'a reçu d'eux aucun mandat (Cass., 11 avril 1881), mais la demande formée par ce tiers sans mandat et repoussée pour ce motif par la commission de jugement permettrait à l'intéressé de formuler sa demande en temps utile devant le juge de paix saisi de l'appel de cette décision (V. n°⁸ 1138 et 1139).

759. — L'article 1985 du code civil dispose que le mandat peut être donné par acte public ou par écrit sous seing privé et même par lettre (Cass., 29 juillet 1885).

760. — Le mandat peut même être donné verbalement (V. n°ˢ 787 et 788, 819 et 1311).

761. — Une lettre dont la signature n'est pas légalisée et dont rien n'atteste la sincérité ne peut constituer un mandat régulier (Cass., 24 mars 1884).

762. — M. le Ministre des Finances estime que la disposition générale contenue à l'article 24 du décret du 2 février 1852 doit être restreinte aux actes judiciaires et aux actes de l'état civil qui pourraient seuls bénéficier de l'exemption d'impôt prononcée en matière électorale. Or les procurations sous signatures privées sont des actes volontaires ; il ne semble donc pas possible d'admettre qu'elles soient rangées au nombre des actes de procédure (1).

Par un jugement du 22 février dernier, le tribunal civil de Lectoure a reconnu que les actes de cette nature ne sauraient profiter de l'immunité établie par l'article 24 du décret du 2 février 1852 (Lett. min. int. à préfet Vienne, 16 août 1889).

763. — Si ces électeurs ont demandé leur inscription à la commission administrative et si celle-ci n'a pas fait droit à leur demande, un tiers électeur peut réclamer en leur nom sans avoir reçu aucun mandat (Cass., 7 décembre 1880).

764. — De même, un tiers électeur peut sans mandat réclamer l'inscription d'un contribuable qui a été rayé

---

(1) Texte de l'article 24 du décret de 1852 : « Tous les actes judiciaires sont, en matière électorale, dispensés du timbre et enregistrés gratis ».

de la liste par la commission administrative (Cass., 25 mars et 21 avril 1871, 18 août 1877).

765. — Il s'agit en effet en ce cas non de la reconnaissance d'un droit nouveau subordonné à l'initiative personnelle de celui à qui le droit profite, mais du maintien d'un droit antérieurement et régulièrement reconnu (Cass., 11 avril 1877).

b) *Radiations.*

766. — Tout électeur inscrit sur l'une des listes de la circonscription électorale a le droit de requérir la radiation d'un électeur de la liste électorale d'une des communes de cette circonscription (V. n° 747).

767. — L'électeur inscrit sur l'une des listes électorales de la circonscription, quand il use du droit conféré par l'article 19 du décret du 2 février 1852 en demandant la radiation d'individus qu'il croit avoir été indûment inscrits, est tenu de désigner nominativement celui ou ceux qui font l'objet de sa réclamation et auxquels le maire doit donner avis de la contestation qui les concerne.

Est non recevable, dès lors, la réclamation portant sur une catégorie de personnes collectivement indiquées et spécialement celle qui tend à faire rayer les étrangers inscrits d'office sans qu'ils aient fait eux-mêmes la demande, aucun de ceux que le réclamant prétend être dans cette situation n'étant nominativement désigné par lui (Cass., 1 décembre 1874).

768. — Le demandeur en radiation, en usant d'un droit, s'expose à un procès alors même qu'il établirait l'existence de l'incapacité puisque la diffamation subsiste indépendamment de la vérité de l'imputation ; mais il est évident que c'est seulement lorsqu'il échouera dans sa preuve que la poursuite deviendra redoutable. En l'absence de loi qui écarte toute poursuite pour diffamation dans le cas de demande en radiation de la liste électorale, le juge décidera si le demandeur en radiation en formant sa réclamation n'a voulu qu'user de son droit ou s'il a agi de mauvaise intention (Cass. crim., 27 janvier 1866).

769. — La demande de radiation du nom d'un électeur, fondée sur le prétendu état de faillite de ce dernier, ne présente pas les caractères légaux du délit de diffamation lorsque l'auteur de cette demande n'est pas animé de l'intention de nuire mais exerce de bonne foi le droit accordé par la loi à tout électeur inscrit.

Elle peut donner ouverture à une action en dommages intérêts fondée sur les dispositions de droit commun de l'article 1382 du code civil à raison de l'imprudence avec laquelle a agi le réclamant et du préjudice qu'il a causé à la personne dont il a à tort demandé la radiation (Cour de Bordeaux, 16 avril 1886).

§ 3. — *Sous-Préfets et Préfets.*

770. — Le sous-préfet peut demander l'inscription ou la radiation d'un électeur dans les mêmes conditions qu'un tiers électeur (Cass., 31 mars 1879).

771. — Le même droit appartient au Préfet dans toute l'étendue de son département.

§4. — *Membres de la commission administrative.*

772. — La circulaire du ministère de l'intérieur du 30 novembre 1884 indique que ce droit de réclamation peut aussi être exercé par les membres de la commission chargée de la préparation des tableaux rectificatifs et en conséquence par le délégué de l'administration en tant qu'il agit comme électeur.

Mais le membre de la commission administrative qui exercera un semblable droit ne pourra pas siéger au sein de la commission de jugement, car c'est un principe absolu de notre droit que nul ne peut être juge et partie dans sa propre cause.

A ce point de vue on peut donc dire que les membres de la commission administrative, notamment le délégué de l'administration, ne peuvent pas réclamer contre les opérations de cette commission puisqu'ils sont appelés par la loi à faire partie de la commission de jugement à qui sera déféré l'examen de leur réclamation (V. n° 936).

SECTION II.

FORME DES RÉCLAMATIONS.

773. — Il sera ouvert dans chaque mairie un registre sur lequel les réclamations seront inscrites par ordre de date. Le maire devra donner récépissé de chaque réclamation (Décret du 2 février 1852, art. 19, § 4).

§ 1. — *Du registre des réclamations.*

774. — Dans les derniers jours qui précéderont la publication des tableaux rectificatifs, le maire ouvrira un registre (ou autant de registres que la commune a de cantons ou de sections) pour consigner les réclamations présentées à fin d'inscription ou de radiation (Circ. min. int., 30 novembre 1884).

775. — Ces réclamations y seront portées par ordre de date et devront indiquer d'une manière exacte le nom et le domicile du réclamant (Même circ.).

776. — La demande doit contenir, quand il s'agit de radiation, l'énoncé des motifs sur lesquels elle est fondée (Même circ.).

777. — Il en est donné récépissé (Même circ.).

778. — Les électeurs qui requièrent des inscriptions ou des radiations peuvent exiger un récépissé de leur réclamation (Lett. min. int à préfet Hérault, 10 mars 1886).

779. — Les difficultés qui s'élèvent entre les particuliers et les représentants de l'administration sont de la compétence judiciaire, notamment en ce qui concerne le refus par un maire de délivrer récépissé de pièces produites (Tribunal des conflits, 18 novembre 1850).

780. — En cas d'absence ou d'empêchement, le maire est remplacé par son adjoint. Ce remplacement a lieu sans qu'il soit besoin d'une délégation spéciale émanée du maire (Cass., 14 juin 1880).

781. — Le préposé notoirement désigné par le maire pour recevoir les réclamations est également qualifié (Cass., 23 mai 1889). Par exemple le secrétaire de la mairie.

782. — Le maire n'est point tenu de communiquer aux tiers le registre sur lequel doivent être inscrites les réclamations en matière d'inscription et de radiation (Lett. min. int. à préfet Sarthe, 29 août 1874; à préfet Hérault 10 mars 1886).

Registre des réclamations.

Dates des réclamations.	Noms et prénoms des réclamants.	Noms et prénoms des personnes qui font l'objet des réclamations.	Nature des réclamations		Nature de la décision.	
			Inscriptions.	Radiations.	Admission	Rejet.

Récépissé délivré par le maire pour chaque récla-mation.

Nous, maire de la commune de. . . .. certifions que le sieur. . . .
a déposé aujourd'hui, à la mairie, une réclamation tendant à obtenir son inscription sur la liste électorale, (*ou bien*) la radiation **du**
sieur. . ., indûment inscrit sur la liste électorale.

Fait à. . . , le. . . 18. .   Le Maire,

  (*Sceau de la mairie*).   (*Signature*).

§ 2. — *L'inscription sur le registre n'est pas nécessaire pour la validité de la réclamation.*

783. — Si l'article 19 du décret organique du 2 février
1852 exige qu'il soit ouvert dans chaque mairie un registre destiné à constater par ordre de dates les demandes à fin d'inscription ou de radiation sur les listes
électorales, l'accomplissement de cette mesure n'est imposé qu'aux seules administrations municipales, mais
cet article ne subordonne pas la validité des réclamations
à l'exécution par les réclamants eux-mêmes des formalités qu'il prescrit. La loi ne les soumet à aucune forme
particulière et il suffit qu'il soit établi que leur demande
a été réellement adressée à la commission municipale
dans les délais légaux. Le défaut d'inscription sur le
registre à ce destiné dans la mairie de la commune ne
saurait donc être considéré comme une cause de nullité de l'action du demandeur (Cass., 3 août 1886, 26 avril
1888 et 14 mai 1890).

784. — Une réclamation dont il a été pris note sur feuille volante
suffit pour saisir régulièrement la commission municipale. Il serait
de toute injustice de rendre les électeurs responsables de l'incurie
de la municipalité (Cass., 13 mai 1874).

§ 3. — *Sous quelle forme peut être faite la réclamation.*

785. — La loi n'a pas déterminé de formes particulières pour les demandes à fin d'inscription ou de radiation sur les listes électorales et n'a exigé aucune condition d'enregistrement pour établir l'exactitude de la date des dites demandes (Cass., 28 avril 1879, 4 mai 1880 et 23 mai 1889).

786. — Aucune loi n'impose au citoyen qui demande son inscription sur la liste électorale d'une commune l'obligation de faire une déclaration préalable à la mairie ; sa demande même, faite dans les termes de droit, suffit à la manifestation de son intention (Cass., 17 et 19 avril 1888).

787. — La réclamation peut être faite par l'intéressé en personne ou par un mandataire constitué même verbalement.

788. — Nulle disposition de loi n'exige que le mandataire de l'électeur, chargé par lui de réclamer son inscription sur la liste électorale d'une commune, soit porteur d'une procuration écrite. Le mandat peut être verbal : il suffit que son existence soit certaine.

Dès lors, c'est en méconnaissance des principes de la matière qu'une commission municipale repousse la demande ainsi formée sans nier le mandat et par le seul motif qu'il ne résulte pas d'un écrit (Cass., 17 avril 1884 et 22 mars 1888) (V. n° 760).

a) *Réclamation par écrit*

789. — On peut considérer comme faisant preuve suffisante de l'accomplissement de la formalité voulue par la loi deux lettres missives adressées au maire les 1er et 3 février, alors que d'ailleurs il résulte des circonstances de fait que les dates exprimées sont exactes et que les lettres sont parvenues à la municipalité avant l'expiration du délai (Cass., 28 avril 1879 et 4 mai 1880).

790. — La remise faite à la mairie d'un bulletin individuel revêtu de la signature de l'électeur et portant cet intitulé : Révision de la liste électorale, inscription sur réclamation, constitue la demande d'inscription (Cass., 23 mars 1875).

b) *Réclamation verbale.*

791. — Une réclamation verbale faite au maire ou à son préposé suffit, lorsqu'elle est prouvée ou reconnue (Cass. 26 avril 1880 et 26 avril 1888) (V. nº 784).

792. — Les réclamations ne sont soumises à aucune forme spéciale : elles peuvent résulter d'une simple déclaration à la mairie faite au préposé notoirement désigné par le maire pour recevoir des citoyens les communications relatives à ses fonctions. Il suffit que la preuve soit rapportée tant de l'existence de la réclamation que de sa production en temps utile (Cass., 23 mai 1889).

c) *Réclamation implicite.*

793. — La loi n'a déterminé aucune forme pour les demandes de radiation, pas plus que pour les demandes d'inscription. Il n'est pas toujours indispensable que la demande en radiation soit expresse et formelle ; elle peut, dans certaines circonstances et notamment lorsqu'il s'agit d'inscription et de radiation dans deux sections d'une même commune, résulter implicitement et nécessairement de la demande d'inscription elle-même dans une des sections, cette demande étant adressée au maire qui représente l'autorité municipale dans les deux sections. En effet, le maire a alors sous la main, puisqu'il est déposé à la mairie, le registre électoral des deux sections de la commune : il est par là même mis en situation et par suite en demeure de faire procéder simultanément à l'inscription sur une liste et à la radiation sur l'autre (Cass., 9 avril 1888).

d) *Réclamation par exploit d'huissier.*

794. — La loi n'ayant soumis à aucune forme sacramentelle les réclamations élevées en matière électorale, il ne saurait appartenir aux juges du fait de dénier arbitrairement ce caractère à des démarches non contestées dans leur matérialité et qui ont eu pour effet nécessaire de saisir l'autorité compétente.

Lorsqu'un officier ministériel s'est présenté à la maison commune pour notifier au maire la déclaration de ses mandants qu'ils entendaient réitérer la réclamation par eux déjà faite verbalement, déclaration dont il requiert récépissé ; qu'en l'absence du maire et de ses adjoints, il a parlé au secrétaire de la mairie auquel il a offert la copie de son exploit ; qu'au refus de ce fonctionnaire de la recevoir, il a déposé la dite copie au domicile privé du maire, entre les mains d'une personne de sa famille ; un pareil acte constitue manifestement par lui-même une réclamation sur laquelle la commission municipale doit être appelée à statuer et qu'il n'appartient ni au maire ni au secrétaire de la mairie de soustraire à son examen (Cass., 13 août 1888).

Défaut de visa de l'exploit.

795. — S'il est vrai qu'aux termes des articles 69 et 70 du code de procédure civile les exploits d'ajournement doivent à peine de nullité être visés par les fonctionnaires publics auxquels ils sont remis, l'article 1039 tout en exigeant aussi ce visa, comme constatation de la remise des autres actes authentiques quelconques du ministère des huissiers, n'a point édicté au cas d'inaccomplissement de cette formalité la même peine de nullité.

Les dispositions irritantes des lois, telles que les nullités de procédure, ne peuvent, aux termes de l'article 1030 du code de procédure civile, être suppléées et ne doivent jamais être étendues d'un cas à un autre par voie d'analogie. L'exploit d'un huissier chargé de notifier au maire une réclamation en matière électorale ne peut être confondu avec un exploit d'ajournement. Il ne peut être excipé pour détruire la foi due à cet exploit de l'absence du visa tant de l'officier municipal que de son agent ou de celui qui, à leur défaut, aurait dû être requis du procureur de la République de l'arrondissement (Cass. 13 août 1888).

SECTION III.

DÉLAI DES RÉCLAMATIONS.

796. — **Les demandes en inscription ou en radiation doivent être formées dans les vingt jours à partir de la publication des listes** (Décret règlementaire du 2 février 1852, art. 5 ; Décret du 13 janvier 1866 ; Loi du 7 juillet 1874, art. 2, § 2).

797. — Les parties intéressées pourront réclamer dans les cinq jours de la notification de la décision de la commission administrative (Loi du 7 juillet 1874, art. 4, § 2).

§ 1. — *Inscription*

a) *Demandée pour la première fois dans la commune*

798. — Les demandes d'inscription peuvent être formées soit postérieurement à la publication du tableau rectificatif et dans les délais fixés (V. n°ˢ 801 et suivants), soit même antérieurement à cette publication.

1° Demande antérieure à la période de réclamation proprement dite.

799. — Si, aux termes des articles 19 du décret organique du 2 février 1852 et 2 de la loi du 7 juillet 1874, les demandes en inscription ou en radiation doivent être formées, dans le délai de vingt jours à partir de la publication des listes, par les citoyens dont les noms y ont été omis ou retranchés, il n'en résulte pas qu'une demande en inscription formée pour la première fois et déposée au secrétariat de la mairie antérieurement à la période de réclamation fixée par les articles précités doit être considérée comme non avenue par la commission municipale appelée à la juger (Cass., 26 avril 1888).

800. — Ainsi, une demande déposée par un électeur au secrétariat de la mairie le 9 janvier pour requérir son inscription sur les listes électorales, repoussée d'abord par la commission administrative, puis par la commission municipale, comme n'ayant pas été faite dans les délais de la loi, ne peut être rejetée par le juge de paix confirmant la décision de la commission municipale, sous le prétexte qu'elle a été formée avant la période de réclamation fixée par le décret réglementaire du 2 février 1852 et l'article 2 de la loi du 7 juillet 1874. Ce serait en effet confondre la demande que tout citoyen peut former pour être inscrit sur les listes lorsqu'il ne l'a pas encore été, et la réclamation que l'électeur évincé doit faire dans le délai de vingt jours à partir de la publication des listes (Cass., 22 mai 1883).

2° Demande faite pendant la période de réclamation proprement dite.

801. — Le délai fixé par l'article 2 de la loi de 1874 pour les réclamations, soit des intéressés, soit des tiers électeurs, ne court qu'à partir du jour où le tableau des retranchements et additions dressé lors de la révision des listes électorales a été publié (Cass., 9 avril 1888).

802. — Le délai pour former une demande d'inscription est de 20 jours, aux termes de l'article 2 de la loi du 7 juillet 1874 non abrogée en cette partie par celle du 5 avril 1884 ; ce délai est de rigueur et son inobservation entraîne la non-recevabilité de la demande (Cass., 30 avril 1885).

803. — Aux termes de l'article 2 du décret réglementaire du 2 février 1852, le dépôt à la maison commune et la publication des listes électorales, qui servent de point de départ au délai de 20 jours imparti aux citoyens pour former leurs réclamations, peuvent régulièrement être retardés jusqu'au 15 janvier. Le jour où sont accomplies ces formalités ne doit pas être imputé sur le délai. La réclamation formée le 4 février ne serait donc tardive que s'il était établi que la publication et le dépôt des listes ont été effectués avant le 15 janvier. On ne peut, par suite, se borner à déclarer que le délai des réclamations expirait le 3 février à minuit, sans faire connaître sur quelles bases a été établi ce calcul (Cass., 15 avril 1888, 9 avril et 9 mai 1889).

804. — Les maires ne sont pas tenus d'ouvrir les bureaux de réclamations les dimanches et jours fériés. Les vingt jours néanmoins doivent être supputés sans tenir compte des jours fériés.

Il y a toutefois opportunité à conseiller aux maires de ne pas user de leur droit rigoureux le dernier dimanche de la période (Lett. min. int. à préfet Alpes-maritimes, 15 janvier 1875) (V. n° 1054, § 3).

b) *Réclamée à la suite d'une radiation opérée par la commission administrative.*

1º Electeur intéressé.

805. — L'électeur rayé d'office par la commission administrative, qui n'a pas reçu avis de cette radiation, n'est pas forclos par l'expiration du délai général de vingt jours accordé pour former les réclamations. Son droit de réclamation peut toujours s'exercer dans les cinq jours de la notification (V. nᵒˢ 704 et 807).

806. — Ainsi l'électeur rayé d'office par la commission administrative, qui n'a reçu notification de cette radiation qu'à la date du 10 février, ne saurait voir opposer par le maire à sa demande de réintégration que le délai pendant lequel la commission de jugement doit statuer sur les réclamations est expiré et que celle-ci ne peut pas statuer sur la sienne. Il ne saurait en effet appartenir au maire de paralyser les droits d'un électeur en s'abstenant de lui donner en temps utile l'avis qu'il est tenu de fournir en exécution de l'article 4, § 1, de la loi du 7 juillet 1874 (Cass., 30 avril 1890) (V. nᵒ 988).

807. — Si la notification de la radiation d'office n'a été faite à l'électeur qu'après le 31 mars, sa réclamation peut encore être valablement formée dans les cinq jours de ladite notification, bien qu'il se soit écoulé plus de vingt jours depuis la clôture de la liste. C'est ce qui semble résulter d'une lettre du ministre de l'intérieur du 21 septembre 1883 et d'un arrêt de la cour de cassation du 24 juin 1884 (V. nᵒˢ 1472 et 1476).

2º Tiers électeur.

808. — Les tiers électeurs ne peuvent former leur réclamation au profit d'un électeur rayé d'office que dans le délai ordinaire de vingt jours, qu'il y ait eu ou non notification faite à l'intéressé de sa radiation d'office.

809. — Un tiers électeur est sans qualité et sans droit pour se plaindre du défaut d'avertissement aux électeurs dont la commission administrative a opéré la radiation, car cet avertissement prescrit uniquement à l'égard de ces électeurs et dans leur intérêt exclusif n'est point nécessaire pour faire courir contre les tiers électeurs le délai de vingt jours dans lequel ils doivent former leur réclamation (Cass., 20 mai 1885).

§ 2. — *Radiation.*

810. — Après le 20me jour qui suit la publication des listes, tout électeur, qu'il agisse pour lui-même ou pour autrui, est déchu de faire des réclamations à fin de radiation sur les dites listes électorales (Cass., 4 mai 1880)

SECTION IV.

JUSTIFICATION DES RÉCLAMATIONS.

§ 1. — *Preuve de l'existence de la réclamation.*

811. — Cette preuve peut résulter du récépissé que doit délivrer le maire à chaque réclamant (V. n° 773).

812. — Un certificat délivré en temps utile à un demandeur en inscription par l'adjoint au maire et signé par celui-ci pour le maire malade, prouve à la fois la remise de la demande d'inscription et le motif pour lequel il est dressé par l'adjoint et non par le maire (Cass., 14 juin 1880).

813. — Un secrétaire de mairie n'est pas un fonctionnaire public, la preuve testimoniale peut donc être admise contre un récépissé délivré en exécution de l'article 19 qui ne porte point la signature du maire mais celle du secrétaire, sur lequel le sceau de la mairie n'a pas été apposé et qui ne présente ainsi à aucun point de vue les caractères d'un acte authentique dans les termes de l'article 1317 du code civil (Cass., 2 mai 1888).

814. — Comme la délivrance d'un récépissé par le maire constitue une obligation purement administrative, l'électeur n'est pas obligé de prouver, par la production

de ce récépissé, qu'il a réellement formé une réclamation.
Tout autre mode de preuve peut être utilisé par lui.

815. — De la déclaration d'un maire qu'un demandeur n'a pas
formulé de réclamation écrite et que la commission n'a pas statué
sur des réclamations verbales, on doit induire que si le demandeur
ne justifiait pas avoir inscrit, comme il le prétendait, sa réclamation
sur le registre tenu à la mairie, il est du moins certain qu'il l'avait
formée verbalement (Cass., 23 mai 1881).

816. — Lorsqu'une demande d'inscription ne peut être faite que
par l'électeur lui-même et non par un tiers électeur, le simple fait
de la remise au maire présidant la commission d'un certificat de
radiation opérée dans une autre commune n'emporte pas nécessairement la preuve que l'électeur ait formé une demande personnelle
et distincte de celle faite par le tiers électeur (Cass., 15 mai 1889).

817. — Si la réclamation a été formée par mandataire,
la preuve de l'existence du mandat doit être également
rapportée.

818. — Cette preuve peut résulter de l'acte notarié ou sous-seing
privé ou de la lettre, par lesquels le mandat a pu être donné (V. n°
761).

819. — Elle peut résulter également de la seule déclaration du
mandant.

Ainsi un jugement qui constate qu'un électeur a déclaré avoir
donné mandat à des tiers de réclamer son inscription, comme figurant au rôle des contributions directes, ne peut écarter cette déclaration par le motif que l'électeur, étant parti en cause, sa déclaration
ne saurait faire preuve, car elle est au contraire dans la circonstance
le principal élément de preuve de ce mandat (Cass., 12 avril 1888)
(V. n° 760).

§ 2. — *Preuve du droit du réclamant.*

820. — La loi ne limite pas le genre de preuves qui
pourront être admises par les commissions : elle se borne
à édicter des pénalités sévères (Loi du 7 juillet 1874, art. 6)

contre ceux qui, à l'aide de déclarations frauduleuses ou de faux certificats, auront provoqué des inscriptions ou des radiations irrégulières (Circ. min. int., 30 novembre 1884) (V. n°ˢ 74, 92, 138, 400, 408, 409, 448, 629, 1149 et 1154).

821. — Il est à noter que la commission administrative, à la différence de la commission de jugement, peut baser son appréciation sur les renseignements personnellement recueillis ou possédés par les membres qui la composent. La commission de jugement ne le peut pas parce qu'elle constitue une véritable juridiction : elle est soumise aux mêmes règles qui s'imposent au juge de paix (V. n° 1155).

a) *Inscription.*

1° Réclamée pour la première fois dans la commune.

822. — Le citoyen qui réclame pour la première fois dans une commune son inscription sur la liste électorale n'est pas tenu d'indiquer le lieu et la date de sa naissance ni de prouver qu'il est français, âgé de vingt-et-un ans et qu'il jouit de ses droits civils et politiques (V. n°ˢ 87, 100 et 146).

Ce n'est qu'au cas où sa demande aurait été repoussée par la commission administrative ou la commission de jugement qu'il devra fournir, soit à cette dernière dans le premier cas, soit au juge de paix dans la seconde hypothèse, toutes les justifications nécessaires.

La preuve de la capacité électorale tant au point de vue des conditions générales qu'à celui des conditions particulières s'établit ainsi qu'il a été dit précédemment (V. n°ˢ 74, 92, 138, 304 et suivants, 398, 448, etc.).

823. — Il ne suffit pas qu'un électeur réclame son inscription dans une commune pour que sa demande soit fondée ; il faut encore qu'il remplisse les autres conditions prévues par les lois électorales.

Par conséquent, si la demande est contestée, le juge qui l'accueille doit déclarer quel en est le fondement légal (Cass., 6 mai 1878).

824. — Le vœu formel et l'option définitive d'un électeur pour une commune ne peuvent, par eux-mêmes, lui conférer, dans cette commune et au regard d'un tiers électeur contestant son droit électoral, des titres à une inscription dont il ne remplirait pas les conditions légales (Cass., 2 mai 1888).

825. — L'électeur qui ne figure aux rôles d'une commune ni comme contribuable, ni comme prestataire, et qui est attaché en la qualité de domestique à une personne n'ayant point son domicile dans la commune, ne peut être inscrit sur la liste électorale de cette commune (Cass., 20 mai 1886).

De la double inscription considérée au point de vue de l'inscription.

826. — **Aucun électeur, dont l'inscription sur une liste antérieure à l'année courante est dûment constatée, ne peut se faire inscrire sur une autre liste s'il ne prouve qu'il a obtenu ou tout au moins sollicité en temps utile sa radiation sur la première liste** (V. n° 878).

827. — En effet, il résulte de l'article 31 du décret du 2 février 1852 qui n'a été abrogé ni par la loi du 7 juillet 1874, ni par celle du 5 avril 1884, qu'il est défendu de demander et d'obtenir son inscription sur deux listes électorales, si elles sont toutes deux relatives à des élections de même nature (Cass., 9 et 12 avril 1888).

828. — La loi du 5 avril 1884 a aboli la dualité des listes électorales et supprimé toute distinction entre les électeurs municipaux et les électeurs politiques pour n'admettre qu'une seule catégorie d'électeurs et qu'une liste unique.

En conséquence, nul ne pouvant par son fait obtenir son inscription simultanée sur les listes de deux communes, un électeur ne peut plus demander à être inscrit, en même temps, dans une commune comme électeur municipal et dans une autre en qualité d'électeur politique (Cass., 11 avril 1889).

13

829. — Mais la seule possibilité d'une inscription dans une autre commune ne saurait équivaloir à l'existence même de cette inscription et mettre à la charge de l'électeur la nécessité de prouver qu'il n'est déjà inscrit nulle part (Cass., 22 mars et 30 avril 1888).

830. — Aussi lorsque des citoyens qui réclament leur inscription sur la liste électorale d'une commune justifient qu'ils se trouvent dans les conditions prescrites par la loi, ils ont fait toute la preuve qui leur incombe. Si l'on prétend qu'ils figurent sur la liste d'une autre commune, ce fait ne peut être admis sur de simples présomptions et ne doit l'être qu'autant qu'il est démontré par ceux qui l'allèguent (Cass., 8 avril 1878) (V. cependant n° 462).

831. — Aucune disposition de la loi électorale n'autorise à imposer aux individus, qui peuvent invoquer une des conditions prévues et indiquées comme donnant droit à l'inscription, la justification de leur radiation sur la liste des communes dont ils sont originaires, alors que le fait de leur inscription dans ces communes n'est ni constaté ni même allégué (Cass., 8 avril 1886).

832. — De plus si l'inscription de l'électeur sur une autre liste n'a été réalisée que dans le cours même des opérations de révision de l'année courante, la faculté d'option, laissée par la loi à cet électeur entre deux communes où il a un droit égal à se faire inscrire, ne peut être paralysée par une inscription faite d'office ou provoquée par un tiers à son insu, au moment même où il poursuit son inscription dans la commune de son choix. Dès lors, le fait qu'un électeur vient l'année même d'être porté au tableau rectificatif d'une commune ne peut constituer une fin de non-recevoir à l'encontre de la demande formée par lui ou en son nom dans une autre commune que s'il est établi qu'il n'y a pas été étranger ou l'a au moins connu en temps utile pour s'y opposer (Cass. 16 avril 1890).

833. — L'électeur qui demande son inscription sur la

liste électorale de la commune où il a établi son domicile réel n'est point d'ailleurs obligé de rapporter la preuve qu'il a été rayé de la liste d'une autre commune sur laquelle il figurait précédemment ; il est seulement tenu de justifier qu'il a fait les démarches nécessaires à l'effet de provoquer sa radiation ; il ne saurait en effet être paralysé par le mauvais vouloir ou la négligence d'une commission municipale(Cass., 7 décembre 1880, 9 et 10 avril 1888).

834. — La demande d'inscription d'un citoyen ne peut être rejetée par l'unique motif qu'il ne justifie pas avoir réclamé sa radiation des listes d'une autre commune où il est inscrit, alors qu'il produit un certificat du maire de la dite commune attestant qu'il a réclamé sa radiation et que s'il n'y a pas été donné suite c'est par un oubli de la municipalité (Cass., 3 août 1886).

835. — Dans certaines circonstances, et notamment lorsqu'il s'agit d'inscription et de radiation dans deux sections d'une même commune, la demande de radiation peut résulter implicitement et nécessairement de la demande d'inscription elle-même dans une des sections. En effet le maire a alors sous la main puisqu'il est déposé à la mairie le registre électoral des deux sections de la commune ; il est par là même mis en situation et par suite en demeure de faire procéder simultanément à l'inscription sur une liste et à la radiation sur l'autre. Dans de pareilles conditions, la fraude pouvant résulter de deux inscriptions devient impossible, à l'encontre de ce qu'il peut se produire lorsqu'il s'agit de deux communes différentes, ayant chacune un maire différent (Cass., 9 avril 1888) (V. n° 782).

836. — En conséquence, tout électeur, même inscrit dans une section, a le droit de demander à être inscrit dans une autre section de la même commune et par suite rayé dans la section où il est déjà inscrit (Cass., 26 mars 1890).

837. — Si, à raison de la célérité et de la simultanéité de la révision annuelle des listes, et pour qu'un électeur ne soit point exposé à être privé de tout droit électoral, on a permis à celui qui est déjà inscrit dans une com-

mune de réclamer son inscription dans une autre, sans
l'astreindre à justifier préalablement de la suppression
de sa première inscription, pourvu qu'il soit constant
qu'il a fait des démarches tendant à l'obtenir, cette concession ne peut s'étendre qu'aux cas où les démarches
ont été utilement faites et non aux cas où elles se sont
produites à une époque où les commissions municipales
ne pouvaient plus être légalement saisies d'aucune réclamation (Cass., 26 avril 1888).

838. — Ainsi une demande d'inscription peut être repoussée si
l'électeur, mis en demeure de justifier de diligences pour obtenir
sa radiation des listes où il figurait précédemment, a bien pu établir
qu'il a demandé cette radiation à l'autorité compétente mais à une
époque où le délai fixé par la loi pour les demandes de rectification
étant expiré sa réclamation ne pouvait plus avoir d'effet (Cass., 12
avril 1888).

839. — Toutefois une demande à fin d'inscription ne
saurait être repoussée par l'unique motif que la demande
de radiation sur la liste où l'électeur figurait déjà aurait
été formée tardivement, s'il ressort des documents de
la cause que *cette radiation, à quelque époque qu'elle
ait été demandée, n'en a pas moins été opérée et si la
preuve en est faite.* Le juge n'a qu'à constater le fait qui
prévient toute chance de vote dans deux communes
différentes sans avoir à rechercher si la radiation a été
ou non régulière, ce qui n'intéresse que l'administration
(Cass., 16 avril 1888).

840. — Le juge ne peut, sans excès de pouvoirs et sans violer la
règle de preuve littérale, refuser de tenir compte du certificat d'un
maire attestant la radiation d'un électeur sur la liste de sa commune,
sous le prétexte qu'à raison de certaines circonstances qu'il énumère
ce certificat laissait des doutes dans son esprit sur son authenticité.
Une pareille déclaration ne suffit pas alors que le juge avait le pouvoir dont il n'a pas usé de se livrer à toutes vérifications nécessaires (Cass., 24 avril 1888).

841. — De même la loi ne prescrit pas à peine de forclusion que la demande de radiation précède la demande d'inscription. Elle peut être formée pendant la durée de l'instance à laquelle la demande primitive a donné lieu et la preuve, soit de son existence, soit de la radiation elle-même, peut toujours être produite utilement en appel devant le juge de paix (Cass., 7 mai 1884) (V. n° 1185).

842. — L'obligation de justifier qu'il a fait des diligences pour obtenir sa radiation des listes de la commune où il était précédemment inscrit n'est pas uniquement imposée à l'électeur qui demande son inscription au seul titre de contribuable mais aussi à ceux qui, ayant leur domicile ou une résidence de six mois dans une commune, doivent y être portés d'office sur la liste électorale (Cass., 26 avril 1888).

843. — Elle est imposée non seulement aux électeurs qui demandent eux-mêmes leur inscription mais encore au tiers électeur qui fait la demande pour eux et ne peut d'ailleurs la faire sans leur consentement (Cass., 23 avril 1885 et 26 mars 1890).

2° Réclamée à la suite d'une radiation.

844. — **La radiation opérée par la commission administrative constitue une mise en demeure à l'électeur rayé de fournir la preuve de son droit à l'inscription à la commission de jugement qu'il saisira de sa demande en rétablissement sur la liste électorale.**

845. — Soit que la réclamation à fin de réinscription procède du chef de l'électeur rayé, soit qu'elle procède du chef d'un tiers électeur, dans l'un comme dans l'autre cas, cette réclamation est soumise aux mêmes conditions. Demandeurs dans leurs prétentions, l'électeur rayé comme le tiers qui agit en son nom doivent fournir les preuves auxquelles la loi subordonne l'inscription du citoyen sur la liste électorale. Ce serait intervertir les principes du droit commun auxquels rien n'indique que le décret organique sur les élections ait entendu déroger, que de mettre à la charge de l'administration la preuve que l'électeur rayé a perdu sa capacité électorale (Cass., 16 mars 1863).

846. — Il est vrai que le principe de la permanence des listes électorales a pour conséquence de donner à l'électeur inscrit un droit acquis à son inscription, tant qu'une décision régulière et portée à sa connaissance n'a pas prononcé sa radiation (Cass., 27 juillet 1887) et qu'en vertu même de ce principe l'électeur inscrit sur les listes électorales d'une commune a le droit d'y être maintenu sans avoir aucune preuve à faire pour établir son droit aussi longtemps que sa radiation n'a été ni opérée par la commission administrative, ni prononcée par la commission de jugement sur une demande régulièrement portée devant elle (Cass., 16 avril 1885).

Aussi lorsque les électeurs n'ont reçu aucun avis de la décision de la commission administrative qui les a radiés d'office, eux ou les tiers électeurs qui réclament contre cette radiation n'ont pas de preuve à faire pour combattre la dite radiation dont les motifs ne leur ont été à aucun moment notifiés. C'est sur la liste elle-même qu'ils fondent leur droit de réclamation (Cass., 27 juillet 1887).

847. — En pareil cas, si la demande de réinscription formée par ces électeurs non avertis est combattue devant la commission de jugement par un tiers électeur, c'est à celui-ci à faire la preuve de l'incapacité électorale des électeurs contre lesquels il soutient le bien fondé de la

mesure de radiation prise par la commission administrative (Cass., 16 juin 1890).

· **848**. — Par contre, lorsque les électeurs ont reçu avis de leur radiation et des motifs qui l'ont fait opérer, ils doivent fournir à l'appui de leur réclamation toutes justifications susceptibles de prouver que ces motifs sont faux.

849. — C'est ainsi que le réclamant doit produire la preuve de sa nationalité si celle-ci est contestée (Cass., 28 avril 1880 et 4 mai 1881). Son inscription serait à bon droit refusée par la commission municipale de jugement, s'il ne justifiait pas de sa nationalité par la production de pièces régulières (Cass., 8 avril 1886). La justification de l'âge serait de même nécessaire si cet âge était contesté (Cass., 11 août 1889).

850. — Mais si la contestation n'avait pas porté sur ce point, ce serait méconnaître le principe de la permanence des listes que de rejeter une demande en réinscription en se fondant sur ce qu'il n'est pas justifié de l'âge et de la qualité de français de l'électeur (Cass., 20 mai 1886).

De l'autorité de la chose jugée.

851. — **Bien entendu, si la cause pour laquelle la commission administrative a opéré la radiation a déjà fait l'objet d'une contestation tranchée au profit de l'électeur par une décision ayant acquis l'autorité de la chose jugée, celui-ci n'a qu'à invoquer et à représenter cette précédente décision pour obtenir sa réinscription de la commission de jugement. Il faut évidemment qu'aucune modification ne soit survenue dans la situation de l'électeur depuis cette décision.**

852. — La fixité des droits politiques n'importe pas moins que la fixité des droits civils. Rien donc ne s'oppose à ce que les principes de la chose jugée soient applicables en matière électorale comme en toute autre matière pourvu que les trois éléments exigés par l'article 1351 du code civil, identité de demande, de cause et de parties, se trouvent réunies (Cass., 24 avril 1876).

853. — Aux termes de l'article 1351 du code civil, l'autorité de la chose jugée n'a lieu que lorsque les demandes sont fondées sur la même cause ; en matière électorale cette *identité de cause* n'existe qu'à la condition que le droit électoral du citoyen qui invoque la chose jugée ou auquel on l'oppose n'ait pas été modifié, depuis la décision de laquelle on prétend le faire résulter, soit par un changement survenu dans sa situation personnelle, soit par une législation nouvelle (Cass., 27 juin 1877 et 7 décembre 1885).

854. — Aussi lorsqu'un citoyen invoque à l'appui de sa demande d'inscription sur la liste électorale l'autorité de la chose jugée, le juge doit, pour repousser l'exception, constater dans la sentence que depuis la décision invoquée par le réclamant un changement est survenu dans sa situation électorale (Cass., 17 avril 1878).

Pour admettre l'exception, il doit constater que, depuis lors, aucun changement n'est survenu dans la situation électorale.

855. — Une sentence est valable lorsqu'elle constate, d'une part, que sur une précédente demande tendant à la radiation des mêmes électeurs et par jugement du 26 février 1885 passé en force de chose jugée ceux-ci ont été maintenus sur la liste électorale comme ayant tous leur domicile dans la commune ; d'autre part, qu'il ne s'est produit depuis lors dans leur situation aucun changement qui soit de nature à porter atteinte à l'exercice de leurs droits électoraux (Cass., 8 avril 1886).

856. — En vertu de l'autorité que la loi attribue à la chose jugée, on ne peut ordonner le maintien d'un individu sur la liste électorale en s'expliquant seulement sur la question de résidence alors que la radiation a été basée sur un jugement antérieur duquel il résultait que cet individu était un étranger non naturalisé (Cass., 26 juillet 1880).

857. — Pour qu'il y ait *identité de parties*, il suffit que

la décision dont on invoque l'autorité ait été rendue, soit entre l'électeur intéressé et un tiers électeur son contradicteur, soit entre deux tiers électeurs l'un soutenant l'autre combattant l'inscription ou la radiation d'un même électeur.

En effet le tiers électeur qui demande une inscription ou une radiation électorale n'agit point en vertu d'un droit privé, mais exerce au contraire une action publique dans un intérêt public et la question jugée avec ce contradicteur légal se trouve l'être à l'égard de tous (Cass., 14 avril 1875). Donc si le tiers électeur agissant lors de la contestation soumise au juge n'était pas partie dans l'ancienne cause dont on invoque la solution, il y a été représenté par le tiers électeur qui, agissant dans un intérêt public, s'est trouvé ainsi le mandataire légal de tous les électeurs intéressés à la solution qu'il réclamait (Cass., 27 juin 1877).

De même l'électeur qui agit pour lui-même ne défend pas seulement sa cause dans son intérêt personnel mais encore dans un intérêt public et se trouve ainsi le mandataire légal de tous les électeurs intéressés à son maintien sur la liste électorale (Cass., 24 avril 1876).

858. — L'autorité de la chose jugée ne saurait s'attacher à un jugement rendu en matière électorale en l'absence de tout contradicteur et de toute réclamation soulevée par un tiers électeur en vertu de l'article 19 du décret du 2 février 1852. Elle ne pourrait par suite être opposée au tiers électeur qui réclamerait l'année suivante contre l'inscription de l'électeur (Cass., 29 avril 1890).

859. — Ainsi un étranger inscrit depuis plusieurs années sur la liste électorale sans qu'il ait eu de contradicteur, n'a pas par ce fait acquis le droit de vote en vertu de l'autorité de la chose jugée (Cass., 20 mai 1890) (V. n° 77 a)).

860. — Il importe peu qu'un failli non réhabilité ait été dans ces conditions inscrit depuis plusieurs années sur la liste électorale, car l'inscription sans contradicteur n'emporte pas chose jugée (Cass., 31 décembre 1885).

861. — La décision d'une commission municipale admettant en 1880 l'inscription d'un citoyen de la commune sur les listes électorales, sans que le demandeur en inscription eût aucun contradicteur et sans que la commission ait donné aucun motif, ne contient pas les éléments constitutifs de la chose jugée.

Aussi un jugement rendu précédemment en 1877 par le juge de paix qui excluait cet électeur des listes électorales en se fondant sur son incapacité et en la faisant résulter des condamnations prononcées contre lui a conservé intacte l'autorité de la chose jugée.

Un tiers électeur peut donc l'année suivante, en 1881, demander la radiation du dit électeur en se fondant sur le jugement (Cass., 18 mai 1881).

862. — Bien que des électeurs n'aient pas eu de contradicteur devant le tribunal ou la cour d'appel qui a statué sur leur nationalité, il doit être tenu compte du jugement ou de l'arrêt passé en force de chose jugée et déclarant que ces électeurs sont ou ne sont pas français (Cass., 6 mai 1878 et 9 mai 1882) (V. n° 1181).

863. — La question ainsi tranchée ne peut plus être remise en discussion. Il importerait peu en effet que les intéressés aient été seuls parties en cause devant le juge chargé de vider la question d'état. En effet, l'article 858 du code de procédure civile prévoit expressément ce dernier cas et ne le distingue nullement quant à ses effets de celui où le débat s'est engagé contradictoirement ; dans l'une et l'autre hypothèse, le jugement ou l'arrêt acquiert force de chose jugée et doit recevoir exécution. Au point de vue du droit électoral, cette exécution ne saurait d'ailleurs se réduire à un effet temporaire ; de sa nature l'autorité de la chose jugée est perpétuelle contre ceux à qui elle est opposable. On ne peut pas admettre qu'à chaque révision de liste l'état d'un citoyen soit remis en question, tantôt par un électeur, tantôt par un autre, et que le même juge doive être indéfiniment saisi d'un litige qu'il a complètement et souverainement tranché (Cass., 9 mai 1882).

864. — En droit une commission municipale constitue, pour les matières électorales, une véritable juridiction du premier degré, puisqu'aux termes des articles 20, 21 et 22 du décret du 2 février 1852 elle juge sauf appel les réclamations de cette nature qui lui sont soumises. En conséquence ces décisions doivent acquérir l'autorité de la chose jugée si elles ne sont pas attaquées dans le délai de la loi (Cass., 25 avril 1870 et 14 avril 1875) (V. n° 931).

865. — L'autorité de la chose jugée s'applique même aux décisions d'une juridiction dont l'incompétence serait démontrée (Cass., 21 mai 1890) (1).

866. — Les parties qui se présentent une troisième fois devant l'autorité judiciaire ne sont pas fondées à invoquer l'autorité d'un jugement passé en force de chose jugée lorsqu'à la suite de ce jugement en est intervenu un second admettant une solution différente du premier et passé lui-même en force de chose jugée (Cass., 8 juin et 27 juillet 1880).

867. — Le juge ne peut invoquer comme ayant autorité de chose jugée une décision de commission qui ne lui a pas été représentée. La production d'une lettre du maire informant l'électeur que la commission municipale a fait droit à sa demande ne peut suppléer à la représentation de la décision elle-même (Cass., 29 décembre 1879).

868. — Le juge de paix qui, par un jugement rendu lors de la révision des listes électorales d'une année précédente, a ordonné la radiation du nom de deux individus frappés de condamnations entraînant la perte du droit électoral, doit, lorsqu'une décision de la commission municipale portant réintégration de ces individus sur la liste nouvellement révisée lui est déférée en appel, statuer sur cet appel et infirmer s'il y a lieu la décision par application de l'autorité de la chose jugée : il ne peut se borner à renvoyer l'appelant à se pourvoir devant l'autorité compétente pour assurer l'exécution

---

(1) Il s'agissait d'une question de nationalité tranchée par un jugement de juge de paix accepté par toutes les parties et passé en force de chose jugée.

de son précédent jugement, sans méconnaître sa propre compétence
par ce refus de statuer (Cass., 20 mai 1878).

b) *Radiation.*

1° Demandée par l'électeur lui-même.

869. — Aucune justification n'est nécessaire à l'appui
d'une demande de radiation formée par l'électeur lui-
même ou par son mandataire.

Si, ce qui n'est pas présumable, un tiers électeur s'op-
posait à cette radiation, il suffirait à l'intéressé de justifier qu'il est inscrit ou simplement qu'il a requis son
inscription sur la liste électorale d'une autre commune
(V. n°ˢ 885 et 938).

870. — Mais en vertu du principe de la permanence
des listes électorales cet électeur ne saurait être rayé
tant qu'il n'a pas demandé personnellement sa radiation,
sauf bien entendu le cas où il ne remplirait plus les conditions légales de l'électorat.

De la permanence de la liste.

871. — **Les listes électorales sont permanentes** (Décret organique du 2 février 1852, art. 18, § 1).

872. — Le principe de la permanence de la liste électorale consacré par la législation de 1842 et de 1852 a
été maintenu par la loi du 7 juillet 1874, ainsi que cela
résulte de l'article 2 de cette loi et des déclarations du
rapporteur M. de Chabrol (Cass., 23 mars 1875).

873. — Le principe de la permanence des listes expressément maintenu par l'article 4 de la loi du 7 juillet
1874 dispense l'électeur régulièrement inscrit de faire
tous les ans une démarche personnelle pour la conservation de son droit (Cass., 11 avril 1877 et 5 mai 1884).

874. — S'il est vrai, en thèse générale, que l'inscription sur la liste électorale d'une commune où il est simplement contribuable, d'un citoyen domicilié dans une autre, est subordonnée à la manifestation par l'intéressé de la volonté d'exercer dans la première ses droits électoraux, le principe de la permanence des listes ne permet pas, quand cette inscription a été une première fois réalisée, d'exiger de lui chaque année une déclaration nouvelle de ses intentions, et de rayer son nom de la liste où il figurait, sous le seul prétexte qu'il ne justifie pas avoir fait, pour l'année courante, cette déclaration, soit devant le maire, soit devant les commissions administrative ou municipale (Cass., 16 avril 1888).

875. — Le principe de la permanence des listes dispensant l'électeur de faire connaître son intention de continuer à figurer sur la liste où il est inscrit, sa radiation ne saurait être ordonnée sous le prétexte qu'une note signée de lui pour demander son maintien n'est pas une pièce authentique et ne fait pas preuve suffisante et décisive de son intention de rester électeur (Cass., 16 avril 1888).

876. — D'après le principe de la permanence des listes, tout électeur dont le nom figure sur la liste électorale d'une commune a le droit d'y rester inscrit jusqu'à ce qu'il soit prouvé contre lui qu'il n'a plus aucune qualité pour y être maintenu (Cass., 16 avril 1888).

877. — En vertu du principe de la permanence des listes et par le seul fait qu'il est inscrit sur la liste électorale d'une commune, l'électeur doit y être maintenu s'il n'est pas établi contre lui qu'il n'a plus qualité pour y figurer. Pour ordonner sa radiation il ne suffirait pas de se fonder sur ce qu'il n'est pas inscrit au rôle d'une des quatre contributions directes ou au rôle des prestations en nature et sur ce qu'il a cessé d'habiter la commune, il faut encore s'expliquer sur le point de savoir s'il n'a pas conservé son domicile dans la commune (Cass., 25 mars 1891).

878. — *De la double inscription considérée au point de vue de la radiation.* — Une autre conséquence du principe de la permanence des listes, c'est que l'irrégularité d'une double inscription faite sans la participation des réclamants ne saurait leur faire perdre le droit d'être maintenus sur la liste où ils ont été légalement portés

et sur laquelle ils déclarent vouloir continuer à figurer
(Cass., 7 décembre 1880) (V. nᵒˢ 826, 881, 884 et 885).

879. — Le principe de la permanence des listes s'oppose à ce que
des électeurs précédemment inscrits sur la liste électorale d'une
commune en soient rayés par ce motif que, si les circonstances
donnent parfois à un électeur le droit d'être inscrit sur les listes
électorales de plusieurs communes, ce privilège doit avoir des limites
(Cass., 10 avril 1888).

880. — En effet, si l'inscription d'un électeur sur deux listes
électorales est un fait irrégulier, néanmoins, lorsque cette irrégularité existe, aucune loi n'autorise à rayer cet électeur sur l'une des
listes plutôt que sur l'autre s'il a le droit d'y figurer et déclare vouloir y rester inscrit (Cass., 17 novembre 1886 et 11 avril 1888.

881. — L'inscription sur une liste électorale, sans la participation
de l'électeur, ne peut faire obstacle au maintien d'une première
inscription (Cass., 13 mai 1885 et 20 mai 1886) (V. nᵒ 885).

882. — Ce serait méconnaître le principe de la permanence des
listes ainsi que le droit d'option lui appartenant que de le rayer
sur l'une d'elles par le motif qu'il n'a pas obtenu ou tout au moins
demandé sa radiation sur l'autre, alors qu'il demandait expressément à être maintenu sur cette première liste (Cass., 21 avril et 5
mai 1887).

883. — Et même l'électeur régulièrement inscrit dans deux communes ne saurait être contraint d'opter pour l'une ou pour l'autre,
par cela seul que sa radiation sur l'une des deux listes aurait été
demandée (Cass., 20 mai 1886).

884. — Mais s'il est vrai qu'un citoyen inscrit sur les
listes électorales de deux communes différentes, sur
chacune desquelles il a le droit de figurer, ne peut être
arbitrairement rayé de l'une ou de l'autre, ni même mis
en demeure d'opter entre elles, il ne saurait conserver
à la fois le bénéfice de cette double inscription alors
qu'il aurait déjà spontanément exercé son option en
prenant part à un scrutin dans une de ces communes
(Cass., 20 mai 1886 et 9 mai 1889).

885. - De même l'électeur, déjà inscrit sur les listes élec-

torales d'une commune, qui sollicite et obtient son inscription sur les listes électorales d'une autre commune,
manifeste ainsi son option et renonce par cela même à
son inscription antérieure.

Le principe de la permanence des listes ne s'oppose
pas en ce cas à sa radiation (Cass., 1er juillet 1889).

886. — Pour que la radiation puisse être opérée, il faut qu'il y
ait eu manifestation formelle de la volonté de l'électeur d'exercer
son droit électoral dans une autre commune. Son intention ne saurait résulter d'une sorte de consentement tacite, par exemple du fait
de ne pas se présenter à l'audience de la commission de jugement
ou du juge de paix après avoir été préalablement averti que sa
radiation était réclamée à raison de sa double inscription dans deux
communes (Cass., 19 avril 1888).

2° Demandée par un tiers électeur.

887. — La radiation d'un citoyen de la liste électorale
peut être demandée et obtenue par des tiers électeurs
s'ils justifient que l'électeur inscrit ne remplit aucune
des conditions nécessaires pour autoriser son inscription ;
cet électeur n'a pas en ce cas le droit de continuer à figurer sur la liste où il était inscrit, tant qu'il n'a pas demandé personnellement sa radiation (Cass., 5 mai 1887).

888. — C'est à celui qui réclame la radiation d'un électeur inscrit sur la liste électorale à établir qu'il y a été
illégalement porté ou qu'il a perdu le droit d'y figurer
(Cass., 17 avril 1888 et 13 mai 1889).

889. — La demande doit contenir, quand il s'agit de radiation,
l'énoncé des motifs sur lesquels elle est fondée (Circ. min. int., 30
novembre 1884).

890. — C'est au demandeur en radiation, en présence de la qualité reconnue d'électeur du défendeur et de la présomption légale
de capacité électorale qui en résulte, à apporter ou tout au moins
à offrir la preuve de tous les faits qui seraient susceptibles de faire
échec à la dite qualité et aux conséquences juridiques qu'elle com-

porte au point de vue du droit à l'inscription sur la liste électorale (Cass., 17 et 24 avril 1888).

891. — Par application de ce principe, le citoyen régulièrement inscrit sur les listes électorales d'une commune où son père est porté à la taxe des prestations en nature pour deux personnes n'a pu être rayé de ces listes sous prétexte qu'il n'a pas justifié qu'il fût compris dans la cote des prestations en nature que paye son père (Cass., 5 mai 1884).

892. — De même le tiers électeur, qui réclame la radiation d'un électeur par l'unique motif que cet électeur est inscrit dans une autre commune, est tenu de rapporter la preuve que cette dernière inscription a eu lieu sur la demande de l'électeur ou que celui-ci a exercé son droit électoral en vertu de cette seconde inscription (Cass., 20 mai 1886) (V. nos 878 et suivants).

893. — Une demande en radiation n'est justifiée qu'autant qu'elle établit que l'électeur inscrit n'a plus aucun titre pour continuer à l'être (Cass., 12 avril 1888).

894. — Un jugement peut donc refuser de prononcer cette radiation, si le demandeur s'est borné à faire reconnaitre le défaut de résidence de l'électeur dans la commune, mais n'a ni fait décider ni même allégué que celui-ci n'y avait plus de domicile et n'était pas compris au rôle des contributions directes (Cass., 12 avril 1888) (V. nº 877).

895 — L'électeur qui n'était inscrit sur la liste électorale d'une commune qu'à raison de sa résidence, qui habite depuis plus de six mois une autre commune où il a même son principal établissement et qui n'a fait d'ailleurs aucune demande personnelle à l'effet d'être inscrit en qualité de contribuable ou de prestataire, est à bon droit rayé de la liste (Cass., 20 mai 1886).

SECTION V.

DES AVERTISSEMENTS EN CAS DE CONTESTATION DE L'INSCRIPTION PAR UN TIERS ÉLECTEUR.

896. — **L'électeur dont l'inscription aura été**

contestée sera averti sans frais par le maire et pourra présenter ses observations (Décret organique du 2 février 1852, art. 19, § 5 ; Loi du 7 juillet 1874, art. 4, § 1).

897. — La contestation visée ici par la loi est manifestement et uniquement celle qui se produirait de la part de tiers électeur, usant du droit que leur confère l'article 19 du décret organique du 2 février 1852. Elle ne peut s'appliquer à celle qui se produit de la part du juge à qui un citoyen demande son inscription sur la liste électorale et qui procède à l'examen de cette réclamation. En effet, tout demandeur étant tenu de justifier sa demande c'est à lui à prévoir, pour les écarter, les objections dont cette demande est susceptible (Cass., 15 mai 1877).

898. — Cette prescription est analogue à celle qui est inscrite dans l'article 22 du décret du 2 février 1852 et qui oblige le juge de paix à donner avertissement trois jours à l'avance à toutes les parties intéressées avant de statuer sur les appels qui lui sont déférés (V. nº 1082).

899. — Cette disposition n'est applicable qu'aux électeurs dont l'inscription est contestée et non à ceux qui réclament pour eux-mêmes et pour lesquels des tiers réclament l'inscription (Cass., 8 avril 1884).

900. — L'électeur qui demande l'inscription d'un autre électeur n'est pas tenu de lui donner l'avertissement prévu par l'article **19** du décret organique du 2 février 1852 (Cass., 21 avril 1875).

901. — Si des électeurs n'ont pas été mis en demeure de se défendre devant la commission de jugement, ils sont sans intérêt à se prévaloir de cette omission lorsque la dite commission a maintenu leur inscription (Cass., 1 mai 1882).

902. — Sur le mode d'avertissement que doit suivre le maire, voir ce qui a trait à la notification de la décision de la commission de jugement (V. nº 947).

14

CHAPITRE II.

DE LA COMMISSION DE JUGEMENT.

Division.

SECTION Ire.

COMPOSITION DE LA COMMISSION.

903. — **Les demandes en inscription ou en radiation seront soumises aux commissions indiquées dans l'article 1er, auxquelles seront adjoints deux autres délégués du conseil municipal** (Loi du 7 juillet 1874, art. 2, § 2).

904. — A Paris et à Lyon, deux électeurs domiciliés dans le quartier ou la section, et nommés, avant tout travail de révision, par la commission instituée en l'article 1er, seront adjoints à cette commission (Loi du 7 juillet 1874, art. 2, § 3).

§ 1. — *Quelle est sa composition.*

905. — Aux termes de l'article 1 et 2 de la loi de 1874, la commission est composée du maire, d'un délégué de l'administration désigné par le préfet et de trois délégués du conseil municipal (Cass., 19 avril 1888) (V. n° 615).

906. — Des termes exprès des articles 1 et 2 de la loi du 7 juillet 1874, il résulte que la commission municipale n'a de juridiction et ne peut par conséquent valablement délibérer que si les cinq membres désignés par la loi pour la composer sont présents et concourent à la délibération.

Les prescriptions de ces articles sont d'ordre public comme intéressant la constitution et le fonctionnement de la juridiction spéciale chargée de statuer au premier degré sur le contentieux des listes électorales (Cass., 22 mars et 11 avril 1888 et 18 mars 1891) (V. n° 1400 § 1).

907. — Le maire ou le membre qui le supplée a la présidence (Circ. min. int., 30 novembre 1884).

908. — Les membres du conseil municipal, délégués par leurs collègues en exécution de l'article 1 de la loi du 7 juillet 1874 pour faire partie de la première commission, conservent leurs pouvoirs et doivent à ce titre siéger dans la seconde commission, alors même que le conseil municipal auquel ils appartiennent serait suspendu ou dissous. Ils ne sont pas désignés en effet en considération de leur seule qualité de membre du conseil municipal. Le choix de l'assemblée peut porter indistinctement sur tout électeur de la commune. Le mandat qu'ils ont reçu doit donc survivre à la perte de la qualité de conseiller (Lett. min. int., à préfets Aisne, 7 août 1874 et Allier 28 janvier 1880) (V. n° 622).

909. — Les conseillers, choisis à l'effet de s'adjoindre aux membres de la première commission pour composer la seconde, conservent également leur pouvoir dans les mêmes circonstances (V. n° 622).

910. — Les indigènes musulmans de l'Algérie ne sont pas citoyens français ; s'ils jouissent des droits civils, ils ne peuvent jouir des droits attachés à la qualité de citoyens, et spécialement des droits politiques, qu'autant qu'une loi spéciale les leur a attribués : si, aux termes des décrets des 27 décembre 1866 et 1er août 1874, ils peuvent, sous certaines conditions, être électeurs municipaux et même membres des conseils municipaux, aucune disposition légale ne leur a concédé le droit de faire partie des commissions municipales chargées de statuer sur les réclamations en matière électorale, dont les attributions essentiellement politiques ne peuvent être remplies que par ceux qui jouissent de la plénitude des droits de citoyen (Cass., 5 mai 1879).

911. — En cas de refus du conseil municipal de nommer des délégués pour composer la commission de jugement, le maire et le délégué de l'administration peuvent seuls rendre jugement et leurs décisions peuvent servir de base à un appel devant le juge de paix. Il y a lieu toutefois de mettre le conseil municipal en demeure de désigner ses délégués et de ne passer outre qu'en cas de refus itératif (Lett. min. int., à préfet Basses-Pyrénées, 20 janvier 1886) (V. n° 617).

912. — Si les délégués du conseil municipal refusent de se rendre aux convocations, les demandes en inscription ou en radiation peuvent être jugées par le maire et le délégué de l'administration. La commission, réduite à ces deux membres, serait sans doute irrégulièrement composée ; mais leurs décisions n'en subsisteraient pas moins tant qu'elles n'auraient pas été infirmées par le juge de paix : elles serviraient par conséquent de base à l'appel (Lett. min. int., à préfets Côte-d'Or, 2 septembre 1874, et Gard, 10 septembre 1874) (V. n° 617).

913. — Le fait de la participation d'un membre de la commission à la décision se trouve suffisamment démontré par le procès-verbal de la commission portant que la décision a été prise à la majorité de quatre voix contre une.

Il importe peu que ce membre ait refusé de signer le procès-verbal (Cass., 9 mai 1889).

§ 2. — *Qui a qualité pour apprécier la régularité de la composition de la commission.*

914. — Il est du devoir du juge de paix de vérifier même d'office la régularité de la composition de la commission (Cass., 9 mai 1889).

915. — La délibération par laquelle une commission municipale, nommée en remplacement d'un conseil municipal suspendu, désigne de nouveaux délégués pour remplacer ceux précédemment choisis par le conseil pour faire partie de la commission chargée de statuer sur les réclamations relatives à la liste électorale, ne peut être déférée au conseil d'État pour excès de pouvoirs.

C'est au juge de paix saisi par voie d'appel des décisions de la commission qu'il appartient de statuer sur la régularité de sa composition (Conseil d'État, 4 juin 1875).

916. — L'administration n'a pas à juger si le conseil municipal a régulièrement agi en nommant de nouveaux délégués pour procéder aux nouvelles opérations de révision après annulation des premières par le conseil de préfecture. C'est au juge de paix à apprécier, s'il est saisi (Conseil d'État, 4 juin 1875 ; Lett. min. int., à préfet Hérault, 16 mars 1877).

917. — En présence de conclusions formelles attaquant la régularité de la composition de cette commission, en ce que le maire qui en était le président avait été en même temps délégué du conseil municipal, le juge de paix ne peut, sans statuer sur ce point, sans contester le fait par suite duquel les membres de la commission se trouvaient réduits au-dessous du nombre fixé par les articles 1 et 2 combinés de la loi du 7 juillet 1874, déclarer que l'exception, si elle emportait nullité, devait être plutôt présentée à M. le préfet pour qu'il eut à voir si de nouveaux délais devaient être accordés pour recommencer les opérations, et que quant à lui sa mission était d'examiner seulement si la commission avait bien ou mal jugé (Cass., 8 mai 1878).

918. — Le jugement du juge de paix auquel est déférée par appel une décision de la commission municipale dont l'annulation est demandée en ce que ladite commission aurait été irrégulièrement

composée, viole à la fois l'article 141 du code de procédure civile
et l'article 7 de la loi du 20 avril 1810, en se référant à un jugement, antérieurement rendu dans une autre affaire et entre autres
parties, par lequel il s'était déclaré incompétent pour apprécier les
faits susceptibles de vicier la composition de la commission dont
la décision lui était déférée (Cass., 23 avril 1877).

919. — Le juge de paix a le devoir d'annuler les
décisions irrégulièrement prises, puis d'évoquer
l'affaire par application de l'article 473 du code de
procédure civile applicable en matière électorale
comme en toute autre, et d'examiner le fondement des
demandes d'inscription ou de radiation (Cass., 29 mai
1878, 21 mai 1878, 21 juin 1881, 9 mai et 30 juillet 1889).

920. — Le juge de paix qui confirme purement et simplement
une décision prononcée par une commission irrégulièrement composée ou qui statue comme si la décision de la commission était
valable s'en approprie le vice et rend un jugement nul (Cass.,
11 avril 1888 et 20 mai 1890).

921. — Mais l'irrégularité de la composition d'une commission
municipale ne saurait être une cause d'annulation du jugement
rendu par le juge de paix sur l'appel de cette décision si, après
avoir discuté les conclusions prises par l'appelant à l'effet de
faire prononcer la nullité de cette décision, le juge de paix a
déclaré évoquer en tant que de besoin et statuer au fond conformément à l'article 473 du code de procédure civile (Cass., 23 mai 1889).

922. — A plus forte raison en serait-il de même si le juge de
paix, après avoir expressément infirmé la décision, a statué au
fond : car il a ainsi implicitement évoqué le fond et ne s'est point
approprié le vice dont la décision était entachée (Cass., 20 mai 1890).

923. — Le juge de paix ne saurait, comme conséquence de
l'annulation de la décision d'une commission irrégulièrement composée, prononcer purement et simplement et sans motifs spéciaux
la radiation des électeurs qui ont fait l'objet de la dite décision ; il
doit examiner à nouveau leur situation et statuer avec motifs à
l'appui (Cass., 9 mai 1889).

SECTION II.

RÉUNION DE LA COMMISSION.

924. — Le tableau des époques et délais des diverses opérations relatives à la révision de la liste électorale (V. p. 131), indique un délai de cinq jours pour l'intervention des décisions de la commission de jugement, ce délai commence à courir à l'expiration du délai accordé pour les réclamations.

La commission de jugement devrait donc se réunir les 5, 6, 7, 8 et 9 février.

Les instructions du ministre de l'intérieur l'autorisent cependant à rendre ses décisions et par conséquent à se réunir soit avant, soit après cette période.

925. — La commission s'occupera des réclamations qu'elle aura reçues sans attendre l'expiration du délai imparti pour réclamer, et statuera dans le plus bref délai possible (Circ. min. int., 30 novembre 1884).

926. — La loi n'a fixé aucun délai de rigueur en ce qui touche les décisions des commissions.

Elles peuvent donc être rendues postérieurement au 9 février (Lett. min. int., à préfet Seine, 7 juillet 1888).

927. — Les décisions bien que tardives n'en sont pas moins valables. La seule conséquence légale du retard est de reculer le délai d'appel devant le juge de paix (Lett. min. int., à préfet Indre, 26 septembre 1874).

928. — La commission peut même se réunir après l'époque fixée pour la clôture des listes s'il lui reste des réclamations à juger (Lett. min. int., à préfet Corse, 15 mai 1877).

929. — Le maire peut réunir la commission de jugement au cours de l'année (Lett. min. int., à préfet Basses-Alpes, 20 mai 1870) (V. n° 704) (1).

_____

(1) Il peut se faire qu'un électeur rayé d'office ne soit, par suite d'erreur, averti

930. — Comme juge d'appel, le juge de paix est compétent pour apprécier en la forme la régularité des décisions de la commission municipale et notamment pour décider si cette décision est illégale comme prise après l'expiration des délais (Cass., 14 mai 1877).

SECTION III.

JURIDICTION DE LA COMMISSION.

931. — La commission de jugement constitue une véritable juridiction du premier degré (Cass., 14 avril 1885) (V. n° 864).

932. — Le pouvoir de juridiction dont elle est investie ne lui permet de statuer que sur les demandes dont elle est saisie par une personne dûment qualifiée (Cass., 16 avril 1885).

933. — C'est ainsi qu'elle ne peut pas prononcer une radiation si elle n'a pas été saisie par la réclamation de l'électeur inscrit ou d'un tiers électeur (Cass., 1 mai 1889).

934. — Elle ne peut être saisie par le maire, même sur un avis émané du parquet, de demandes d'inscriptions ou de radiations sur les listes électorales (Cass., 9 mai 1866).

935. — Elle ne peut d'ailleurs être jamais saisie sur la réclamation d'un de ses membres (Cass., 13 avril 1870).

936. — Si les membres de la commission de jugement ne peuvent agir en qualité de parties, ils peuvent servir d'intermédiaires pour faire parvenir à la commission les demandes personnelles des réclamants.

---

de sa radiation qu'après la clôture des listes. Il est encore en droit de réclamer puisqu'il peut le faire dans les cinq jours de l'avertissement.

Les instructions du ministre de l'intérieur permettent de réunir la commission de jugement pour statuer sur cette réclamation, quelle que soit l'époque de l'année.

Ainsi, lorsque les demandes à fin d'inscription ont été adressées à un électeur, lequel les a transmises à la commission municipale qui a prononcé l'inscription, la circonstance que cet électeur était membre de la commission municipale de révision ne saurait avoir aucun effet juridique sur la validité des décisions qui ont statué sur ces demandes, alors qu'il est établi, en fait, que l'électeur n'a point agi en qualité de partie, mais comme simple intermédiaire chargé de faire parvenir à la commission les demandes personnelles des requérants (Cass., 20 juin 1881).

937. — La commission municipale, saisie d'une demande collective en radiation de plusieurs inscrits, peut statuer par une seule décision motivée sur des raisons communes aux divers défendeurs. Sa décision unique devra seulement indiquer avec soin les noms et prénoms, les intérêts auxquels elle s'applique (Cass., 7 juillet 1875).

938. — La deuxième commission n'est pas tenue de rayer un électeur par cela seul qu'il le demande. Elle apprécie et statue. Si le citoyen maintenu malgré lui veut en appeler, il doit s'adresser au juge de paix (Lett. min. int., à préfet Alpes-Maritimes, 22 août 1874) (V. n° 869).

939. — De ce que la commission de jugement est une juridiction proprement dite, il s'en suit qu'elle ne peut baser sa décision que sur les documents qui lui sont soumis et qu'elle ne peut se prononcer d'après les indications personnelles que lui fournirait l'un de ses membres (V. n° 1155).

940. — La commission de jugement n'a compétence que pour statuer sur les demandes en inscription ou en radiation sur la liste électorale.

941. — Ainsi, elle ne peut connaître de la réclamation d'un tiers électeur qui, reconnaissant l'existence du droit de l'électeur inscrit et ne réclamant pas sa radiation, se borne à critiquer l'insertion dans cette inscription d'un nom écrit dans l'acte de naissance de l'électeur et à soutenir que les mentions de l'acte de l'état civil n'étant point exactes, il n'en doit point être fait état dans l'inscription sur la liste électorale. Une pareille réclamation constitue une véritable action en rectification d'un acte de l'état civil et en retranchement d'une mention qui y figure; elle est tout à fait indépendante du droit électoral dont l'existence et l'exercice ne sont pas contestés (Cass., 29 avril 1890).

942. — D'ailleurs si, pour la déclaration qu'un tel est le fils d'un tel, l'acte de naissance ne fait pas preuve jusqu'à inscription de faux, il établit au moins jusqu'à preuve contraire le droit de l'intéressé à réclamer ce nom et à demander qu'il figure comme étant le sien sur les listes électorales (Cass., 1 mai 1889).

943. — L'obligation pour les tribunaux de garder minutes de leurs décisions est une règle générale qui s'applique nécessairement à celles que rendent, en matière électorale, les commissions municipales puisque les commissions constituent de véritables juridictions. Le devoir pour elles d'écrire leurs décisions résulte spécialement, en ce qui les concerne, de l'article 21 du décret du 2 février 1852, qui enjoint de notifier ces décisions dans les trois jours aux parties intéressées. Cette prescription implique l'existence d'une minute de la décision à notifier.

L'obligation pour les commissions municipales de garder minutes de leurs décisions dérive non moins évidemment de la nécessité d'assurer l'exercice normal et complet du droit qu'a l'électeur de demander au juge de paix la réformation des décisions de ces commissions et l'accomplissement intégral et régulier du devoir qu'a le juge de paix de contrôler et de réformer, s'il y a lieu, les décisions qui lui sont déférées.

En présence de décisions purement verbales, il serait impossible, avec un degré quelconque de certitude, de connaître et d'apprécier les motifs des décisions attaquées, ni de vérifier si les délais fixés par la loi pour porter la réclamation devant la commission municipale ou pour appeler de sa décision ont été observées, ni si la composition de la commission a été conforme aux prescriptions légales.

L'obligation de garder minute des décisions s'impose

donc, en matière électorale, aux commissions municipales avec la même force qu'aux autres juridictions. Elle est d'ordre public (Cass., 16 mai 1881).

944. — Une décision de la commission municipale régulièrement insérée sur les registres à ce destinés ne saurait être considérée comme clandestine par ce motif que le délégué de l'administration non seulement n'aurait pas été convoqué mais aurait été induit en erreur par de faux avis du maire (Cass., 11 août 1884).

945. — Les membres des commissions municipales, chargées de statuer sur les demandes en radiation ou en inscription formées par les électeurs de la commune, peuvent être actionnés devant les tribunaux ordinaires à raison du dommage causé aux tiers par des imputations injurieuses ou diffamatoires contenues dans leurs délibérations. Les membres de ces commissions, quoique ayant mandat pour prononcer des sentences d'un certain ordre, ne sont point revêtus de la qualité de juges et ne bénéficient pas des immunités et des prérogatives attachées à cette qualité (Cass., 31 mai 1876).

Décision de la commission de jugement.

L'an mil huit cent quatre-vingt   . le   février, la commission de jugement de la commune de   , réunie à la mairie sous la présidence de   , maire (ou adjoint ou conseiller municipal pris dans l'ordre du tableau) et régulièrement composée de   , délégué de l'administration et de   délégués du conseil municipal, a pris connaissance de la demande de   formée par M.   , à la date du   , par conséquent dans les délais prescrits (*si c'est à la suite d'une notification de radiation ajouter*, ainsi qu'il résulte de la pièce ci-annexée constatant que cet électeur a reçu le notification de sa radiation prononcée par la commission administrative).

Considérant que le demandeur justifie par les pièces suivantes…. qu'il réside depuis six mois (*ou* qu'il est domicilié, *ou* qu'il est inscrit au rôle des contributions) dans la commune ;

(*ou* que M.. …. ne remplit aucune des conditions requises pour être électeur dans la commune, attendu qu'il n'y réside pas, n'y est pas domicilié et n'y figure pas au rôle des contributions directes) ;

Décide :

M. . . . . sera | inscrit / rayé | sur la liste électorale de la commune.

(S'il y a rejet d'une demande d'inscription ou admission d'une demande de radiation par un tiers, ajouter : Notification de la présente décision sera faite par écrit et à domicile à M. . . dans les trois jours par les soins de l'administration municipale*).*

En foi de quoi ont signé les membres de la commission.

Le Maire,   Le délégué de   Les délégués du
Président.   l'administration.   conseil municipal.

SECTION IV.

NOTIFICATION DES DÉCISIONS DE LA COMMISSION.

946. — Notification des décisions de la commission sera, dans les trois jours, faite aux parties intéressées, par écrit et à domicile, par les soins de l'administration municipale (Décret organique du 2 février 1852, art. 21 ; Loi du 7 juillet 1874, art. 4; § 2).

§ 1er. — *Formes de la notification.*

947. — La loi du 7 juillet 1874 (art. 4) n'exige pas, comme le décret organique du 2 février 1852, l'intervention d'un agent assermenté ; mais comme il est utile que la date de la notification, qui fait courir le délai d'appel, soit fixée d'une manière certaine, les maires feront bien d'employer autant que possible un agent assermenté, ou, à défaut, d'exiger un reçu des notifications (Circ. min. int., 30 novembre 1884) (V. n°s 951 et 952).

948. — Tous les actes judiciaires sont en matière électorale dispensés du timbre et enregistrés gratis (Décret organique du 2 février 1852, art. 24, § 1) (V. n° 952).

949. — La décision doit être notifiée in extenso et sans frais aux parties intéressées (Circ. min. int., 25 janvier 1888).

950. — A l'égard d'un réclamant qui ne résiderait pas dans la commune, la notification devrait avoir lieu par l'intermédiaire du maire de sa résidence à, qui serait transmise la décision intervenue (Circ. min. int., 9 avril 1849).

951. — La notification peut être faite par simple lettre ou par un avis signé du maire (V. n°s 955 et 956).

952. — Elle peut aussi être faite par ministère d'huissier (V. n° 948).

953. — Si ce mode de notification a été employé et que l'exploit ait été égaré, la preuve de la justification peut résulter de présomptions graves, précises et concordantes (Cour de Bastia, 7 février 1838).

954. — L'exploit de notification est valable bien qu'il ne fasse pas mention du nom de la personne à laquelle copie de cet exploit a été laissée (Cass., 9 avril 1851).

955. — La notification d'une décision de la commission municipale ne fait pas courir le délai d'appel, alors qu'elle n'est revêtue d'aucune signature, qu'elle ne contient aucune mention du « parlant à . . . , » et qu'elle laisse subsister toutes les mentions imprimées à l'avance pour constater l'absence de la partie et la remise de la copie au maire (Cass., 18 mars 1863).

956. — Une lettre d'avis antérieure à la décision de la commission de jugement ne peut être considérée comme une notification de cette décision, ni par conséquent être prise comme point de départ du délai d'appel imparti à l'électeur auquel l'inscription sur les listes électorales a été refusée (Cass., 12 juin 1876).

957. — Bien qu'une décision de la commission de jugement porte en marge qu'elle a été notifiée, si le procès-verbal rédigé par le garde champêtre pour constater l'accomplissement de cette formalité déclare que les intéressés étaient absents de la commune où ils n'habitent que l'été et que le garde champêtre n'ayant par conséquent pu trouver personne pour remettre les lettres d'avis de la décision a dressé le susdit procès-verbal, il résulte de là que les appelants n'ont ni reçu, ni pu recevoir des mains du garde champêtre les lettres d'avis qui leur étaient destinées ; et, le procès-verbal ne mentionnant pas qu'elles aient été laissées à leur domicile ni qu'elles aient été remises pour eux ou offertes à aucune des personnes autorisées à les recevoir par l'article 68 du code de procédure civile, il s'ensuit qu'aucun délai d'appel n'a pu courir contre eux (Cass., 20 juillet 1885).

958. — Pour la partie qui reçoit copie d'une décision judiciaire c'est cette copie qui forme le titre sur lequel elle peut établir son droit et contre lequel ne peut prévaloir un extrait remis par le maire au juge de paix (Cass., 1 mai 1889).

Notification de la décision de la commission.

Aujourd'hui   mil huit cent   , je soussigné, garde champêtre, (appariteur *ou* gendarme), agissant en exécution de l'article 4 de la loi du 7 juillet 1874, et d'après la réquisition de M. le Maire, ai représenté à Mr   (*profession et demeure*) la décision de la commission électorale par laquelle, sur la réclamation formée par lui le   , il a été déclaré qu'il n'y avait pas lieu de l'inscrire sur la liste des électeurs de la commune, attendu (motifs de la décision) (*ou* qu'il y avait lieu de le rayer de la liste électorale de la commune, attendu . . . .

Laquelle décision je lui ai notifiée conformément à la loi, afin qu'il puisse se pourvoir comme il avisera devant Mr le juge de paix du canton dans les cinq jours de la présente notification, pour tout délai, pour la faire réformer s'il y a lieu ; parlant à Mr   **auquel** j'ai laissé copie du présent.

Fait à   , le   18 .

(Signature).

Cette notification sera faite en double : un exemplaire doit être laissé à la partie ; le second doit être rendu au Maire.

§ 2. — *A qui la notification doit être faite.*

959. — Les dispositions de l'article 21 du décret organique du 2 février 1852 sont absolues ; elles exigent que la décision de la commission municipale soit notifiée à toute partie intéressée, électeur ou tiers électeur, fixant ainsi le point de départ et la durée du droit d'appel (Cass., 8 avril 1886).

960. — Sont parties intéressées : l'électeur qui a demandé soit sa propre inscription ou sa radiation, soit l'inscription ou la radiation d'un autre électeur ; l'électeur dont l'inscription ou la radiation a été demandée par un autre électeur

961. — Aux termes des articles 19 et 21 du décret du 2 février 1852, l'électeur qui a fait une réclamation tendant à l'inscription ou à la radiation d'un citoyen sur la liste électorale doit recevoir, dans les trois jours, notification de la décision de la commission municipale ; à défaut de cette notification le délai d'appel ne court pas contre lui.

La notification qui doit lui être faite n'est pas valablement suppléée par celle qui serait adressée à l'individu dont l'inscription était réclamée ; celui-ci, qui n'a point fait lui-même de réclamation et qui n'a point été partie devant la commission municipale, ne peut par sa négligence ou son abstention faire grief au droit d'appel de celui qui a exercé l'action conférée à tout électeur par la loi électorale (Cass., 21 juillet 1886).

SECTION V.

PUBLICITÉ DONNÉE AUX DÉCISIONS DE LA COMMISSION.

962. — Il y a un réel intérêt à ce que les décisions des commissions municipales chargées de juger les réclamations en matière d'inscription et de radiation sur les listes électorales soient publiées, de même que le sont le tableau préparatoire des listes électorales et la liste définitive.

La loi ne prévoit pas cette publication mais la cour de cassation, en accordant aux tiers le droit de faire appel des décisions des commissions municipales, a jugé que la communication de ces décisions ne pouvait leur être refusée et, en cas de refus, elle n'a fait courir le délai d'appel que du jour où les tiers ont eu connaissance de ces décisions, c'est-à-dire du jour où la liste définitive est publiée.

Les maires sont donc invités à rendre publiques les décisions de la commission municipale de jugement. Cette publicité résultera d'un avis apposé au lieu ordinaire des publications officielles et constatant, sans aucun détail, les inscriptions et les radiations prononcées par la commission (Circ. min. int., 25 janvier et 22 décembre 1883).

963. — Presque toutes les décisions seront rendues, le 10 février ; ce jour là même, un tableau résumant les décisions prises devra être affiché et publié. Il sera complété, sans retard, par l'inscription des décisions ultérieures que des circonstances exceptionnelles auraient fait ajourner.

Il sera bon que le maire certifie, par un procès-verbal, la date de l'apposition des affiches pour pouvoir en justifier au besoin (Mêmes circulaires).

964. — S'il intervenait des décisions avant le 10 février, il serait bon qu'elles soient immédiatement rendues publiques.

En effet, le délai de vingt jours dans lequel la loi permet aux tiers électeurs d'exercer leur droit d'appel des décisions de la commission ne peut avoir d'autre point de départ que la date même de cette décision et non celle de la publication de la dite décision, publication qui n'est pas prescrite par la loi (Cass., 30 juin 1891) (V n° 1065).

965. — Quant aux décisions mêmes de la commission

de jugement qui doivent être notifiées in extenso et sans frais aux parties intéressées, les électeurs qui n'ont pas été parties dans l'instance et qui ont cependant le droit de former appel peuvent incontestablement en réclamer une copie. Mais, comme l'administration municipale n'est pas tenue de délivrer gratuitement ces copies, les tiers devront, pour les obtenir, payer le droit de 0 fr. 75 par rôle (1), déterminé par l'article 37 de la loi du 7 messidor an 11 et l'avis du conseil d'Etat du 18 août 1877 (Circ. min. int., 25 janvier et 22 décembre 1888).

Avis des décisions rendues par la commission de jugement.

Le Maire de la Commune de   , en conformité des instructions du Ministre de l'Intérieur en date du 25 janvier 1888, a l'honneur de faire connaître que la commission municipale de jugement réunie le   , à la mairie, a prononcé l'inscription sur la liste électorale de la commune de Mʳˢ   et la radiation sur la même liste de Mʳˢ

Fait à   , le

Le Maire,
(Signature)

---

(1) Un rôle d'expédition comprend deux pages, le recto et le verso.

CHAPITRE III.

DE L'APPEL.

966. — **Les parties intéressées pourront interjeter appel dans les cinq jours de la notification** (Décret organique du 2 février 1852, art. 21, § 2; Loi du 7 juillet 1884, art. 4, § 2).

Tout tiers électeur, le Préfet et le sous-Préfet pourront interjeter appel dans les vingt jours de la décision (Jurisprudence).

L'appel sera formé par simple déclaration au greffe de la justice de paix du canton (Décret organique du 2 février 1852, art. 22, § 1).

Division.

SECTION Iʳᵉ. — QUI PEUT FORMER APPEL.

A. — Absence de décision de la commission de jugement.

§ 1. — *Fermeture de la mairie.*

§ 2. — *Modification au tableau rectificatif faisant présumer l'existence d'une décision.*

§ 3. — *Omission ou refus de statuer de la commission de jugement.*
    a) *électeur non averti de sa radiation d'office.*
    b) *omission ou refus du maire de saisir la commission.*
    c) *refus de statuer de la commission.*

B. — Existence d'une décision de la commission de jugement.

§ 1. — *Parties en cause.*
    a) *électeur personnellement intéressé.*
    b) *tiers électeur.*
    c) *préfet ou sous-préfet.*

§ 2. — *Parties qui n'étaient pas en cause.*

    a) *tiers électeur.*
    b) *préfet ou sous-préfet.*
    c) *maire.*

§ 3. — *Membres de la commission de jugement.*

    a) *ayant concouru à la décision.*
    b) *n'ayant pas concouru à la décision.*

SECTION II. — FORMES DE L'APPEL.

§ 1. — *Déclaration au greffe.*

§ 2. — *Indications à fournir dans l'acte d'appel.*

SECTION III. — DÉLAIS DE L'APPEL.

A. — Absence de décision de la commission.

B. — Existence d'une décision de la commission.

§ 1. — *Parties en cause.*

    a) *décision notifiée.*
    b) *décision non notifiée.*

§ 2. — *Parties qui n'étaient pas en cause.*

    a) *lorsque le maire n'a pas refusé communication de la décision.*
    b) *lorsque le maire a refusé communication de la décision.*

SECTION IV. — DU DÉSISTEMENT D'APPEL.

SECTION Iʳᵉ.

QUI PEUT FORMER APPEL.

967. — L'appel est un recours à une autorité supérieure. Il ne peut donc être formé qu'autant que la question litigieuse a d'abord été soumise à l'autorité inférieure.

Cette règle est applicable en matière électorale. Il est toutefois certaines circonstances où le juge d'appel peut être saisi d'une réclamation sur laquelle n'a pas statué la commission de jugement, juridiction du premier degré.

Nous aurons donc à indiquer, d'une part, qui peut user du droit d'appel même en l'absence d'une décision de la commission de jugement ; de l'autre, qui peut former appel d'une décision rendue par cette commission.

968. — En l'absence de toute réclamation portée dans le délai légal devant la commission municipale et de toute décision de cette commission, le juge de paix ne peut déclarer l'appel recevable par ce motif que le droit d'appel du tiers électeur est dans le vœu et dans l'esprit de la loi (Cass., 12 avril 1888).

969. — Le préfet ayant seul le droit de déférer au conseil de préfecture les opérations de la commission administrative et d'en demander l'annulation, et l'envoi au préfet du tableau de retranchements n'étant qu'une mesure d'administration intérieure, qui ne se rattache en rien aux mesures de publicité, l'omission de cet envoi non plus que l'existence d'irrégularités dans les opérations de la commission administrative ne mettent pas obstacle à l'exercice du droit d'attaquer ces opérations au fond devant la commission municipale.

Par suite un électeur ne peut arguer de l'omission de cet envoi ou de l'existence de ces irrégularités pour prétendre qu'il a été mis dans l'impossibilité de saisir en temps utile la commission municipale et qu'il a en conséquence le droit de saisir de plano le juge de paix (Cass., 20 mai 1885).

970. — Par application de ce même principe, le juge de paix, saisi de l'appel de la décision d'une commission municipale, ne peut statuer que sur les admissions ou les radiations prononcées par cette décision par suite des réclamations dont la commission municipale était saisie, et il ne peut, sans excéder ses pouvoirs, ordonner une radiation qui n'a pas été demandée à cette commission et sur laquelle elle n'a pas statué (Cass., 5 juin 1877).

971. — Si, dans les conclusions prises devant le juge de paix, il a été formellement soutenu qu'il ne pouvait statuer sur la demande d'un tiers électeur tendant à la radiation d'un électeur sur la liste électorale, parce que cette demande n'avait pas été soumise à la commission municipale, devant laquelle n'avait été portée aucune réclamation relative à l'inscription de cet électeur, le juge de paix ne peut se borner à répondre en fait que ce tiers électeur avait qualité pour former appel, sans contester l'exactitude de l'allégation du demandeur (Cass., 16 avril 1888),

972. — Par contre, si le nom sous lequel l'inscription ou la radiation d'un électeur a été demandée à la commission municipale, n'est pas le même que celui indiqué lors de l'appel, le juge de paix ne peut, sans contester l'identité de la personne désignée sous l'un ou l'autre nom, déclarer l'appel non recevable par le motif que le juge de paix ne peut ordonner l'inscription ou la radiation d'un électeur dont la commission municipale n'a pu s'occuper (Cass., 28 avril 1880).

973. — Il ne peut pas non plus déclarer l'appel non recevable, en s'attachant uniquement à la différence d'orthographe du nom porté dans l'acte d'appel et de celui mentionné dans la décision de la commission municipale, et en décidant par suite que l'appelant ne justifiait pas avoir saisi préalablement la commission de première instance d'une demande en radiation s'appliquant à cet électeur (Cass., 14 avril 1890).

A. — Absence de décision de la commission de jugement

974. — S'il est de principe en matière électorale que le juge de paix, juge d'appel, est incompétent pour statuer sur un litige qui n'a pas été soumis préalablement à la commission municipale, juge du premier degré, il en est autrement lorsque l'absence de décision ne saurait être imputée à l'appelant (Cass., 10 mai 1881).

975. — Il en est ainsi notamment lorsque l'objet de la réclamation est tel que, par suite d'un fait imputable à l'administration, il a été impossible à la partie qui la forme de saisir le premier degré de juridiction (Cass., 30 avril 1888).

976. — De même le refus ou l'omission, soit par le maire de transmettre à la commission une réclamation même verbalement formée, soit par la commission de statuer sur une réclamation portée devant elle, équivalent au rejet de la demande et donnent, aussi bien qu'une décision de rejet, ouverture au droit d'appel de la part des réclamants (Cass., 20 août 1883 et 30 juin 1885).

§ 1. — *Fermeture de la mairie.*

977. — Si, pendant le délai concédé pour former les réclamations, la mairie a été, par le fait de la municipalité, fermée soit complètement, soit à des heures déterminées mais sans avis publié par le maire, les électeurs qui, par suite de cette circonstance, n'ont pu former leurs réclamations, peuvent s'adresser directement au juge de paix.

978. — Si, pendant toute la durée des délais impartis pour la révision des listes électorales, la mairie a été, par le fait de la municipalité, fermée aux électeurs qui se sont trouvés ainsi empêchés de former utilement leurs réclamations, l'absence de décision de la commission de jugement équivaut au rejet des réclamations et la voie du recours au juge de paix comme juge d'appel est ouverte aux intéressés (Cass., 1er juin 1886).

979. — Lorsqu'un tiers électeur s'est présenté à la mairie, le 4 février, dernier jour du délai accordé par la loi aux citoyens pour demander l'inscription ou la radiation d'électeurs, mais qu'il n'a pu déposer sa demande ayant trouvé les portes de la mairie fermées bien qu'il se soit présenté avant minuit, l'absence de décision de la commission municipale équivaut au rejet de la demande (Cass., 12 avril 1888)

980. — Lorsqu'une mairie a été fermée le 4 février de midi à 2 heures du soir et de 4 heures à 7 heures, si, bien qu'elle ait été ouverte de 7 heures à minuit, rien ne prouve que cette circonstance ait été portée utilement à la connaissance d'un électeur qui s'est présenté à 5 heures et demie et qui l'ayant trouvée fermée a été dans l'impossibilité de remettre sa demande d'inscription, l'absence de décision de la commission municipale équivaut à un rejet de la demande.

Le juge de paix saisi de l'appel ne peut déclarer que le fait d'avoir tenu la mairie fermée à deux reprises constitue un acte administratif dont il n'a point à connaître (Cass., 7 mai et 26 novembre 1883).

981. — Le juge de paix, saisi d'une demande par un électeur qui s'est présenté à la mairie le 4 février avant minuit et qui n'a pu déposer sa demande ayant trouvé les portes de la mairie fermée, ne peut se borner à dire que la demande était tardivement formée après l'expiration du délai de vingt jours qui a pris fin le 4 février parce que *le maire avait le droit d'indiquer par un avis public les heures* d'ouverture et de fermeture de la mairie pendant le cours du délai (Cass., 12 avril 1888).

982. — Si, pendant le temps où les portes de la mairie sont demeurées closes, le maire avait désigné son propre domicile comme *le lieu où seraient reçues les réclamations des électeurs*, il faut que cette circonstance ait été portée à la connaissance des intéressés (Cass., 23 mai 1889).

§ 2. — *Modification au tableau rectificatif, faisant présumer l'existence d'une décision.*

983. — L'appel est encore possible si des modifications ont été apportées au tableau rectificatif dressé par la commission administrative. car, ces modifications ne pouvant être opérées qu'en vertu d'une décision de la commission de jugement, il est à présumer qu'une semblable décision est intervenue.

984. — Des électeurs, qui étaient inscrits sur la liste de la première section de la commune au moment de la clôture des opérations de la commission administrative chargée de la confection de la liste électorale, et *dont la radiation sur cette liste ainsi que l'inscription* sur la liste de la seconde section ont été opérées par la commission municipale de la commune, ont le droit de se pourvoir par appel contre ces inscriptions et radiations qui sont de véritables décisions émanées de la juridiction du premier degré en matière électorale.

L'absence de toute décision écrite n'autorise pas le juge de paix à se déclarer incompétent alors qu'il ne s'est pas assuré que la commission municipale a ou n'a pas procédé aux radiations et inscriptions dont se plaignent les appelants (Cass., 13 juin 1888).

985. — Une inscription, qui a eu lieu par voie de rectification à la

liste déposée le 10 janvier et qui n'a pu par conséquent être effectuée qu'en vertu d'une décision de la commission municipale, peut
faire l'objet d'un appel régulier bien que cette décision ne soit pas
rapportée (Cass., 24 mai 1881).

986. — Cependant le juge de paix ne peut, pour déclarer l'appel
recevable, se fonder sur ce que le seul fait des inscriptions des intimés prouve suffisamment qu'une décision a été rendue à leur égard.
Ces inscriptions peuvent, en effet, émaner aussi bien de la commission administrative que de la commission municipale ; et le juge
de paix, juge du second degré, ne peut être saisi qu'autant qu'une
réclamation a été adressée à la commission municipale et qu'elle a
refusé de la juger. Il est donc nécessaire d'indiquer celle des deux
commissions qui a ordonné ces inscriptions (Cass., 22 avril 1890).

987. — Le juge de paix ne peut se dire incompétent d'une façon
absolue et par ce seul motif que la commission n'a pas été saisie de
la réclamation, sans spécifier si les faits dont se plaint l'appelant
sont antérieurs ou postérieurs à la clôture du registre des réclamations et s'il lui a été ou non possible de s'adresser, au premier
degré, à la commission de jugement, lorsqu'il est articulé dans l'appel:
que, le 4 février à minuit, les additions et retranchements contre
lesquels proteste l'appelant n'avaient pas encore été opérés sur la
liste électorale et qu'il n'avait donc pu former contre ces additions
et retranchements essentiellement irréguliers sa réclamation avant
le jour de la clôture du registre à ce destiné, laquelle avait eu lieu
au jour et à l'heure sus-indiqués ; que, si ces additions et retranchements avaient été faits après cette date, ce n'avait pu être qu'en
exécution d'une décision de la commission municipale, inconnue
de lui, mais qu'il avait le droit quelle qu'elle fut de frapper d'appel
dans le délai de vingt jours, ou par suite d'un acte ou d'une négligence imputable à l'administration municipale chargée de veiller à
l'immutabilité des listes après la clôture des opérations de révision ;
que, dans cette dernière occurrence il n'avait pas dépendu de lui de
saisir la commission municipale pour la réparation du tort qui lui
était causé puisque le délai dans lequel il eût pu engager une
pareille instance était déjà expiré au moment où s'était produit le
fait qui y aurait donné naissance; que, par la force des choses, le
juge de paix seul pouvait être compétent pour statuer en ce cas
(Cass., 30 avril 1888).

§ 3. — *Omission ou refus de statuer de la commission de jugement.*

a) *Electeur non averti de sa radiation d'office.*

988. — L'électeur rayé d'office par la commission administrative, qui n'a reçu notification de cette radiation qu'à la date du 10 février et qui voit opposer par le maire à sa demande de réintégration que le délai étant expiré la commission municipale n'a pas à statuer sur sa réclamation, a le droit de saisir le juge de paix ; ce recours étant la seule voie qui lui demeure ouverte pour obtenir sa réintégration.

Il ne saurait en effet appartenir au maire de paralyser les droits d'un électeur en s'abstenant de lui donner en temps utile l'avis qu'il est tenu de fournir en exécution de l'article 4, § 1er, de la loi de 1874. Par la faute du maire il y a donc eu en réalité omission de statuer de la part de la commission municipale (Cass., 30 avril 1890).

989. — Lorsqu'un électeur soutient et offre de prouver qu'il a été rayé par la commission administrative, qu'un mandataire par lui chargé de vérifier l'état des listes nouvelles s'est présenté à la mairie et n'a pu en obtenir communication, enfin qu'il n'a pas été mis à même de faire valoir ses droits devant la commission municipale qui, adoptant en ce qui le concernait la décision de la commission administrative, a par là même implicitement maintenu son exclusion, le juge de paix ne peut sans s'expliquer sur les faits articulés et sans statuer sur l'offre de preuve se déclarer incompétent par le seul motif que le juge du premier degré n'avait pas statué (Cass., 7 décembre 1887).

b) *Omission ou refus du maire de saisir la commission.*

990. — L'électeur qui a, dans les délais prescrits, formé sa réclamation peut, même en l'absence d'une décision de la commission de jugement, recourir à la voie de l'appel, si l'omission de statuer de ladite commission provient de ce que le maire s'est abstenu ou a refusé de la saisir de la réclamation que cet électeur avait formée (Cass., 25 novembre 1874, 30 juin et 5 juillet 1880, 23 mai 1881, 9 mai 1882).

991. — Lorsque le président de la commission contentieuse a été, régulièrement et dans les délais voulus, saisi d'une réclamation faite par écrit, si la commission n'a pas statué, ce refus de statuer équivaut à un rejet qui donne à l'électeur lésé le droit de se pourvoir en appel devant le juge de paix (Cass., 8 avril 1886).

992. — Quand, par deux actes signifiés au maire, des tiers électeurs ont demandé communication des réclamations élevées sur les listes électorales de la commune depuis le 15 janvier et des décisions rendues sur ces réclamations ; que les mêmes requérants ont ensuite demandé la radiation d'électeurs, prétendant que leurs noms ont été indûment inscrits depuis le 15 janvier sans qu'ils aient pu, malgré leur demande, avoir communication des modifications apportées aux listes ; qu'ils ont par le même acte sommé le maire de porter leur réclamation devant la commission électorale ; si le maire a refusé de saisir la commission, appel est régulièrement formé devant le juge de paix (Cass., 5 juillet 1880).

993. — Lorsqu'un électeur n'a pas mis le maire en demeure de lui donner communication ou expédition des décisions de la commission municipale relatives à certains électeurs et qu'il s'est borné à lui faire signifier une liste, le refus par le maire de recevoir cette liste ne prouve pas que la commission municipale n'ait pas été saisie et n'ait pas statué. Dans cette incertitude, c'est avec raison que l'appel serait déclaré irrecevable (Cass., 26 mars 1890).

994. — Lorsqu'à la suite d'une demande en radiation formée par un tiers électeur, le maire lui a fait officiellement savoir que la commission soumettrait sa demande à la décision du juge de paix, et qu'en effet des délibérations ont été prises en ce sens, quelque irrégulières que pussent paraître de pareilles décisions, elles n'en ont pas moins épuisé la juridiction de la commission municipale. Le demandeur ne peut donc les faire réformer s'il y a lieu qu'en s'adressant au juge supérieur qui, par conséquent, a le devoir de les examiner soit pour les maintenir soit pour les réformer (Cass., 12 avril 1876).

995. — Mais, si le refus du maire de recevoir les réclamations déposées dans les vingt jours de la publication des listes, ou l'omission de les soumettre à l'examen de la commission municipale, équivalant à un rejet, autorise les réclamants à porter directement leur demande au tribunal d'appel, ce recours direct au juge du second degré ne saurait être ouvert aux tiers électeurs qui n'ont fait eux-mêmes aucune réclamation dans le délai qui leur est imparti par la loi. Ils prétendraient vainement se prévaloir de ce qu'une réclamation aurait été faite, dans le temps prescrit, par un électeur omis sur la liste, si celui-ci n'a pas donné suite à sa réclamation par la voie de l'appel. En effet, en ce cas, le tiers électeur, déchu de son droit de contrôle des listes, ne peut invoquer le droit d'appel auquel l'électeur a lui-même renoncé ou qu'il refuse d'exercer (Cass., 3 juin 1891).

c) Refus de statuer de la commission.

996. — Le refus par la commission de statuer sur une demande portée devant elle doit être considéré comme un rejet de la demande, et, en conséquence, l'électeur qui n'a pu obtenir une décision est recevable à se pourvoir devant le juge de paix, lequel doit connaître du litige, comme s'il avait été jugé par la commission (Cass., 23 mai 1881).

997. — Des déclarations d'un maire portant que les demandeurs n'ont pas formulé de réclamations écrites et que la commission n'a pas statué sur des réclamations verbales, il résulte que ces demandeurs ont réclamé verbalement. Il est dès lors impossible d'admettre que le juge de paix a été saisi du litige tout à la fois comme juge du premier et du second degré. Il est dès lors tenu de connaître de l'appel (Cass., 23 mai 1881).

998. — Si la commission municipale se borne à prononcer l'annexion au registre des réclamations d'une réclamation déposée par un tiers électeur, en relevant la circonstance qu'elle était sans date et sans signature, le juge de paix saisi par le tiers électeur à qui notification de ce fait a été donnée par le maire doit statuer sur cet appel. En effet, soit que l'on considère la mention inscrite au registre de la commission municipale comme une véritable décision de rejet ou comme un simple refus de statuer, le juge de paix est compétent (Cass., 9 mai 1889).

999. — Dans le cas où une commission municipale déclare surseoir à ordonner l'inscription d'un électeur jusqu'à la production de son acte de naissance et de l'extrait de son casier judiciaire, cette décision peut être frappée d'appel, soit qu'on lui reconnaisse un caractère interlocutoire comme ayant fait dépendre le jugement de l'inscription de productions dont la nécessité légale était contestée, soit même que faute d'avoir été inscrite sur les registres de la commission municipale on doive y voir moins une décision proprement dite qu'un simple refus de statuer (Cass., 24 mars 1890).

B. — Existence d'une décision de la commission de jugement.

1000. — Posons d'abord le principe général que nul ne saurait être admis à interjeter appel de la décision d'une juridiction de première instance qui a pleinement accueilli ses conclusions et ne peut dès lors être réputée lui faire grief (Cass., 2 mai 1888).

1001. — Un appelant ne peut conclure à la confirmation de la décision d'une commission : en cet état, l'appel est non recevable faute de litige et d'intérêt (Cass., 18 avril 1888).

1002. — Par le fait de sa prononciation qui raye l'électeur sur sa demande des listes de la commune, l'option que consacre une décision est devenue définitive pour la présente année et l'électeur changeant d'idée ne peut pas faire appel pour demander au juge de paix sa réinscription (Cass., 2 mai 1888).

1003. — Nous examinerons successivement le droit d'appel des parties en cause, des parties qui n'étaient pas en cause et des membres de la commission de jugement.

§ 1ᵉʳ. — *Parties en cause.*

1004. — Conformément aux principes généraux, touté personne qui a été partie à la décision de la commission de jugement et qui n'a pas obtenu satisfaction peut former appel de cette décision (Cass., 9 juin 1884).

a) Electeur personnellement intéressé.

1005. — L'électeur dont l'inscription a été refusée, celui dont la radiation prononcée d'office a été maintenue, celui dont la radiation a été prononcée à la demande d'un tiers électeur peuvent se pourvoir par voie d'appel.

1006. — Le droit de l'électeur, dont l'inscription personnelle est en cause, existe alors même qu'il ne serait pas intervenu personnellement dans la contestation engagée devant la commission de jugement par un tiers électeur (Cass., 21 avril 1869).

1007. — Peut également former appel l'électeur inscrit d'office ou sur la demande d'un tiers dans une commune si, ayant le droit d'être inscrit dans une autre commune, ou y figurant déjà, il a intérêt à ne pas être porté sur la liste où la commission a ordonné son inscription (Cass., 12 avril 1876).

b) Tiers électeur.

1008. — Le droit d'appel appartient au tiers électeur qui a sollicité sans l'obtenir l'inscription ou la radiation d'un citoyen sur la liste électorale (Cass., 28 avril 1851 et 29 avril 1878).

c) Préfet ou sous-préfet.

1009. — Le préfet ou le sous-préfet qui n'ont pas obtenu de la commission de jugement une décision conforme à leur réclamation peuvent en appeler.

1010. — L'appel contre une décision de la commission municipale peut être valablement formé par le maire comme délégué du sous-préfet, partie devant la dite commission (Cass., 17 avril 1883).

§ 2. — *Parties qui n'étaient pas en cause.*

a) *Tiers électeur.*

- **1011.** — Aux termes de l'article 19 du décret du 2 février 1852, tout électeur inscrit a le droit de réclamer contre les inscriptions ou les radiations sur la liste électorale qui lui semblent faites indûment.

Ce droit d'examen et de critique des listes électorales, conféré à tout électeur inscrit par l'article 19, a pour conséquence nécessaire le droit des tiers électeurs d'interjeter appel des décisions des commissions municipales alors même qu'ils n'y ont pas été parties (Cass., 11 mai 1881, 20 juin 1882, 3 juin 1885 et 9 mai 1889).

1012. — Si un tiers électeur qui a été partie à la délibération de la commission de jugement et qui a reçu notification de sa décision a omis de se pourvoir par appel dans les cinq jours, son inaction n'a point porté atteinte au droit des autres tiers électeurs qui trouvent dans cette qualité même le droit de saisir le juge compétent de leurs réclamations contre l'inscription ou la radiation d'un électeur (Cass., 28 mars 1889).

1013. — Un électeur ne saurait être déclaré déchu de son droit d'appel, faute d'avoir joint à sa déclaration un certificat du maire attestant sa qualité d'électeur.

Aucune disposition du décret organique de 1852 et des autres lois électorales postérieures ne prescrit l'accomplissement de cette formalité comme une condition de validité de l'appel interjeté (Cass., 28 avril 1880).

1014. — Toutefois, le juge de paix a non seulement le droit, mais le devoir de vérifier si le citoyen qui forme appel devant lui comme tiers électeur est inscrit sur l'une des listes de la circonscription (Cass., 17 avril 1888).

1015. — Lorsqu'une demande d'inscription doit être formée personnellement par l'électeur, il suffit que celui-ci ait saisi de sa demande la commission municipale pour qu'un tiers électeur puisse interjeter appel de la décision qui a refusé l'inscription encore bien que l'électeur n'ait point lui-même interjeté appel (Cass., 7 décembre 1880) (V. n° 995).

b) *Préfet ou sous-Préfet.*

1016. — Le sous-préfet ne fait qu'user du droit d'examen et de critique qui lui appartient relativement aux listes électorales de son arrondissement en demandant en appel la radiation d'un électeur (Cass., 7 mai 1883).

1017. — Il en est de même du préfet relativement aux listes électorales de son département.

c) *Maire.*

1018. — Lors même qu'un maire n'a pas pris part comme juge à une décision de la commission municipale électorale de la commune, il n'a pas néanmoins qualité, au titre de maire, pour aller défendre cette décision en appel (Cass., 20 mars 1876) (V. n° 1010).

§ 3. — *Membres de la commission de jugement.*

a) *Ayant concouru à la décision.*

1019. — Nul ne pouvant être juge et partie dans la même cause, celui qui a fait partie de la commission municipale et concouru aux décisions par elle rendues ne peut en former appel (Cass., 19 avril 1882, 7 avril 1884 et 30 avril 1885).

1020. — Un membre de la commission municipale ne peut pas plus être partie comme mandataire d'une partie que comme appelant en son nom personnel à l'occasion d'une décision à laquelle il a concouru devant la commission (Cass., 23 avril 1884).

1021. — Le maire d'une commune ne peut avoir qualité pour interjeter appel d'une décision de la commission municipale à laquelle il a pris part (Cass., 21 avril 1887).

1022. — Lorsque les conclusions de l'intimé tendent à ce que l'appelant soit déclaré non recevable en son appel comme n'ayant pas qualité parce qu'il avait fait partie de la commission de jugement qui avait prononcé sur son inscription, le jugement doit s'expliquer formellement sur ces conclusions préjudicielles qu'il ne peut repousser virtuellement en statuant au fond (Cass., 7 avril 1884).

1023. — Le jugement du juge de paix qui statuerait sur l'appel d'un membre de la commission de jugement ayant concouru à la décision rendue par elle est frappée d'une nullité absolue qui, étant d'ordre public, peut être invoqué pour la première fois devant la Cour de cassation et peut même être prononcée d'office par elle (arrêts divers).

b) *N'ayant pas concouru à la décision.*

1024. — Les membres de la commission de jugement qui n'ont pas pris part aux décisions rendues par elle peuvent les attaquer comme électeurs (V. n° 1011).

1025. — Si celui qui a participé comme délégué de l'administration aux opérations de la commission municipale ne peut se pourvoir contre les décisions auxquelles il a contribué, il n'en est pas moins recevable à contester comme électeur les décisions auxquelles il n'a pas concouru (Cass., 24 mai 1881, 20 mai 1884 et 13 mai 1885).

1026. — Il ne suffit pas pour écarter la demande de ce délégué de dire que rien ne démontre qu'il ait été tout à fait étranger à la rédaction de ces décisions. C'est aux défendeurs à prouver qu'il y a pris part (Cass., 24 mai 1881).

SECTION II.

FORMES DE L'APPEL.

§ 1. — *Déclaration au greffe.*

1027. — L'appel est formé par simple déclaration faite au greffe. Cette déclaration doit être inscrite sur le registre du greffe (V. n° 966).

1028. — Est nul l'appel formé par simple lettre missive adressée au juge de paix (Cass., 10 et 30 décembre 1850, 8 mai 1877).

1029. — Est nul également l'appel formé par simple lettre missive adressée au greffier de la justice de paix (Cass., 12 mai 1880).

1030. — Il en serait ainsi lors même que la lettre serait recommandée (Cass., 5 mai 1884).

1031. — Si une lettre missive adressée directement au juge de paix ne le saisit pas régulièrement d'un appel, il en est autrement quand il est prouvé que cette lettre a été préalablement déposée au greffe de la justice de paix par l'appelant, transmise au juge par son greffier, et que la date de réception est prouvée ; le dépôt ainsi fait au greffe équivaut alors à la déclaration prescrite par l'article 22 du décret du 2 février 1852 (Cass., 12 août 1885).

1032. — La nullité de l'appel en ce qu'il aurait été déclaré par lettre missive et non par acte au greffe est couverte lorsqu'elle n'a point été opposée à l'appelant devant le juge de paix par les intimés qui y ont conclu au fond. Ce moyen n'étant pas d'ordre public ne peut être présenté pour la première fois devant la cour de cassation (Cass., 6 mai 1884) (V. n° 1402).

1033. — Il importe peu que le mot appel ne soit pas employé dans une lettre adressée au juge de paix et enregistrée au greffe, par laquelle l'électeur reproduit la même demande qu'il avait adressée à la commission municipale et qui n'avait pas été accueillie; une telle formule n'a rien de légalement obligatoire. Le demandeur saisissant le juge d'appel d'une contestation qui a déjà été résolue par la juridiction du 1er degré fait nécessairement usage de la voie de recours qui lui est ouverte par la loi (Cass., 2 mai 1888).

1034. — De même n'est autre chose qu'un recours au juge de paix, considéré comme juge d'appel, contre le refus fait par le maire de saisir la commission municipale d'une réclamation que celui-ci estimait être tardive, la déclaration faite au greffe à l'effet de saisir le juge de paix, par laquelle l'électeur expose avoir adressé au maire une demande tendant à être inscrit sur les listes électorales de la commune et avoir vainement insisté depuis cette époque pour obtenir une réponse du maire soit à cette demande, soit à une lettre chargée ultérieure par laquelle il le priait de lui faire connaître la délibération de la commission municipale qui avait dû statuer sur sa réclamation; déclaration que le demandeur termine en demandant au juge de paix de vouloir bien statuer sur son exposé et lui rendre justice (Cass., 20 août 1883).

1035. — Si l'appel des décisions rendues par les commissions municipales doit être formé par déclaration au greffe, on doit considérer comme suppléant au procès-verbal de cette déclaration le récépissé délivré par le greffier contenant la remise faite par un tiers d'une lettre de l'appelant combinant toutes les énonciations prescrites pour cette déclaration, récépissé que l'appelant a lui-même représenté au juge de paix pour établir l'existence de son appel (Cass., 1 avril 1885).

1036. — Il importe peu qu'une déclaration déposée au greffe ait été signée du nom d'un tiers seulement et non pas de l'électeur appelant si le procès-verbal constatant le dépôt de cet acte a été signé par le greffier et le dit électeur qui a suivi sur l'appel en se présentant à l'audience. Tout est régularisé par la signature de l'électeur à l'acte de dépôt (Cass., 25 juin 1884).

§ 2. — *Indications à fournir dans l'acte d'appel.*

1037. — La loi ne prescrit aucune mention spéciale qui

doive être insérée dans l'acte d'appel. Il suffit que l'objet de l'appel soit indiqué avec précision (Cass., 23 mai 1889).

1038 — Des conclusions prises à l'audience qui déterminent en le limitant et en le précisant dans son objet le débat provoqué par l'appel ont pour effet d'obvier à ce que la déclaration d'appel avait pu présenter de vague et d'irrégulier (Cass., 26 avril 1888) (V. nº 1042).

1039. — Est suffisamment explicite l'appel qui indique même avec une erreur de date les nom, prénoms et domicile de l'électeur dont l'inscription ou la radiation est contestée, ainsi que les motifs sur lesquels l'appelant fonde sa demande (Cass., 17 avril 1883).

1040. — La demande d'un tiers électeur tendant à faire réintégrer sur les listes électorales un citoyen dont « le nom aurait été omis par suite d'une erreur et qui figurerait sur les listes de l'année précédente » est suffisamment déterminée. Elle ne peut être repoussée sous le prétexte qu'elle n'est pas rédigée en termes précis et que l'acte d'appel ne relate ni les décisions attaquées ni leurs dates (Cass., 21 juillet 1886).

1041. — Un appel est recevable bien que la déclaration porte qu'il tend à l'inscription d'électeurs tandis qu'en réalité il poursuit leur radiation, car il est impossible que l'appelant ait voulu demander l'inscription de citoyens qu'il savait déjà être inscrits, alors surtout d'ailleurs que cette erreur évidente a été réparée par les conclusions (Cass., 30 juillet 1888).

1042. — Si l'acte d'appel consiste en une déclaration du demandeur qu'il attaque toutes les décisions de la commission municipale dans lesquelles il n'a pas été partie, cette énonciation vague, qui ne relate ni leurs décisions, ni leurs dates, ni leur objet, ni les personnes qu'elles concernent, ne peut être considérée comme constituant de véritables appels saisissant le juge ; le vice de cette irrégularité radicale ne peut être effacé par les productions et précisions qui peuvent être ultérieurement faites à l'audience (Cass., 5 juillet 1880).

1043. — De même, si les appelants demandent d'une manière générale l'infirmation de toutes les décisions indûment rendues jusqu'à ce jour par la commission de jugement, l'irrégularité résultant de cette énumération vague n'est pas susceptible d'être effacée par des conclusions tendant à obtenir du juge, qui n'est pas légalement saisi, l'apport des registres de la commission afin de permettre de donner ultérieurement au prétendu appel la précision et la régularité qui lui manquent (Cass., 12 août 1881).

Appel d'une décision de la commission municipale.

L'an...., le...., au greffe de la justice de paix du canton de...., a comparu : M\(^r\) *(nom, prénoms, profession)*, demeurant à.... ..

Lequel a déclaré interjeter appel de la décision rendue le.... par la commission municipale de la commune de.... . qui l'a radié *(ou refusé de l'inscrire)* de *(ou sur)* la liste électorale de cette commune (1).

Il produit à l'appui :

1º La décision ;

2º (Pièces diverses).

Desquelles comparution, déclaration et production, il a été donné acte au requérant qui a signé avec nous, greffier, après lecture *(ou a déclaré ne pas savoir signer)*.

(Signatures).

SECTION III.

DÉLAIS D'APPEL.

A. — Absence de décision de la commission de jugement.

1044. — Le délai dans lequel peut former appel l'électeur qui a été rayé d'office sans être averti ou qui n'a pu obtenir une décision par suite du refus ou de l'omission, soit par le maire de transmettre à la commission la réclamation formée, soit par celle-ci de statuer sur ladite

---

(1) Si l'appel est formé par un tiers électeur qui veut obtenir l'inscription ou la radiation d'un électeur, il faudrait mettre : ..... qui a rayé *(ou refusé d'inscrire)* de *(ou sur)* la liste électorale de cette commune M....... —

Ou qui a inscrit *(ou refusé de rayer)* sur *(ou de)* la liste électorale de la commune, M.......

réclamation, serait, suivant un arrêt du 9 juin 1884(V. n°
1045), illimité si l'électeur n'a pas reçu notification de
cette omission ou de ce refus ; si notification a été faite,
l'appel devrait être formé dans les cinq jours.

Suivant d'autres arrêts (V. n°⁸ 1046 et suivants, 1057
et suivants), le droit d'appel ne pourrait plus être exercé
après les vingt jours qui suivent la clôture de la liste
électorale.

1045. — L'article 21 du décret du 2 février 1852 accorde à tout
électeur dont la réclamation n'a pas été accueillie par la commission municipale le droit d'interjeter appel dans un délai de cinq jours,
à compter de la notification de la décision, qui doit lui être faite par
le ministère d'un agent assermenté. Il en résulte qu'à défaut de cette
notification, qui seule tient lieu de mise en demeure, le délai d'appel
ne court pas contre l'électeur. Par conséquent, il ne saurait courir
lorsque, soit par omission, soit par refus, la commission municipale
n'a pas statué sur la réclamation de l'électeur, à moins que cette
omission ou ce refus ne lui ait été régulièrement notifié (Cass., 9
juin 1884) (V. n°⁸ 1057 et suivants, 1472 et 1476).

On ne saurait soutenir que cet électeur se trouve dans la même
situation que les tiers électeurs à qui aucune notification ne saurait
être faite et qu'il ne doit pas jouir pour l'exercice de l'appel d'un
plus long délai que ceux-ci.

Aucune assimilation n'est possible entre les tiers électeurs obli-
gés, s'ils veulent user de leur droit d'examen et de critique, à une
surveillance exacte des listes électorales et les électeurs qui, ayant
formé régulièrement une réclamation, sont désormais placés sous la
protection de l'art. 21 et ne peuvent se voir privés de leur droit
d'appel que par l'expiration du délai tel qu'il est réglé par ledit article (même arrêt).

1046. — L'électeur qui n'a pu obtenir une décision par suite du
refus ou de l'omission, soit par le maire de transmettre à la commission une réclamation même verbalement formée, soit par la commission de statuer sur une réclamation portée devant elle, peut exercer son droit d'appel, à raison des entraves qu'il a subies, même
après la clôture des listes, pendant les vingt jours qui suivent l'é-
poque où elles ont été rendues publiques. A plus forte raison, l'ap-

pel serait recevable s'il avait été formé à une époque antérieure à cette clôture (Cass., 30 juin 1885).

1047. — L'électeur, dont le nom figurait après le 15 janvier sur la liste électorale et en a disparu lors de la clôture de la liste au 31 mars, peut former appel dans les vingt jours qui suivent cette clôture, la disparition de son nom ne pouvant provenir que d'une erreur matérielle ou d'une décision de la commission municipale subrepticement ou tout au moins illégalement rendue (Cass., 9 juin 1884) (V. n° 1467).

B. — Existence d'une décision de la commission de jugement.

§ 1. — *Parties en cause.*

a) *Décision notifiée.*

1048. — L'article 21 du décret du 2 février 1852, confirmé par l'article 4 de la loi du 7 juillet 1874, accorde à tout électeur, dont la réclamation n'a pas été accueillie par la commission municipale, le droit d'interjeter appel dans un délai de cinq jours à compter de la notification de la décision qui doit lui être faite par les soins de l'administration municipale (Cass., 8 juin 1880, 9 juin 1884, 23 avril 1888 et 14 mai 1890 (V. n°ˢ 966 et 1400, § 2).

1049. — Il en est ainsi alors même que cette notification n'aurait pas été faite dans les trois jours de la décision par l'administration municipale.

Un appel peut en conséquence être interjeté le 21 avril, après notification du 17 du même mois (Cass., 20 mai 1879)

1050. — La non-convocation du délégué de l'administration, en la supposant établie, constituerait sans doute une irrégularité grave à l'égard de la décision, mais ne dispenserait pas l'appelant d'observer les délais de l'appel (Cass., 11 août 1884).

1051. — Aucun aveu ne pouvant être fait en justice par le représentant d'une partie sans un pouvoir spécial, le juge de paix ne peut pas, pour rejeter comme tardif l'appel d'un électeur, se fonder sur l'aveu d'un mandataire, chargé par cet électeur de soutenir son appel, qui reconnait que celui-ci avait reçu une lettre missive portant notification de la décision rendue par la commission de jugement (Cass., 9 avril 1888).

1052. — Le tiers électeur qui veut contester au moyen d'un appel une inscription admise par la commission municipale, s'il est intervenu en première instance, bénéficie seulement du délai de cinq jours accordé à la partie dont la prétention a été rejetée, délai qui a pour point de départ la notification de la sentence critiquée (Cass., 24 avril 1877).

1053. — La fin de non-recevoir prise de la tardiveté de l'appel ne peut pas être rejetée par le seul motif que l'électeur, tiers intervenant qui l'invoque, ne justifie pas de la date de la signification de la décision frappée d'appel; le juge de paix doit en ce cas ordonner la remise et procéder à la vérification des actes constatant cette date (Cass., 29 juillet 1851).

1054. — Le délai accordé pour former appel peut-il être augmenté à raison des distances ?

D'après un arrêt de la Cour de Cassation du 4 mai 1868, la disposition de l'article 1033 du code de procédure civile pour la computation des délais de distance serait applicable aux matières spéciales, toutes les fois qu'il n'a pas été expressément dérogé par la loi, notamment en matière électorale pour le délai d'appel.

Suivant deux autres arrêts en date des 3 mai 1880 et 15 avril 1886, la Cour de Cassation a également décidé que le délai pour se pourvoir en cassation en matière électorale ne saurait être prorogé alors même que le dernier jour du délai serait férié. Mais on n'a fait en statuant ainsi qu'appliquer les dispositions formelles de la loi du 2 juin 1862, qui est spéciale aux délais du pourvoi (V. nº 1332).

Ces derniers arrêts ne sont pas à proprement parler en opposition avec celui précité du 4 mai 1868, fondé

uniquement sur les dispositions de l'article 1033 du
code de procédure civile qu'a modifié la loi du 3 mai
1862, sans y introduire le correctif contenu dans la loi
du 2 juin de la même année. Cependant, aux termes d'une
instruction du Ministre de l'intérieur, le délai de 20 jours
accordé pour former les réclamations, doit être également
calculé sans tenir compte des jours fériés (V. n° 804). La
nécessité de terminer sans retard la confection des listes
justifie cette interprétation. Il faut donc admettre que
le délai pour former appel n'est pas plus augmenté à
raison des distances qu'il ne l'est si le dernier jour
est férié.

1055. — En matière d'appel, la déchéance résultant de
l'expiration du délai légal est d'ordre public, et elle doit
dès lors être prononcée même d'office par le juge de paix,
lorsqu'à défaut de conclusions il a été, par la connaissance des faits ou par la production des pièces, mis à
même de statuer à cet égard (Cass., 14 mai 1890).

1056. — Si la nullité de l'appel interjeté après l'expiration du
délai légal est d'ordre public, si elle doit être prononcée en tout état
de cause, même d'office, et si le moyen comme étant d'ordre public
peut être proposé pour la première fois devant la Cour de Cassation, ce n'est qu'autant que les pièces et documents sur lesquels il
repose ont été produits devant la juridiction qui a statué. Il ne
serait, en effet, ni juste, ni raisonnable de reprocher à la décision
intervenue d'avoir violé les règles et les principes dont l'applicabilité ne résultait que de faits et d'actes, que les parties n'avaient pas
mis le juge du fond à même de connaître et d'apprécier (Cass., 16
avril 1890).

b) *Décision non notifiée.*

1057. — A défaut de notification de la décision de la
commission municipale, qui seule tient lieu de mise en
demeure, le délai d'appel ne court pas contre l'électeur
intéressé (Cass., 9 juin 1884).

1058. — Le tiers électeur, qui a réclamé devant la commission municipale dans l'intérêt d'un électeur et qui n'a reçu aucune notification de la décision rendue, est en droit de former appel bien que plus de vingt jours se soient écoulés depuis la publication des listes électorales, la décision n'ayant pu acquérir vis-à-vis de lui l'autorité de la chose jugée à défaut de l'accomplissement de la formalité de la notification (Cass., 4 juin 1888).

1059. — A défaut de notification, le droit d'appel s'exerce régulièrement sans limitation de délais, puisqu'il n'y a pas eu de mise en demeure. L'appel ne pourrait donc pas être déclaré irrecevable par ce motif qu'il a été formé après la clôture de la liste annuelle et par suite en dehors des délais impartis par la loi (Cass., 4 janvier 1882).

1060. — Une notification irrégulière est considérée comme non avenue.

Ainsi, un appel formé le 26 mai contre une décision de la commission municipale rendue le 9 février ne peut être déclaré tardif, bien que cette décision porte en marge qu'elle a été notifiée le 12 février, si le procès-verbal dressé par le garde champêtre pour constater l'accomplissement de cette formalité déclare que celui-ci n'a pu trouver personne pour remettre les lettres d'avis par lesquelles le maire faisait connaître la décision de la commission (Cass., 20 juillet 1885).

1061. — L'appel peut être interjeté avant la notification de la décision attaquée (Cass., 8 août 1876). Par conséquent, il est valablement formé dans les cinq jours de cette décision (Cass., 16 novembre 1874).

§ 2. — *Parties qui n'étaient pas en cause.*

a) *Lorsque le maire n'a pas refusé communication de la décision.*

1062. — Le point de départ du délai d'appel et la durée de ce délai ne sauraient, en ce qui touche les parties qui n'étaient pas en cause, être réglés par l'article 21 du décret du 2 février 1852, puisque la disposition de cet article, toute spéciale *aux parties intéressées*, c'est-à-dire à ceux qui ont été ou parties nécessaires, ou parties intervenantes en première instance, ne peut comprendre les tiers électeurs qui sont restés étrangers à ces premiers débats, et auxquels par conséquent ne peut s'étendre la nécessité d'une notification de la décision pour faire courir le délai d'appel.

Quant à ces tiers électeurs, le délai d'appel ne peut avoir un autre point de départ que la décision de la commission, ni une autre durée que celle de vingt jours propre au droit de contrôle qui leur appartient et dont l'appel n'est qu'un mode d'exercice (Cass., 11 mai 1881, 3 juin 1885 et 9 mai 1889).

1063. — Le sous-préfet, usant du droit que lui confère l'article 19, peut interjeter appel dans le délai de 20 jours des décisions de la commission municipale (Cass., 26 avril 1880 et 7 mai 1883).

1064. — Dans la computation des délais qui se comptent par jour, il est de règle, surtout quand il s'agit de déchéances, d'exclure du délai le jour qui en est le point de départ. Cette règle générale est applicable toutes les fois que les termes d'une disposition législative n'y résistent pas.

Il est de principe que le tiers électeur qui n'a point été partie à la décision de la commission municipale a le droit d'en interjeter appel dans le délai de 20 jours à partir de la date de cette décision, ce qui doit s'entendre de jours complets et non pas de jours réduits d'une fraction d'heures quelconque.

Nulle déposition des lois de 1852 et de 1874 n'autorise à compter dans le calcul du délai le jour où la décision est intervenue.

Donc un appel formé le 25 février contre une décision rendue le 5 du même mois est fait en temps utile (Cass., 9 et 23 mai 1889).

1065. — Si le délai imparti par l'article 21 du décret organique du 2 février 1852 aux parties intéressées pour faire appel des décisions de la commission municipale ne peut s'appliquer au cas où l'appel est interjeté par un tiers électeur resté étranger au premier débat, et s'il faut reconnaître que le délai de vingt jours dans lequel la loi permet aux électeurs d'exercer leur droit de contrôle doit leur être accordé également pour l'appel, ce délai ne peut avoir d'autre point de départ que la date même de la décision de la commission et non celle de la publication de cette décision, publication qui n'est pas prescrite par la loi (Cass., 30 juin 1891) (V. n°ˢ 962 et suivants).

1066. — Lorsque la décision par laquelle un électeur **a été rayé** de la liste électorale ne lui a jamais été notifiée, l'appel **interjeté** dans son intérêt par un tiers électeur dans le délai de 20 jours n'est pas irrecevable, puisque le délai pour le former n'a point **couru** contre cet électeur (Cass., 9 avril 1888).

1067. — D'ailleurs le sous-préfet et les tiers électeurs, en interjetant appel d'une décision de la commission municipale qui a refusé d'inscrire un électeur sur la liste électorale, ne font qu'user du droit qui leur est propre; créé à leur profit par les articles 19 et 20 du décret de 1852; ils peuvent l'exercer indépendamment de l'appel que cet électeur avait pu former lui-même. Il importe donc peu que celui-ci se soit désisté de son appel, puisque l'instance d'appel introduite par les tiers électeurs et le sous-préfet avant ce désistement subsiste avec tous ses effets (Cass., 18 juin 1884).

1068. — De même, le jugement qui, sans rien préjuger au fond, a rejeté comme tardifs les appels des parties intéressées contre les décisions des commissions municipales, ne peut être opposé aux tiers électeurs qui ont interjeté appel dans les délais légaux contre ces mêmes décisions (Cass., 21 août 1882).

1069. — De même encore, une sentence déclarant non recevable un appel formé par le délégué du préfet contre une décision de la commission municipale n'a pu avoir pour conséquence légale de conférer à cette décision l'autorité de la chose jugée au regard du tiers électeur qui a formé en temps utile un autre appel contre la même décision (Cass., 7 décembre 1880).

1070. — Si les appelants se voient opposer une fin de non-recevoir tirée de ce que leur appel est tardif, le juge de paix doit vérifier si l'appel a été interjeté dans les délais voulus (Cass., 20 décembre 1880).

1071. — Toutefois, lorsque la date de la décision rendue par la commission municipale est contestée et qu'il est constaté qu'une procédure criminelle est ouverte à ce sujet, le juge de paix doit surseoir à statuer sur le point de savoir si l'appel doit être déclaré non recevable comme tardif (Cass., 20 décembre 1880).

b). — *Lorsque le maire a refusé communication de la décision.*

1072. — Le droit qui appartient à tout électeur d'attaquer les décisions de la commission municipale ne peut être paralysé par le fait d'un maire qui lui refuse communication de ces décisions. Ce droit peut, à raison des entraves qu'il a subies, s'exercer exceptionnellement même après la clôture des listes pendant les vingt jours qui suivent l'époque où elles ont été rendues publiques (Cass., 12 août 1881).

1073. — En vue d'empêcher la possibilité de ces appels après la clôture de la liste électorale, M. le Ministre de l'Intérieur a, par circulaires des 23 janvier et 22 décembre 1888, prescrit aux maires de rendre publiques les décisions de la commission de jugement (V. n° 962).

1074. — Si, pendant toute la durée des délais impartis pour la révision des listes électorales, la mairie a été, par le fait de la municipalité, fermée aux électeurs qui se sont trouvés ainsi empêchés de former utilement leurs réclamations relatives à la composition de la liste, les tiers électeurs qui n'ont pu obtenir communication, tant du tableau des additions et retranchements que des minutes des décisions de la commission municipale, qu'à la suite d'une sommation par huissier, peuvent former appel dans le délai de vingt jours à compter du moment où ils ont pu contrôler avec efficacité les dites décisions (Cass., 1 juin 1886).

1075. — Mais l'appel ne pourrait être formé dans les vingt jours de la clôture de la liste, alors que le maire ayant simplement indiqué par un avis que les documents de la mairie ne seraient communiqués qu'à certains jours déterminés, c'est l'électeur qui n'a pas voulu se soumettre à demander les communications dont il avait besoin aux jours et heures fixés par le maire (Cass., 27 juillet 1887).

1076. — Si le droit qui appartient à tout électeur d'attaquer les décisions de la commission municipale peut s'exercer exceptionnellement, même après la clôture des listes, pendant les 20 jours qui suivent l'époque où elles ont été rendues publiques, il ne peut en être ainsi que dans le cas où ce droit aurait été paralysé par le fait d'un maire qui lui a refusé la communication de ces décisions.

Un appel ne pourrait être interjeté dans les vingt jours de la clôture des listes, lorsque, d'une part, le maire a annoncé par arrêté que le registre des délibérations de la commission municipale serait mis à la disposition de tout électeur inscrit, et que, d'autre part, cet arrêté a été le même jour placardé au lieu ordinaire des affiches officielles.

Sans méconnaître ni l'existence de l'arrêté municipal ni le fait de l'affichage, l'appelant ne pourrait se borner à soutenir que cet affichage devait être constaté non par un certificat du maire, mais par un procès-verbal. Les lois qui régissent la matière n'exigent rien de pareil ; même l'article 96 de la loi du 5 avril 1884 dispose expressément que la publication des arrêtés municipaux doit être constatée par une déclaration, certifiée par le maire (Cass., 23 juillet 1890).

SECTION IV.

Du désistement d'appel.

1077. — Les appelants peuvent, conformément aux articles 403 et 470 du code de procédure civile, se désister de leur appel.

1078. — Un désistement ne peut devenir définitif, à défaut d'acceptation par les adversaires, tant qu'il n'en a pas été donné acte par le juge (Cass., 30 avril 1888).

1079. — Les tiers électeurs qui ont déclaré se désister de leur appel, à qui acte a été donné immédiatement par le juge de ce désistement qui est ainsi devenu définitif, ne peuvent pas, à une audience ultérieure, prétendre revenir sur ce désistement et conclure aux fins de leur appel (Cass., 30 avril 1888).

1080. — Celui qui déclare renoncer à déposer des conclusions ne se désiste pas de son appel (Cass., 30 avril 1888).

CHAPITRE IV.

DU JUGE DE PAIX.

1081. — Le juge de paix statuera dans les dix jours, sans frais, ni forme de procédure, et sur simple avertissement donné trois jours à l'avance à toutes les parties intéressées.

Toutefois, si la demande portée devant lui implique la solution préjudicielle d'une question d'état, il renverra préalablement les parties à se pourvoir devant les juges compétents, et fixera un bref délai dans lequel la partie qui aura élevé la question préjudicielle devra justifier de ses diligences.

Il sera procédé, en ce cas, conformément aux articles 855, 856 et 858 du code de procédure (Décret organique du 2 février 1852, art. 22).

Division.

SECTION Iʳᵉ. — DE L'AVERTISSEMENT.

§ 1. — *Nécessité de l'avertissement.*

§ 2. — *A qui doit-il être adressé ?*
    a) *électeur.*
    b) *tiers électeur.*
    c) *membre de la commission de jugement.*

§ 3. — *Mention de la formalité dans le jugement.*

SECTION II. — DE L'INTERVENTION EN APPEL.

§ 1. — *Qui peut intervenir ?*
    a) *électeur*

SECTION VII. — Des jugements par défaut.

§ 1. — *Quand le jugement est-il rendu par défaut ?*

§ 2. — *Quel est le recours ouvert contre les jugements par défaut.*

§ 3. — *Qui peut former opposition.*
      a) *électeur.*
      b) *tiers électeur.*

§ 4. — *Délais de l'opposition.*

SECTION VIII. — Des avis d'infirmation par le juge de paix.

SECTION IX. — De la notification des jugements.

SECTION 1ʳᵉ.

De l'avertissement.

§ 1. — *Nécessité de l'avertissement.*

1082. — Le juge de paix est tenu d'avertir trois jours d'avance les parties du jour où il doit statuer sur l'appel qui lui est déféré (Cass., 26 avril 1888) (V. n° 898).

1083. — Cette formalité est substantielle en ce qu'elle touche au droit de la défense et son inobservation entraîne la nullité du jugement rendu en l'absence de la partie intéressée et nécessaire dans l'instance (Cass., 4 mai et 8 juin 1880, 7 mai 1883, 17 avril 1888).

1084. — Mais le défaut d'avertissement peut être couvert par la comparution sans objection de la partie non avertie et par les conclusions qu'elle a prises au fond sans exciper de l'inobservation de la formalité (Cass., 1ᵉʳ décembre 1874, 19 avril 1880, 10 mai 1881, 7 mars et 1ᵉʳ mai 1882).

1085. — Ainsi, la partie qui a fait assigner son adversaire à jour fixe devant le juge de paix et qui, au jour fixé, a comparu par un mandataire qui a conclu et plaidé dans son intérêt ne peut pas se faire un grief de ce qu'elle n'a pas reçu l'avertissement (Cass., 8 août 1877) (V. n° 1406).

1086. — Mais le fait de se présenter à l'audience pour proposer la nullité résultant du défaut d'avertissement ne saurait couvrir cette nullité (Cass., 15 mai 1889).

1087. — La participation aux débats sans protestation, ni réserve, rend l'intéressé d'autant plus irrecevable à exciper, devant la Cour de Cassation, de l'insuffisance du délai qui a séparé la date de l'avertissement de celle de l'audience où l'affaire a été pour la première fois appelée, que la cause ayant été continuée à une audience ultérieure il a eu dans tous les cas, pour préparer sa défense, un temps plus long même que celui fixé par la loi (Cass., 3 juin 1890).

1088. — L'avertissement est régulièrement signifié au domicile que la partie déclare être le sien alors même qu'elle n'y a pas sa résidence habituelle (Cass., 19 avril 1880).

1089. — Celui qui a reçu l'avertissement ne peut se faire un moyen de cassation du défaut d'accomplissement de cette formalité à l'égard de la partie adverse (Cass., 14 avril 1883, 14 mai 1884, 20 mai 1886, 17 avril 1888, 13 mai 1889).

1090. — De même, celui qui a reçu l'avertissement ne peut se faire un moyen de cassation du défaut d'accomplissement de cette formalité à l'égard d'électeurs dont il requérait lui-même l'inscription (Cass., 17 avril 1883).

§ 2. — *A qui doit être adressé l'avertissement.*

1091. — Toutes les parties intéressées doivent recevoir un avertissement du juge de paix.

1092. — En principe est partie intéressée toute personne qui doit figurer dans l'instance d'appel comme appelante ou intimée.

a) *Electeur.*

1093. — Sont parties intéressées :

L'électeur qui n'a pas obtenu son inscription de la commission de jugement et qui la réclame en appel.

17

L'électeur qui attaque la décision municipale prononçant sa radiation.

L'électeur qui a obtenu de la commission de jugement une inscription qui est contestée en appel.

L'électeur qui a victorieusement défendu devant la commission municipale à une demande de radiation qui est portée devant le juge de paix.

1094. — Ne sont pas parties intéressées :

L'électeur dont l'inscription est réclamée en appel par un tiers électeur qui ne l'a pas obtenue de la commission de jugement où il n'a pas eu de contradicteur (Cass., 9 avril 1889) (V. n° 1090).

L'électeur dont l'inscription est demandée au juge de paix par un tiers électeur qui a seul interjeté appel d'une décision de la commission de jugement refusant cette inscription (Cass., 17 avril 1883).

L'électeur dont l'inscription a été prononcée par la commission de jugement sur la demande d'un tiers électeur lorsque cette inscription est attaquée en appel par un autre tiers électeur ou par le préfet (Cass., 21 avril 1875). Toutefois un jugement a été cassé parce qu'il ne résultait ni de ses constatations ni d'aucun autre document qu'avis ait été préalablement donné par le juge de paix soit à l'électeur dont l'inscription était contestée, soit au tiers électeur qui l'avait demandée et fait prononcer par la commission de jugement, bien qu'ils fussent *l'un et l'autre parties intéressées* (Cass., 19 avril 1880).

b) *Tiers électeur.*

1095. — La formalité de l'avertissement, qui doit être remplie à l'égard de toute partie intéressée, n'est pas moins applicable lorsqu'il s'agit d'un tiers exerçant le droit reconnu par la loi à tout électeur inscrit de provoquer l'inscription ou la radiation d'autres individus sur les listes électorales de la même commune, que lorsqu'il s'agit d'un électeur qui fait valoir son droit personnel (Cass., 4 mai 1880).

1096. — Sont parties intéressées :

Le tiers électeur qui a interjeté appel de la décision de la commission de jugement, soit que celle-ci ait refusé d'inscrire à sa demande un électeur dont il est en ce cas le représentant légal (Cass., 17 avril 1883), soit qu'elle ait refusé de rayer cet électeur à sa demande (Cass., 20 mai 1886), soit même qu'il n'ait pas été partie dans la décision prise par la commission de jugement (Cass., 10 mai 1887).

Le tiers électeur qui dans l'instance d'appel est intimé. Ainsi : celui qui a provoqué l'inscription d'un électeur devant la commission de jugement, en cas d'appel d'un autre tiers électeur qui réclame la radiation de cet électeur (Cass., 21 juillet 1886 et 17 avril 1888) ; celui qui a demandé à la commission de jugement qu'un électeur ne soit pas inscrit, en cas d'appel de cet électeur ou d'un tiers électeur (Cass., 16 avril et 20 mai 1890) ; celui qui a poursuivi la radiation d'un électeur devant la commission municipale, en cas d'appel de cet électeur ou d'un tiers électeur (Cass., 19 avril, 4 mai, 22 juin 1880, 5 mai 1884, 16 avril 1885, 20 mai et 21 juillet 1886, 20 mai 1890).

1097. — N'est pas partie intéressée :

Le tiers électeur qui a concurremment avec d'autres tiers électeurs demandé à la commission de jugement l'inscription et qui ne s'est pas pourvu en appel contre la décision de la commission repoussant la demande d'inscription, décision qu'attaque un des tiers électeurs ayant agi avec lui en première instance (Cass., 19 mai 1884).

c) Membre de la commission de jugement.

1098. — Le juge de paix saisi de l'appel et chargé par la loi d'appeler devant lui toutes les parties intéressées ne saurait comprendre dans cet avertissement les membres de la commission municipale qui a statué en premier ressort sur les réclamations auxquelles donne lieu la formation de la liste électorale (Cass., 24 mars 1875).

§ 3. — *Mention de la formalité dans le jugement.*

1099. — La sentence doit constater que l'avertissement a été donné à chacune des parties intéressées. Tout au moins il doit être établi que celles-ci ont comparu à l'au-

dience ou fourni des observations écrites (Cass., 19 avril 1880, 16 avril et 20 mai 1890 (V. n° 1400 § 3).

1100. — Il ne peut être statué par défaut sans qu'il soit constaté que l'avertissement a été donné (Cass., 4 avril 1883).

SECTION II.

DE L'INTERVENTION EN APPEL.

§ 1er. — *Qui peut intervenir.*

a) *Electeur.*

1101. — L'électeur, dont le droit électoral est en cause, peut évidemment intervenir dans l'instance où il ne figure encore ni comme appelant ni comme intimé.

b) *Tiers électeur*

1102. — Le tiers électeur a un double droit devant le juge de paix : 1° celui d'appeler de la décision de la commission municipale quand même il n'y a pas été partie ; 2° celui de se porter intervenant sur l'appel formé par un autre tiers électeur ou par le citoyen même qui demande sa propre inscription (Cass., 17 avril et 2 mai 1883).

1103. — Lorsqu'un tiers électeur appelant de la décision de la commission municipale ne se présente pas, le tiers qui se substitue à lui ne peut étendre l'appel à des décisions concernant des électeurs autres que ceux pour lesquels le tiers appelant avait agi (Cass., 7 mars 1882).

c) *Membre de la commission de jugement*

1104. — L'intervention de la commission municipale, appelée devant le juge de paix, comparaissant par un délégué qui prend des conclusions tendant au maintien de sa décision, est contraire aux principes constitutifs de l'ordre judiciaire et vicie d'une nullité radicale le jugement rendu (Cass., 18 novembre 1885, 8 avril et 20 mai 1886, 18 juin 1889).

1105. — Le fait d'avoir fourni par écrit des explications au juge de paix afin de faire repousser l'appel constitue une intervention qui vicie le jugement (Cass., 4 août 1866).

1106 — Le maire d'une commune ne peut intervenir en cette qualité devant le juge de paix (Cass., 17 avril 1885).

1107 — Mais la simple présence du maire dans la salle d'audience ne saurait constituer à elle seule un fait d'intervention abusive de nature à vicier l'instruction faite et les sentences rendues par le juge de paix (Cass., 30 avril 1888).

1108. — Toutefois si le maire, présent à l'audience et interpellé par le juge de paix, a fourni des renseignements sur les faits qui ont motivé la décision de la commission municipale, il doit être considéré comme intervenant, ayant défendu la sentence à laquelle il a concouru (Cass., 20 mars 1886).

1109. — Le refus par le maire de recevoir une demande d'inscription équivaut à une décision de la commission municipale à laquelle il aurait pris part. Par conséquent, le maire ne peut intervenir devant le juge de paix, soit spontanément, soit sur la convocation de ce magistrat, pour fournir des explications sur ce qui fait l'objet de l'appel (Cass. 4 août 1886).

§ 2. — *Formes de l'intervention.*

1110. — L'intervention peut résulter d'une déclaration faite par un électeur dans un exploit d'huissier notifié au juge de paix et contenant des conclusions motivées indiquant ses nom, prénoms, profession et sa qualité de partie intervenante (1).

(1) Aux termes de l'article 339 du code de procédure civile, l'intervention

1111. — L'intervention ne peut pas résulter de la déclaration faite par un électeur dans un exploit d'huissier notifié au juge de paix qu'il intervient dans l'instance sur l'appel interjeté par d'autres citoyens contre la décision de la commission de jugement qui a rejeté leur inscription, lorsque l'appel a été formé postérieurement à cette déclaration (Cass., 14 mai 1877).

L'intervention ne résulte pas davantage du fait que l'électeur a remis au juge de paix après la prononciation de la sentence un billet dans lequel il demandait à être mentionné comme partie intervenante dans toutes les décisions relatives aux opérations de la commission de jugement (Cass., 29 avril 1878).

§ 3. — *Preuve de l'intervention.*

1112. — La preuve de l'intervention en appel résulte en principe des constatations mêmes du jugement.

1113. — La preuve de l'intervention d'un tiers électeur dans l'instance d'appel peut résulter, en dehors même des constatations du jugement du juge de paix, et nonobstant le silence de ce jugement, des conclusions qui sont jointes aux pièces de la procédure, et qui ont été transmises à la Cour de Cassation par le juge de paix lui-même comme ayant été prises et déposées à son audience (Cass., 20 juin 1882).

1114. — Le certificat du greffier de la justice de paix, constatant qu'un électeur s'est présenté à la barre où il a développé des observations tendant à la confirmation de la décision de la commission de jugement, ne constitue pas une preuve légale de l'intervention de cet électeur comme partie dans l'instance d'appel (Cass., 8 mai 1877).

1115. — Un jugement ne saurait être attaqué pour avoir omis de mentionner les qualités d'un électeur, partie intervenante, ainsi que sa présence aux débats, et de le nommer, lorsque ce jugement vise formellement des conclusions motivées de cet électeur, notifiées au juge par exploit d'huissier, lesquelles contiennent ses nom, pré-

sera formée par requête qui contiendra les moyens et conclusions, dont il sera donné copie ainsi que des pièces justificatives.

noms, profession et sa qualité de partie intervenante (Cass., 8 avril 1886).

SECTION III.

DE LA RÉCUSATION DU JUGE DE PAIX.

1116. — Les juges de paix peuvent être récusés : 1° quand ils ont intérêt personnel à la contestation ; 2° quand ils sont parents ou alliés d'une des parties jusqu'au degré de cousin germain inclusivement ; 3° si, dans l'année qui a précédé la récusation, il y a eu procès criminel entre eux et l'une des parties ou son conjoint, ou ses parents et alliés en ligne directe ; 4° s'il y a procès civil existant entre eux et l'une des parties ou son conjoint ; 5° s'ils ont donné un avis écrit dans l'affaire (Article 44 du code de procédure civile).

1117. — La récusation n'est recevable qu'autant qu'elle a été proposée avant tout développement des moyens de la cause.

Aussi le moyen tiré de ce que le juge de paix serait le beau-frère d'une des parties en cause ne saurait être proposé pour la première fois devant la Cour de Cassation (Cass., 8 juin 1880).

1118. — Le fait que le juge de paix serait le beau-frère du maire président de la commission municipale, qui a signé la décision soumise à ce magistrat, n'est point une cause de récusation légale et ne saurait davantage donner ouverture à cassation (Cass., 26 avril 1881).

1119. — Le maire, nommé juge de paix depuis la confection de la liste, n'est pas incompétent pour statuer sur les appels dirigés contre les décisions de la commission municipale de révision, du moment où il n'a pas pris part aux décisions de cette dernière commission qui est seule investie d'un pouvoir juridictionnel par l'art. 2 de la loi du 7 juillet 1874, à la différence de la commission administrative instituée par l'art. 1er de ladite loi (Cass., 24 mai 1881).

SECTION V.

Des pièces et autres justifications a produire devant le juge de paix.

§ 1. — *Décision de la commission de jugement.*

1120. — Le juge de paix ne peut faire droit à un appel sans connaître la décision qui lui est déférée ; il doit donc en exiger la production ou celle de toute autre pièce équivalente ou la preuve d'un refus de statuer (Cass., 20 mai 1886) (V. n° 1411).

1121. — Nulle disposition de la loi n'exige que la copie de la décision de la commission municipale attaquée par voie d'appel soit remise au juge de paix pendant l'audience de ce magistrat. Le juge de paix ajouterait au texte de la loi, dont il violerait ainsi les dispositions, en se fondant pour déclarer un appel irrecevable sur le seul motif que la copie lui a été présentée en dehors de l'audience (Cass., 18 juin 1890).

1122. — Si l'existence de la décision de la commission municipale n'est pas contestée, le juge de paix n'est pas tenu d'en ordonner l'apport (Cass., 13 mai 1890).

1123. — Mais il n'est pas permis au juge de paix de juger la contestation en l'absence d'un document établissant l'existence d'une décision, sous prétexte qu'il lui est justifié d'une réclamation adressée au maire par l'appelant et qu'il est possible qu'il n'y ait pas été donné suite (Cass., 20 mai 1886).

1124. — Un procès-verbal signé du maire, du délégué de l'administration et des trois délégués du conseil municipal, revêtu du timbre de la mairie, contenant une liste d'individus avec leurs noms, prénoms et qualités ainsi qu'une déclaration portant que la commission de révision des listes après avoir examiné les réclamations en inscription concernant ces individus a décidé notamment l'inscription d'un certain nombre d'entre eux, constate de la manière la plus certaine l'existence et la teneur de la décision déférée en ap-

pel. Sa production satisfait amplement à l'obligation pouvant in-
comber à cet égard aux appelants.

Le juge de paix ne peut donc refuser d'admettre ce document
comme représentant la décision frappée d'appel (Cass., 8 mai 1878).

1125. — Des notifications, adressées par le maire sous forme de
lettres aux appelants en exécution de l'article 4 de la loi du 7 juillet 1874, des décisions rendues par la commission municipale sur
les demandes de radiation et d'inscription qu'ils lui avaient soumises constituent en réalité de véritables extraits notifiés aux intéressés par l'autorité compétente, constatant de la façon la plus certaine l'existence et la teneur des décisions, lorsque ces lettres contiennent l'indication de la commission qui a statué, de la date de la
décision, des noms et prénoms des électeurs contestés, de la nature
des demandes et des motifs de leur rejet (Cass., 14 mai 1890).

a) *Présentation d'une copie irrégulière.*

1126. — Il appartient au juge de paix de vérifier l'exactitude de la copie irrégulière de la décision de la commission municipale qui lui est soumise ; il ne peut
déclarer l'appel non recevable par le motif que l'appelant
n'a pas présenté la décision (Cass., 9 avril 1888).

1127. — En présence d'une copie de la décision qui n'est ni
certifiée conforme, ni revêtue de signatures, ni empreinte du sceau
de la mairie, il appartient au juge de paix de prendre ou d'ordonner
telle mesure que de droit pour en vérifier l'exactitude ou la faire
régulariser.

Sans avoir recours à aucune mesure préparatoire appropriée à
ce but, il ne peut déclarer non avenu l'extrait produit, alors surtout qu'en déboutant l'appelant il maintient la décision qu'il déclare
en même temps n'être pas connue de lui (Cass., 1er mai 1877).

1128. — En présence d'une copie et des extraits des décisions d'une
commission municipale, non signés ni du maire, ni d'un délégué,
ni même du secrétaire de la mairie, mais revêtus du sceau de la
mairie, il appartient au juge de paix de prendre ou d'ordonner
telles mesures que de droit pour vérifier l'exactitude des copies
représentées ou les faire régulariser. Il excéderait les pouvoirs à
lui conférés comme juge d'appel en matière électorale, si, sans avoir
recours à aucune mesure préparatoire à ce but et en se bornant à

mentionner que l'appelant avait eu le temps nécessaire pour régulariser sa situation, il déclarait l'appel irrecevable par le motif que les pièces produites ne présentant aucun caractère d'authenticité ne pouvaient servir de base légale à une décision sur le fonds (Cass., 20 mai 1886).

b) *Refus du maire de délivrer à l'appelant copie de la décision.*

1129. — Le droit qui appartient à tout électeur d'attaquer les décisions de la commission municipale ne peut être paralysé par le refus illégal d'un maire de lui donner communication de ces décisions, et surtout de fournir au réclamant, rayé de la liste électorale, une copie de celle de ces décisions qui le concerne personnellement, et qui aurait dû lui être notifiée, aux termes de l'art. 4 de la loi du 7 juillet 1874; dans ce cas, le juge de paix, statuant sur l'appel de ce dernier, spécifié dans son objet, a le pouvoir d'autoriser, et, au besoin, d'ordonner la délivrance de la copie de cette décision, et même l'apport du registre des décisions de la commission municipale, quand l'une ou l'autre de ces mesures est nécessaire pour la solution d'une contestation électorale (Cass., 21 juillet 1886 et 21 avril 1887).

1130.— Le juge de paix n'est pas tenu d'ordonner d'office l'apport des minutes des procès-verbaux des séances de la commission municipale lorsque les appelants n'ont pas établi ou même articulé que ce fût par suite du mauvais vouloir du maire qu'ils eussent été dans l'impossibilité de se procurer copie des décisions qu'ils entendaient déférer au juge de paix, ni qu'ils eussent mis le maire en demeure de leur délivrer copie des décisions frappées d'appel (Cass., 14 avril 1890).

1131. — Lorsque, par acte d'huissier signifié au maire, un tiers électeur a demandé l'inscription de certains citoyens et la radiation de certains autres; que, par un second acte d'huissier, cet électeur a postérieurement mis le maire en demeure de lui communiquer les décisions de la commission de jugement intervenues sur ses réclamations; que, par acte dressé au greffe de la justice de paix, ce même électeur a ensuite déclaré interjeter appel des décisions sus-mentionnées et a désigné chacun des individus dont il avait demandé soit l'inscription, soit la radiation ; que, dans les conclusions prises devant le juge de paix, l'électeur a soutenu que le maire ne lui avait pas notifié les décisions de la commission de jugement et que c'était vainement qu'il l'avait sommé par huissier de lui en donner communication; qu'il a conclu en conséquence qu'il plût au juge de paix ordonner l'apport au greffe de toutes les décisions intervenues au sujet de ses réclamations; le juge de paix, en prononçant la non-recevabilité de l'appel sous prétexte qu'il n'était pas suffisamment spécifié dans son objet, n'a pas légalement justifié son refus d'ordonner l'apport des minutes des décisions frappées d'appel. Son jugement est donc nul (Cass., 21 juillet 1886).

1132. — Lorsqu'un appel vague et général est déféré au juge de de paix, aucune disposition légale ne lui attribue, même au cas de refus de communication de la part du maire, la faculté d'ordonner l'apport du registre des décisions de la commission de jugement pour donner à un tiers électeur les moyens de régulariser cet appel en le précisant (Cass., 12 août 1881 et 30 juillet 1883).

1133. — Si rien ne prouve que l'appelant n'ait pas pu se procurer les décisions de la commission de jugement, ni même qu'il ait fait aucune diligence pour en obtenir des expéditions ou copies authentiques, le juge de paix peut refuser d'ordonner l'apport des minutes (Cass., 11 juillet 1883).

1134. — Aucune disposition de loi n'autorise non plus le juge de paix à ordonner, sur simple requête et en l'absence de tout appel, l'apport du registre des décisions de la commission de jugement dans le but de procurer à l'électeur les moyens de former un appel régulier (Cass., 23 juillet 1890).

§ 2. — *Des pièces justificatives produites pour la première fois devant le juge de paix, et des moyens nouveaux.*

1135. — **La partie qui n'a pas fourni devant la commission municipale toutes les justifications nécessaires pour établir sa demande peut encore les pro-**

duire utilement devant le juge de paix, l'effet dévolutif de l'appel étant de porter tout le litige, en fait et en droit, devant le tribunal du second degré (Cass., 30 avril 1885, 1er juin 1886, 5 mai 1887 et 9 avril 1888) (V. n° 1147).

1136. — La preuve du domicile peut être fournie en appel, bien que n'ayant pas été faite devant la commission municipale (Cass., 30 avril 1885).

1137. — La preuve de la résidence peut n'être faite qu'en appel. Il est même possible d'invoquer une résidence dont la durée ne sera suffisante qu'au 31 mars pour autoriser l'inscription sur la liste électorale.

1138. — Le juge de paix ne peut pas repousser la demande d'inscription faite par un électeur à titre de contribuable sous prétexte qu'il n'a pas fait personnellement cette demande, alors que par lettre à lui adressée avant l'intervention de la décision et dûment légalisée par le maire cet électeur a personnellement demandé son inscription (Cass., 20 mai 1884) (V. n° 758) (1).

1139. — Une lettre censée adressée au maire par un contribuable pour demander son inscription à ce titre sur la liste électorale produite devant le juge de paix par un tiers électeur, bien qu'il soit bien constaté qu'elle est antidatée et qu'elle ne soit jamais parvenue au maire, et qu'à ce point de vue il y ait supercherie, ne doit pas à raison de ces circonstances être écartée du débat.

Il appartient au juge de paix d'ordonner telle mesure d'instruction qu'il juge à propos afin de s'assurer si cette pièce émane effectivement de l'électeur et contient l'expression de sa volonté. En cas d'affirmative, il est tenu de faire état de cette pièce du moment où elle a été produite avant qu'il ait rendu sa décision (Cass., 29 avril 1890).

1140. — Le juge de paix peut, sans violer aucune loi, ordonner que la preuve qu'il autorise un plaideur à administrer soit immédiatement fournie alors que celui-ci

---

(1) Dans l'espèce il faut supposer qu'un tiers électeur sans mandat avait formé une demande d'inscription au nom de l'électeur contribuable non résidant dans la commune.

n'allègue nullement la nécessité d'un sursis pour se procurer les éléments de la preuve qu'il offre et ne conclut pas à ce qu'il lui en soit accordé un (Cass., 11 août 1890).

1141. — Serait tardive la production de conclusions ou de pièces, alors que la cause était mise en délibéré et que le prononcé de la sentence, quant au fond, avait été remis à un jour ultérieur. A ce moment, en effet, les débats sont clos et ne peuvent être ouverts de nouveau par l'une des parties en l'absence de l'autre (Cass., 25 juin 1884).

1142. — Si les parties ont la faculté de produire pour la première fois devant le juge de paix les pièces justificatives de leur demande d'inscription, elles ne pourraient pas cependant obtenir leur inscription en justifiant qu'elles ont à ce moment la capacité électorale qu'elles ne possédaient pas, lors de leur demande d'inscription à la commission de jugement. Les conditions exigées pour l'inscription doivent être remplies à cette époque, sauf les conditions d'âge et de résidence pour lesquelles une exception formelle est prévue par la loi. Ce n'est que la preuve du droit électoral qui peut rester en suspens jusqu'en appel, le droit lui-même doit être acquis avant l'expiration du délai accordé pour la formation des demandes (V. n°s 91, 132, 137, 319, 388 et 501).

1143. — Le juge de paix ne peut donc prononcer le rejet de la demande par l'unique motif qu'elle n'aurait pas été justifiée en première instance, mais doit vérifier si elle s'est, par les preuves et documents même nouveaux, produite devant lui (Cass., 30 avril 1885, 1 juin 1886 et 4 mai 1887).

1144. — Car si une demande nouvelle ne peut être formée en appel, un moyen nouveau peut être présenté (Cass., 9 avril 1888).

1145. — La demande ne se trouve pas modifiée, mais appuyée seulement par un moyen ou argument nouveau, si, après avoir invoqué devant la commission municipale son inscription au rôle des contributions directes, l'électeur invoque devant le juge de paix son inscription au rôle des prestations en nature (Cass., 20 mai 1884).

1146. — L'électeur qui après avoir demandé son inscription devant la commission municipale, comme habitant avec son père lequel est inscrit sur la liste électorale, la demande en appel comme fils de famille compris numériquement dans le rôle des prestations en nature de son père, ne forme pas une demande nouvelle irrecevable en appel, mais présente un moyen nouveau à l'appui de la même demande (Cass., 9 avril 1888).

1147. — Le juge de paix a le droit de constater d'office si les conditions auxquelles est subordonnée l'inscription ou la radiation d'un électeur sont ou ne sont pas remplies.

Il peut notamment ordonner qu'un individu dont l'inscription a été refusée à raison de l'incapacité résultant d'une condamnation sera inscrit par le motif, même non invoqué devant lui, qu'une amnistie a fait disparaître cette incapacité (Cass., 12 avril 1870) (V. nos 893 et suivants).

1148. — C'est en vertu de ce principe qu'une sentence qui maintient des électeurs sur la liste électorale pour un motif erroné n'en est pas moins valable si d'autres constatations qu'elle contient établissent le droit de ces électeurs d'être inscrits sur la dite liste (Cass., 16 avril 1885).

§ 3. — *De la preuve testimoniale.*

1149. — Le juge de paix peut entendre des témoins en matière électorale comme en toute autre matière (Cass., 16 avril 1885) (V. n° 409).

1150. — Le juge de paix doit, à défaut de preuve actuelle, admettre la preuve testimoniale qui est offerte. La décision de la commission municipale ne peut constituer une présomption contraire du droit de l'électeur, puisqu'elle est frappée d'appel (Cass., 30 avril 1885).

1151. — La preuve testimoniale peut aussi être admise contre les énonciations d'un récépissé délivré par le secrétaire de la mairie, et sur lequel le sceau de la mairie n'a pas été apposé (Cass., 2 mai 1888).

1152. — Le juge de paix est dispensé pour l'audition de témoins par lui entendus à l'audience de l'observation des formes de procédure établies dans les matières ordinaires (Cass., 30 mai 1870).

1153. — Toutefois, la dispense des formes de procédure insérée dans l'article 22 ne saurait s'appliquer au serment des témoins. La prestation de serment est indispensable; c'est là une formalité substantielle de la validité du témoignage dont il doit être fait mention formellement dans le jugement à peine de nullité (Cass., 23 mai 1889).

§ 4. — *Du serment.*

1154. — Si, en droit, aux termes de l'article 1358 du code civil, le serment décisoire peut être déféré par une partie en cause à l'autre partie, sur quelque espèce de contestations que ce soit, cette règle reçoit exception lorsque la contestation porte sur des droits tels que les droits électoraux, qui ne sont pas susceptibles de former l'objet d'une transaction. Dans ce cas, des motifs d'ordre public et l'intérêt supérieur de la sincérité des listes électorales s'opposent à la délation du serment (Cass., 30 avril 1885).

§ 5. — *Des renseignements personnels au juge de paix.*

1155. — Le juge de paix ne peut fonder sa décision sur les renseignements qui lui ont été directement fournis en dehors de l'audience, sans en indiquer la source et le caractère et sans mettre l'appelant à même de les contredire (Cass., 18 juin 1889).

1156. — Un jugement ne peut faire résulter une affirmation de la connaissance personnelle des faits par le juge de paix qui substitue arbitrairement son appréciation aux éléments de preuve fournis par l'enquête, contrairement aux principes établis pour la régulière administration de la justice (Cass., 28 juin 1887).

1157. — Un acte, qui d'après le juge de paix aurait été versé aux débats sans que le jugement fasse connaître par qui il l'aurait été, alors que le demandeur n'a eu de contradicteur à aucun moment de l'instance, ne peut, vu cette circonstance, devenir un titre opposable aux pièces produites par celui-ci, notamment à son acte de naissance (Cass., 1 mai 1889).

1158. — Le juge ne doit former sa conviction que sur des éléments de preuve admis par la loi. Il ne peut se fonder sur des renseignements fournis par le commissaire de police chargé de s'enquérir de la prétendue résidence du réclamant, alors que cette mesure a été prise sans contradiction ni contrôle possible de la part de la partie (Cass., 21 avril 1890).

1159. — Un juge de paix ne peut, sans examiner les faits dont la connaissance lui est déférée par l'effet dévolutif de l'appel, se borner, d'une part, à s'appuyer sur les résultats d'une sorte d'enquête par lui faite personnellement en dehors de toutes les garanties de publicité prescrites par la loi, et, d'autre part, à exprimer un doute sur la solution à donner au litige, en décidant qu'il lui semble équitable de confirmer la décision des premiers juges qui ont dû s'enquérir minutieusement de la situation de l'électeur et qui ont dû avoir à cœur de rechercher la vérité (Cass., 16 avril 1888).

1160. — La défense écrite que l'une des parties fait parvenir directement au juge de paix, même par lettre missive, ne saurait être considérée comme un document étranger au procès et une communication purement personnelle dont ce magistrat ne pourrait faire état, alors surtout qu'il n'est pas allégué que cette lettre visée par le jugement n'a pas été versée aux débats (Cass., 11 août 1890).

1161. — L'affirmation du juge de paix n'a pas besoin d'être accompagnée de la mention des preuves qui ont servi à établir pour lui que la commission a été régulièrement saisie de la réclamation des appelants; il suffit, pour la régularité de sa décision qu'elle n'indique pas qu'elle a été prise sur des investigations personnelles (Cass., 8 avril 1886).

SECTION V.

QUESTIONS PRÉJUDICIELLES.

1162. — Lorsque la demande portée devant lui implique la solution préjudicielle soit d'une question touchant à l'état du citoyen, notamment à sa nationalité ou à sa capacité civile et au droit électoral dans les conditions même de son existence, soit d'une question de la compétence de l'autorité administrative, notamment en matière d'interprétation d'un arrêté de sectionnement, le juge de paix doit surseoir au jugement du fond et renvoyer la décision de l'exception au juge compétent s'il estime que la contestation est sérieuse (V. n°⁵ 1170 et suivants).

1163. — Cette manière de procéder ne saurait recevoir application dans le cas où un tiers électeur, reconnaissant l'existence du droit de l'électeur inscrit et ne réclamant pas sa radiation de la liste où il figure, se borne à critiquer l'insertion dans cette inscription d'un nom écrit dans l'acte de naissance de l'électeur, et à soutenir que, les mentions de l'acte de l'état civil n'étant pas exactes, il n'en doit point être fait état dans l'inscription sur la liste électorale. Une pareille réclamation constitue non une question préjudicielle d'état, mais une véritable action en rectification d'un acte de l'état civil et en retranchement d'une mention qui y figure. Cette action est tout à fait indépendante du droit électoral dont l'existence ni l'exercice ne sont contestés et elle ne peut être introduite que par ceux-là seuls auxquels la loi permet d'en saisir la justice. Le juge de paix ne peut donc ordonner en ce cas que le jugement de la contestation sera soumis au juge compétent dans un délai déterminé (Cass., 29 avril 1890).

D'ailleurs le juge de paix doit alors ordonner que l'intéressé sera inscrit sous les noms que lui donne son acte de naissance : car, si pour la déclaration que le nouveau-né est le fils d'une personne dénommée, l'acte de naissance ne fait pas preuve jusqu'à inscription de faux, il établit au moins jusqu'à preuve contraire le droit de l'intéressé à réclamer le nom de cette personne et l'autorise à demander que ce nom figure comme étant le sien sur les listes électorales (Cass., 1 mai 1889).

1164. — Le juge de paix ne peut renvoyer à se pourvoir devant qui de droit, comme s'il s'agissait d'une question préjudicielle d'état et par le seul motif qu'il ne justifie pas de sa nationalité française, l'électeur qui a formé appel devant lui d'une décision de la commission de jugement alors qu'aucune contestation n'a été soulevée à cet égard, soit devant ladite commission, soit en appel (Cass., 28 mars 1880).

1165. — Le juge de paix n'est point tenu de surseoir à statuer sur la demande en radiation formée contre un individu inscrit au rôle des contributions bien que non propriétaire, jusqu'à ce que l'autorité compétente ait été appelée par le demandeur à opérer la mutation du nom du propriétaire sur le rôle de la contribution foncière de la commission. Il ne s'agit point là d'une question d'état. C'est à celui qui prétend contester la qualité d'électeur à se mettre en mesure de faire valoir ses moyens en temps opportun devant le juge qui doit les apprécier (Cass., 14 mai 1877).

1166. — La question de savoir si un électeur ne doit pas figurer sur la liste électorale à raison de sa condamnation à la peine de la relégation prononcée contre lui, sous l'empire de la législation sarde, par la Cour d'appel de Chambéry, le 14 juin 1858, ne constitue pas une question d'état qui doive être soumise préalablement au tribunal civil compétent.

Il s'agit uniquement pour le juge de paix de rechercher quel était au point de vue du droit électoral contesté, l'effet légal de la condamnation prononcée, et il lui appartient d'interpréter à cet égard les divers articles de la législation pénale invoquée par la décision attaquée et par les parties (Cass., 31 mars 1879) (V. nos 144 et 145).

1167. — Par contre, le juge de paix doit surseoir à statuer lorsqu'une instruction criminelle est ouverte au sujet de la date d'une décision de la commission de jugement (Cass., 20 décembre 1880) (V. n° 107).

1168. — Une question d'état constitue un moyen d'ordre public qui peut être proposé pour la première fois devant la Cour de Cassation (Cass., 26 mars 1879) (V. n° 1400, § 3).

§ 1. — *Nationalité.*

1169. — Le juge de paix ne doit prononcer le sursis que lorsque la réclamation soulève une question d'état pouvant donner lieu à une action préjudicielle sérieuse (Cass., 10 mai 1881 et 17 avril 1883).

a) *Exemples divers de contestations devant ou ne devant pas donner lieu à sursis.*

1° Contestations motivant le sursis.

1170. — La solution d'une question de nationalité qui nécessite l'examen des dispositions du traité de Francfort et des arrangements diplomatiques qui l'ont suivi comporte une question préjudicielle sérieuse.

L'examen doit en être renvoyé au tribunal compétent (Cass., 8 avril 1889) (V. n°s 72 et 73).

1171. — Constitue une contestation sérieuse le point de savoir si le fait de la naissance sur un territoire annexé à l'Allemagne a fait perdre la qualité de français, et doit faire rayer l'intéressé de la liste électorale sur laquelle il avait été porté, faute par lui de justifier de sa déclaration d'option pour la nationalité française (Cass., 19 avril 1880) (V. n°s 72 et 73).

1172. — Un sujet sarde, majeur, d'origine piémontaise, mais domicilié en Savoie au moment de l'annexion, invoquait à l'appui de ses prétentions à la nationalité française les dispositions de l'article 16 du traité diplomatique intervenu le 20 mars 1860 entre la France et la Sardaigne et soutenait que la commission municipale lui avait à tort fait application du décret du 30 juin 1860 en jugeant qu'il aurait dû pour acquérir la qualité de français se conformer aux prescriptions du dit décret.

Cette contestation, en présence des interprétations diverses données par la doctrine et la jurisprudence au sens et à la portée des deux documents dont s'agit, soulevait un litige d'une difficulté réelle et d'une importance considérable au point de vue de la condition faite par les traité et décret de 1860 aux sujets sardes majeurs domiciliés dans les provinces annexées (Cass., 10 mai 1881) (V. n° 21) (1).

1173. — La question de savoir si un particulier né en France d'un père étranger et qui avant sa majorité s'est soustrait à la loi du recrutement en invoquant sa qualité d'étranger a pu néanmoins une fois majeur bénéficier de la loi du 22 mars 1840 et réclamer la qualité de français, en dehors du délai prévu par l'article 9 du code civil, exige une interprétation par le juge de la loi de 1849, et implique la décision préjudicielle d'une question d'état controversable (Cass., 26 mars 1879) (V. n° 43).

1174. — Pour obtenir le renvoi de la cause devant d'autres juges, à l'effet de leur soumettre la question d'état qu'il soulevait préjudiciellement, un tiers électeur alléguait que l'intéressé avait perdu la qualité de français pour avoir pris du service militaire chez l'étranger sans autorisation du gouvernement français.

Celui-ci reconnaissait avoir été admis dans l'armée autrichienne, d'abord comme cadet, puis comme lieutenant en premier, ce fait matériel étant reconnu, c'était à lui à en détruire les conséquences, en prouvant ou que les grades dont il avait été revêtu n'impliquaient effectivement aucun service militaire, ou qu'il avait obtenu du gouvernement français l'autorisation nécessaire, ou enfin qu'il avait recouvré postérieurement sa nationalité perdue.

Aucun document attestant d'une façon précise et certaine la réalité d'une ou plusieurs de ces trois circonstances n'étant produit, leur accomplissement pouvait résulter de l'ensemble des faits et documents de la cause, rapprochés de l'interprétation de l'article 21 du Code civil, mais alors le débat exigeant de la part du juge l'appréciation de faits complexes et contestés ainsi que diverses interprétations controversables, la question préjudicielle devait être considérée comme susceptible d'une discussion sérieuse (Cass., 15 avril 1878) (V. n°s 62 et suivants).

1175. — Tandis que l'appelant soutenait que l'électeur était né en France d'un père étranger et n'avait point acquis la nationalité française, et que le demandeur alléguait qu'il était devenu français

---

(1) Depuis l'arrêt du 23 novembre 1881, rapporté sous le n° 21, il semblerait que la contestation ne comporte plus de sursis. Cependant l'arrêt du 26 mars 1879, rapporté sous le n° 1173 décide qu'il y a lieu à sursis dans une question qu'avait tranchée un arrêt du 27 janvier 1869 rapporté sous le n° 43.

et avait exercé depuis longtemps ses droits politiques à ce titre ayant figuré dès 1884 sur la liste électorale de la commune, le juge de paix a prononcé la radiation de l'électeur en se fondant principalement sur la production d'un certificat d'un maire duquel il résulte que l'électeur est né d'un sujet italien et « qu'il n'a pas subi le sort », alors qu'il ne résulte pas nécessairement de cette dernière circonstance que l'électeur n'a pas acquis la nationalité française puisqu'il lui aurait suffi pour l'obtenir de faire en temps utile la déclaration prescrite par l'article 9. Dans ces circonstances, la réclamation soulevait une question d'état et donnait lieu à une action préjudicielle dont le juge de paix ne pouvait connaître (Cass., 26 avril 1888) (V. nos 78 et 1177).

2° Contestations n'entraînant pas le sursis.

1176. — Le juge de paix ne doit point surseoir quand la question soulevée ne peut pas donner lieu à une contestation sérieuse, notamment quand l'intéressé produit une attestation en due forme d'un sous-préfet, établissant que, né dans la commune, il y a été porté sur les tableaux de recensement des jeunes gens de sa classe y a participé au tirage au sort et a été exempté du service militaire pour faiblesse de constitution (Cass., 17 avril 1883).

1177. — Pour contester l'inscription d'un électeur, le demandeur soutenait qu'il était né en France d'un père étranger et n'avait pas acquis la qualité de français. Le jugement constatait en fait que l'électeur avait satisfait sur sa demande à la loi du recrutement. Or, en droit, aux termes de l'article 7 de cette loi, nul n'est admis dans les troupes françaises s'il n'est français ; d'autre part, son article 9 dispose que les individus nés en France de parents étrangers concourent dans les cantons où ils sont domiciliés au tirage qui suit la déclaration faite par eux en vertu de l'article 9 du code civil et de l'article 2 de la loi du 7 février 1851.

Il ressort de là que l'admission de l'électeur à concourir au tirage au sort impliquait qu'il avait fait la déclaration de domicile prescrite par l'article 9 du code civil et par conséquent était français. La question d'état, ainsi soumise au juge de paix, ne présentait pas une exception préjudicielle sérieuse excédant les limites de sa compétence en matière électorale. Il a pu dès lors valablement statuer (Cass., 26 avril 1883). (1)

(1) Il n'y a pas là preuve absolue, mais simple présomption que l'intéressé possède la qualité de français (V. n° 78).

1178. — L'individu né en France d'un étranger qui lui-même y est né devant être réputé français jusqu'à preuve contraire, le juge de paix ne peut le renvoyer à se pourvoir devant les juges compétents pour faire juger la question préjudicielle, alors qu'il n'est produit contre lui aucun titre, ni rapporté, ni même offert aucune preuve ; s'il n'a pas satisfait à l'obligation du service militaire et s'il a donné sa démission de conseiller municipal, il ne suit pas de là qu'il ait revendiqué la qualité d'étranger ou renoncé à la qualité de français ni qu'on puisse lui imposer de faire à cet égard une preuve négative (Cass., 31 mars 1885 (V. nos 9, 12, 13 et 81).

1179. — La question de savoir si un individu né en France d'un père né lui-même dans une commune réunie à la France à l'époque de sa naissance, puis rétrocédée à son souverain antérieur par les traités de 1815 est français, ne présente pas de difficultés sérieuses et ne doit pas donner lieu à sursis (Cass., 22 avril 1890) (V. n° 11).

1180. — Les dispositions de l'article 21 du code civil qui frappent de la perte de la qualité de français celui qui, sans autorisation du gouvernement, a pris du service militaire chez l'étranger, ne sauraient s'appliquer au français qui, résidant dans un pays où éclate la guerre civile, s'y fait porter sur les rôles d'une compagnie de volontaires organisée, pour la défense des personnes et des biens des habitants, contre les excès d'un des partis engagés dans la lutte. (1)

En ce cas, le juge de paix peut, sans surseoir au jugement de la question préjudicielle, déclarer qu'elle ne présente pas de difficulté sérieuse et statuer immédiatement sur le fond (Cass., 30 avril 1890) (V. n° 67).

1181. — L'électeur qui rapporte un jugement rendu par le tribunal civil sur une contestation élevée entre lui et un tiers électeur, et duquel il résulte qu'il justifie suffisamment de sa qualité de français, doit être inscrit sur la liste électorale ; le jugement ayant l'autorité de la chose jugée, il n'y a pas lieu à sursis (Cass., 28 mai 1889) (V. nos 862, 863, 1187 et 1188).

---

(1) La compagnie des volontaires de la liberté, organisée à Fontarabie, lors de la guerre civile qui a troublé l'Espagne de 1873 à 1876, n'était qu'une simple milice n'ayant aucun caractère de troupe belligérante, composée de citoyens servant de leur propre gré, ne touchant aucune solde de la commune ou de l'État et ayant pour objet principal la protection de la famille et du foyer.

b) *Le jugement de sursis ne dessaisit pas le juge de paix.*

1182. — Des termes de la loi il résulte clairement que même au cas où le juge de paix reconnaît à la question d'état soulevée par les parties un caractère sérieux qui ne lui permet pas de la trancher lui-même, il doit, il est vrai, renvoyer les parties à se pourvoir devant les juges compétents, mais que ce renvoi est purement préalable ; le juge de paix n'est donc pas pour cela dessaisi du fond de la contestation ; au contraire, il lui appartiendra d'y statuer ultérieurement selon la décision qu'aura rendue, par rapport à la question préjudicielle, le juge légalement chargé d'en connaitre ; autrement, on ne s'expliquerait pas pourquoi la loi prescrit au juge de paix d'impartir à la partie qui aura élevé la question préjudicielle un bref délai dans lequel elle devra justifier de ses diligences pour la faire décider (Cass., 19 avril 1888).

c) *Qui doit provoquer la décision du tribunal civil ?*

1183. — C'est en principe celui qui a soulevé la question préjudicielle qui doit saisir la juridiction compétente devant laquelle il a été renvoyé.

1184. — Cependant l'électeur, dont la commission municipale a rejeté la demande d'inscription par le motif qu'il est étranger, est tenu de faire la preuve de son droit au rétablissement de son inscription.

Le juge de paix ne peut donc, en prononçant le sursis, mettre à la charge du tiers électeur, qui se borne à demander le maintien de la décision attaquée, le soin de se pourvoir devant l'autorité compétente pour faire trancher la question préjudicielle de nationalité, puis ordonner la réintégration sur les listes électorales de cet électeur, par le motif que le tiers électeur ne justifie

pas avoir fait les diligences nécessaires pour faire constater la nationalité de l'intéressé (Cass., 4 mai 1881).

1185. — Le préfet qui, en vertu des articles 19 et 22 du **décret**
organique du 2 février 1852, demande la radiation d'un individu **des**
listes électorales et qui est renvoyé à faire juger la question d'état
devant le tribunal civil ne peut, alors même qu'il est déclaré **mal**
fondé, être condamné aux dépens (Cass., 20 avril 1836 et **17 juin**
1872).

1186. — Un individu, qui a introduit une instance devant les
tribunaux ordinaires pour faire statuer sur une question préjudicielle d'état, ne peut pas régulièrement appeler en cause le préfet
du département comme représentant de l'Etat. Cette procédure **est**
irrégulière et contraire à l'article 24 du décret du 2 février **1852,**
aux termes duquel lorsqu'une partie a élevé une question préjudicielle d'état, il doit être procédé par voie de simple requête présentée au président du tribunal. Toutefois, si le préfet a été appelé **en**
cause, le tribunal se trouvant saisi par une assignation, le ministère
public ne peut plus intervenir qu'à l'audience. Dès lors, il appartient au préfet de se faire représenter par un avoué qui concluera
à sa mise hors de cause et ce tribunal la prononcera (Lett. min. **int.**
à préfet Alpes-Maritimes, 27 août 1888 sur avis conforme du **mi-**
nistre de la justice).

d) La question de nationalité est définitivement tranchée
par le tribunal.

1187. — La décision rendue par le juge compétent
tranche définitivement la question de nationalité. Le juge
de paix qui a prononcé le sursis doit appliquer les conséquences de cette décision qui, dans la suite, pourra
être invoquée par l'intéressé dans toutes les contestations auxquelles pourrait donner lieu sa nationalité (V.
nos 862, 863 et 1181).

1188. — Quand une partie, ainsi renvoyée à se pourvoir, a obtenu du juge compétent, par la voie qu'indique l'article 22 précité,
un jugement ou arrêt tranchant en sa faveur la question qui tient
en suspens son droit électoral, on ne saurait douter que, dans sa
sentence définitive, le juge de paix ne soit tenu d'appliquer les con-

séquences des dits jugement ou arrêt et d'y conformer sa décision.
Autrement le renvoi, prescrit par la loi et ordonné par le **juge,**
n'aurait pas de sens (Cass., 9 mai 1882).

Il en est évidemment ainsi, lors même que le demandeur **aurait**
été seule partie en cause devant le juge chargé de vider la **question**
d'état (même arrêt).

§ 2. — *Sectionnement.*

1189. — En matière électorale comme en toute **autre,**
si la demande portée devant le juge implique la solution
préalable d'une question de la compétence administrative,
le juge doit surseoir à statuer au fond et renvoyer **préa-**
lablement les parties à se pourvoir devant l'autorité
administrative (Cass., 26 mai 1880).

1190. — Le juge de paix ne saurait décider que l'article 22 **du**
décret du 2 février 1852 ne permet de prononcer le sursis **que**
lorsque la question préjudicielle est une question d'état.

Il doit notamment prononcer ce sursis quand il y a doute **sur les**
prescriptions d'un arrêté de délimitation de deux cantons (Cass., **26**
mai 1880).

1191. — Car il n'appartient qu'à l'autorité administrative **de pro-**
céder au sectionnement des communes en vue des élections **et**
d'interpréter les arrêtés pris par elle à cet effet (Cass., 19 mai **1884).**

1192. — Lorsqu'il y a doute sur la question de savoir si l'habitation d'un électeur est située sur le territoire d'une commune ou sur
celui de la commune voisine, cette question ne peut être **résolue**
que par l'examen des documents administratifs, et si ces **documents**
sont sujets à interprétation, le juge de paix doit donc surseoir **à**
statuer sur la demande principale jusqu'à ce que l'interprétation
ait été donnée par l'autorité administrative (Cass., 23 avril **1883 et**
19 mai 1884).

1193. — En supposant une omission de l'arrêté de sectionnement,
le juge de paix n'est pas compétent pour la réparer. Dans le silence
de l'acte administratif, il n'a pas le droit de classer l'habitation d'un
électeur dans l'une ou l'autre section (Cass., 4 mai 1880 et 19 mai
1884).

1194. — Mais le juge de paix ne viole pas le principe de la séparation des pouvoirs en ne renvoyant pas : 'autorité administrative l'interprétation d'un arrêté de sectionnement s'il déclare que celui-ci est parfaitement clair et détermine avec précision les listes de chacune des sections de la commune (Cass., 15 juillet 1884).

SECTION VI.

DU JUGEMENT.

1195. — Le juge de paix ne peut statuer au fond quand il a déclaré l'appel non recevable (Cass., 12 août 1885).

§ 1. — *Délai dans lequel le jugement doit être rendu.*

1196. — La disposition de l'article 22, qui prescrit au juge de paix de statuer dans les dix jours de l'appel, est une simple disposition d'ordre qui, comme toutes les prescriptions semblables, n'implique pas la nullité du jugement prononcé après l'expiration de ce délai (Cass., 26 avril 1880).

1197. — Aucun texte de loi ne prononce, en effet, la nullité de la sentence rendue en matière électorale après l'expiration de ce déla; (Cass., 16 avril 1885 et 3 août 1886).

1198. — Le juge de paix peut, après la clôture des débats, mettre l'affaire en délibéré en indiquant qu'il rendra son jugement dans la quinzaine sans fixation d'un jour déterminé (Cass., 8 juin 1880).

§ 2. — *Composition du tribunal de paix.*

1199. — Le juge paix ne peut rendre sa décision sans l'assistance de son greffier (Cass., 26 juin 1861).

1200. — Il n'a pas été institué de ministère public

auprès des tribunaux de paix jugeant en matière civile.
Le législateur a ordonné que le juge de paix prononçât
seul en ces matières. La sentence est nulle à raison de
l'intervention de tout représentant du ministère public.
Peu importe qu'il ne soit pas exprimé au jugement que
le commissaire de police ait donné des conclusions ;
sa seule présence a pour effet de changer la constitution du tribunal et de lui imprimer un caractère que
la loi n'a pas voulu lui conférer ; elle pourrait, en certains
cas, exercer sur le juge de paix une influence dont le
législateur a voulu l'affranchir (Cass., 1er avril 1884).

§ 3. — Publicité du jugement.

1201. — La publicité des débats et du jugement est
une condition d'ordre public, qui ne subit point de
dérogation en matière électorale.

Il est de principe que toute décision judiciaire doit
porter avec elle la preuve de sa régularité.

Si donc il ne résulte, ni directement, ni indirectement,
d'aucune des énonciations de la sentence qu'elle a été
prononcée en audience publique, il suit qu'elle manque
d'une des conditions essentielles à sa validité (Cass., 11
mai 1880) (V. n° 1400 § 5).

1202. — Le moyen tiré du défaut de publicité manque en fait si
le jugement attaqué constate positivement qu'il a été rendu en
audience publique (Cass., 21 avril 1887).

1203. — La publicité du jugement résulte suffisamment de la
mention que le juge de paix a statué à l'audience, dans la salle du
prétoire (Cass., 8 avril 1884).

§ 4. — Qualités du jugement.

1204. — Si les jugements rendus en matière électoral

sont dispensés des formes de procédure, ils ne peuvent néanmoins être affranchis des conditions considérées comme substantielles par la loi. Ainsi la rédaction de ces jugements doit, à peine de nullité, contenir les conclusions prises par les parties et l'exposé sommaire des points de fait et de droit.

Il est nécessaire que ces jugements fassent mention de la décision attaquée et de la juridiction dont émane cette décision afin que la Cour de Cassation soit en mesure d'exercer son droit de contrôle tant en ce qui concerne la recevabilité de l'appel qu'en ce qui touche l'usage que chacune des commissions administrative et municipale a fait de ses attributions respectives quant à l'initiative du droit d'inscription ou de radiation sur les listes électorales (Cass., 6 novembre 1888).

§ 5. — *Du droit de défense des parties.*

1205. — Si d'après l'article 22 du décret du 2 février 1852 les jugements en matière électorale sont dispensés des formes de procédure, ils ne peuvent néanmoins s'affranchir des conditions regardées comme substantielles par le droit public, notamment de celles qui intéressent le droit de défense et le droit de discussion réciproque entre les parties.

Par suite, ils doivent constater si les défendeurs étaient présents ou absents, si le débat a été contradictoire ou par défaut (Cass., 22 avril 1884 et 11 avril 1888).

1206. — A faussement appliqué cet article 22 une sentence qui n'indique pas si les parties intimées étaient présentes ou absentes, si elles ont été reçues à présenter leur moyens respectifs sous forme de conclusions ou autrement, ni par conséquent si c'est dans un débat régulièrement engagé devant lui que le juge a puisé les renseignements d'après lesquels il s'est déterminé (Cass., 11 avril 1888).

1207. — Le juge de paix statue en matière électorale sans formes de procédure; les parties peuvent donc se faire représenter devant lui par un mandataire de leur choix et nulle disposition de loi n'exige que ce mandataire soit porteur d'une procuration écrite.

Lorsque les intéressés ont été ainsi représentés à l'audience, le jugement présente tous les caractères d'un jugement contradictoire (Cass., 22 juin 1880).

1208. — Le refus fait par le juge de paix d'entendre un avocat amené par des demandeurs ne peut être regardé comme une atteinte aux droits de la défense lorsqu'il est constaté que ceux-ci ont été présents et ont conclu à l'audience (Cass., 7 mai 1883).

1209. — A la différence des matières ordinaires, où les parties doivent être entendues en personne ou par un fondé de pouvoir, les parties peuvent, en matière électorale, se borner à transmettre au juge de paix leurs conclusions écrites pour lier contradictoirement le débat (Cass., 23 avril 1884 et 11 avril 1888) (V. n° 1234).

1210. — Les conclusions peuvent être transmises par la voie de la poste (Cass., 18 novembre 1884) ou par voie télégraphique (Cass., 20 mai 1886).

§ 6. — *Motifs du jugement.*

1211. — Est nul tout jugement qui ne contient pas de motifs (Loi du 20 avril 1810, art. 7), ou dont les motifs sont insuffisants.

1212. — Pour refuser l'inscription d'électeurs sur les listes électorales, le jugement doit, à peine de nullité, s'expliquer sur tous les chefs des conclusions prises par les demandeurs (Cass., 25 mai 1887).

1213. — Une sentence qui maintient des électeurs sur la liste électorale pour un motif erroné n'en est pas moins valable si d'autres constatations qu'elle contient établissent le droit de ces électeurs d'être inscrits sur la dite liste (Cass., 16 avril 1885).

1214. — Si les demandeurs, tout en alléguant que la commission municipale, dont la décision est frappée d'appel, comptait parmi ses membres le père et l'oncle paternel de l'intimé, n'ont toutefois pris aucunes conclusions de ce chef, le juge n'a pas à y statuer et doit se borner à leur donner acte de leur affirmation (Cass., 20 mai 1886).

1215. — Si une partie a demandé acte au juge d'appel de ce qu'elle affirmait avoir réellement et personnellement signé sa demande à la commission de jugement, à fin d'inscription de son nom sur la liste électorale, le juge de paix n'a pas besoin de délivrer le donné acte si, pour refuser l'inscription, il ne se fonde pas sur l'absence de signature personnelle (Cass., 11 mai 1880).

Exemples de jugements nuls pour défaut ou insuffisance de motifs.

1216. — Est nul le jugement qui ordonne la radiation d'un électeur par ce seul motif qu'il ne réunit aucune des conditions voulues pour être électeur dans la commune, sans expliquer en quoi les conditions légales du droit à l'électorat manquent à cet électeur (Cass., 30 avril 1885).

1217. — Est nulle la sentence qui se borne à dire qu'il n'est pas justifié que les électeurs soient dans les conditions voulues pour être inscrits ou maintenus sur les listes électorales (Cass., 8 avril 1886).

1218. — La mention dans un jugement que des électeurs n'ont aucun intérêt dans la commune ne saurait être considérée comme suffisante pour constater leur non-inscription au rôle des contributions (Cass., 16 avril 1888).

1219. — Un juge de paix ne peut, sans examiner la situation de chacun des individus dont on demande la radiation, se borner à dire que ces individus se trouvent dans une des conditions prévues par la loi, rendant ainsi impossible par cette formule générale et non précisée un recours utile de la part des intéressés et en même temps le contrôle de la Cour de Cassation (Cass., 5 mai 1887).

1220. — Est nul le jugement qui, sans examiner la situation de chaque électeur au point de vue des conditions exigées pour justifier son inscription, confond plusieurs individus dont l'inscription est demandée dans un seul considérant formulé de telle sorte qu'il est impossible à la Cour de Cassation d'apprécier si pour chacun de ces individus l'inscription a été légalement ordonnée ; notamment, s'il déclare que tous ont leur résidence réelle dans la commune, se dispensant de dire quelle a été la durée de cette résidence (Cass., 5 mai 1887).

1221. — Est nul le jugement qui, pour repousser une demande d'inscription, se fonde uniquement sur ce que le demandeur n'avait pas une résidence de six mois dans la commune sans s'expliquer sur les circonstances dans lesquelles il y aurait établi le domicile réel qu'il prétendait y posséder (Cass., 10 avril 1888).

1222. — Est nul le jugement qui, pour ordonner la radiation d'un électeur précédemment inscrit sur la liste électorale de la commune et demandant à y être maintenu, se fonde sur cette considération qu'il n'y réside plus et qu'il n'est pas compris au rôle des prestations en nature. Il ne suit pas en effet de ces déclarations ni que l'électeur ait cessé d'avoir son domicile réel dans la commune ni qu'il ne figure pas au rôle des contributions de cette commune (Cass., 14 avril 1890)

1223. — Est nul le jugement qui, pour repousser la demande d'inscription d'un électeur, s'est fondé sur ce qu'il a été condamné à l'emprisonnement pour vol de récoltes et qui pour le démontrer se réfère à un arrêt de cassation applicable à un autre électeur. Il est en ce cas juridiquement établi que l'électeur intéressé n'est pas frappé d'incapacité électorale et l'erreur de fait qui sert de fondement au jugement est authentiquement démontrée par sa référence même à l'arrêt de la Cour de Cassation (Cass., 24 juin 1890) (V. n° 1398).

1224. — Est nul le jugement qui rejette un appel sans motifs par l'unique raison que l'absence des appelants fait supposer que leur demande est mal fondée, alors que ceux-ci ont envoyé au juge de paix un mémoire contenant leurs moyens d'appel et leurs conclusions (Cass., 11 avril 1888) (V. n° 1209).

1225. — Le juge ne peut admettre l'inscription d'un électeur par l'unique motif qu'il a plus de trois ans de résidence dans la commune sans s'expliquer sur les conclusions d'un tiers électeur qui pour repousser la nouvelle demande de cet électeur invoque formellement l'autorité de la chose jugée (Cass., 11 avril 1888).

1226. — Est nul le jugement qui, sans donner de motifs à l'appui de sa décision, rejette des conclusions formelles prises par des tiers électeurs demandant l'infirmation de la décision de la commission municipale qui avait rayé un électeur, et fondées notamment sur ce qu'aucun avertissement n'avait été donné à cet électeur pour l'informer de sa radiation d'office conformément à l'art. 4 de la loi du 7 juillet 1874 (Cass., 15 avril 1886).

1227. — Si aux termes de l'article 21 du code civil le français qui sans autorisation du gouvernement prend du service militaire à l'étranger perd sa qualité de français, c'est à la condition qu'à l'époque où il a contracté son engagement, ce français soit majeur et capable de faire un acte touchant à son état civil et constituant une abdication de nationalité.

Le juge de paix ne peut donc se borner à déclarer qu'il résulte des pièces produites que le demandeur a perdu la qualité de français en prenant du service militaire en Belgique, sans indiquer ni la provenance des pièces produites ni la nature des actes d'où dérive la prise du service militaire ni enfin la date de l'engagement qui seule peut établir s'il a été contracté en majorité ou minorité (Cass., 8 avril 1886).

1228. — Le juge de paix a le devoir de s'expliquer sur la valeur juridique de pièces et documents produits à l'appui d'une demande en radiation d'électeurs fondée sur ce qu'ils ne résident plus dans la commune depuis six mois et n'y figurent pas d'ailleurs sur les rôles des contributions. Il ne peut se borner à déclarer, pour repousser cette demande, que le demandeur ne prouve pas qu'aucun changement d'état ou qu'aucune cause juridique de radiation soient survenus au regard de ces électeurs depuis les décisions rendues par lui en 1885 et 1886 et par lesquelles il les avait maintenus comme régulièrement inscrits sur la liste électorale de la commune. Ce motif général et sans précision ne saurait constituer une base légale et suffisante du jugement attaqué qui applique ainsi faussement l'article 1351 du code civil et viole les articles 1315 du même code et 7 de la loi du 20 avril 1810 (Cass., 5 mai 1887) (V. nᵒˢ 877 et 894) (1).

1229. — Le juge de paix ne peut rejeter la demande d'un tiers électeur tendant à l'inscription d'électeurs sur la liste d'une section déterminée, en se fondant sur ce que la commission municipale a seule qualité pour dresser les listes des sections et qu'il ne peut appartenir à un tiers électeur de demander que tels ou tels citoyens soient portés dans une section plutôt que dans une autre (Cass., 18 novembre 1884) (V. encore nᵒˢ 140, 141 et 142).

---

(1) Il eût suffi d'un considérant constatant que ces électeurs étaient toujours domiciliés dans la commune.

§ 7. — *Gratuité du jugement.*

1230. — Le juge doit en matière électorale statuer sans frais. Il ne peut dès lors condamner une des parties en cause aux frais de l'instance (Cass., 30 mai 1888).

SECTION VII.

DES JUGEMENTS PAR DÉFAUT.

§ 1. — *Quand le jugement est-il rendu par défaut ?*

1231. — Le jugement est rendu par défaut si l'électeur quoique ayant reçu l'avertissement prescrit par la loi n'a pas comparu à l'audience ou n'a pas lié le débat (Cass., 17 avril 1885) (V. nᵒˢ 1318 et 1319).

1232. — La demande d'un délai pour produire au juge de paix les pièces à l'appui d'une réclamation lie la cause à l'égard du réclamant et dès lors bien que celui-ci ne se présente pas à l'expiration du délai le jugement qui rejette sa demande ne peut être réputé par défaut contre lui (Cass., 30 mars 1863) (V. nᵒˢ 1236 et 1238).

1233. — Est contradictoire un jugement intervenu entre des demandeurs, appelants d'une décision de la commission municipale, représentés par un avocat qui a pris en leur nom et déposé des conclusions écrites au soutien de leur appel, et un intimé dont l'inscription était contestée, qui a transmis au juge de paix par voie télégraphique ses explications en défense dont il a été fait état dans les motifs du jugement (Cass., 20 mai 1886).

1234. — Lorsque les parties se bornent à envoyer au juge de paix leurs conclusions écrites par la poste ou par voie télégraphique, s'ils ne comparaissent pas ni personne pour eux à l'audience et si dès lors il doit être donné défaut contre eux au point de vue de la procédure, l'affaire n'en est pas moins contradictoire au fond (Cass., 11 avril 1888) (V. nᵒ 1209).

19

§ 2. — *Quel est le recours ouvert contre les jugements par défaut.*

1235. — Les jugements rendus par défaut en matière électorale sont susceptibles d'opposition comme tous autres jugements (Cass., 29 mars 1881, 12 février et 22 mai 1883).

1236. — L'opposition peut être formée même contre les jugements rendus par défaut congé (Cass., 22 mai 1883) (V. n° 1238).

1237. — La règle de l'article 20 du code de procédure civile, conçue en termes généraux, est dès lors applicable à toutes les matières de la compétence des juges de paix, à moins de dérogation expresse ou virtuelle résultant d'une loi particulière. On ne saurait faire résulter cette dérogation de l'esprit général des lois et décrets rendus en matière électorale, l'opposition prévue par l'article 20 ci-dessus visé n'entraînant qu'un retard et des frais minimes, frais que l'opposant est d'ailleurs toujours libre d'éviter en s'abstenant de faire défaut (Cass., 22 mai 1883).

1238. — L'opposition ne saurait être déclarée non recevable par le motif que l'électeur, ayant comparu à l'audience où il a conclu à une mesure d'instruction préparatoire, a été mis à même de se défendre au fond et que ne l'ayant pas fait il est réputé s'être désisté de son appel et ne peut revenir contre ce désistement par la voie indirecte de l'opposition. Une semblable décision aboutit à limiter en matière électorale le droit de faire défaut. Cette limitation est purement arbitraire.

Il est bien vrai que le défendeur défaillant est réputé renoncer à sa demande, mais l'effet de l'opposition est précisément d'anéantir cette présomption et de remettre la cause au même état qu'avant le jugement par défaut. Ces principes sont d'une application générale et rien n'autorise le juge à s'en affranchir dans le jugement des contestations électorales (Cass., 22 mai 1883).

1239. — Mais si le jugement n'est pas par défaut, si notamment les parties intéressées n'ont pas reçu d'avertissement et n'ont pas comparu à l'audience, ce n'est pas par la voie de l'opposition, c'est uniquement par celle du recours en cassation qu'il peut être attaqué. En matière électorale de même qu'en matière ordinaire l'opposition n'est en effet possible qu'à ceux qui ont été appelés au débat et sont parties défaillantes au jugement (Cass., 22 juin 1880 et 10 avril 1888).

1240. — Le jugement, qui déclare non recevable une opposition formée contre un précédent jugement rejetant la réclamation d'un tiers électeur qui n'avait pas reçu d'avertissement et n'a pas figuré comme partie défaillante, ne viole donc aucune loi. Si ce jugement est seul attaqué le pourvoi n'est pas fondé (Cass., 4 mai 1887) (1).

1241. — Par contre, le jugement qui admet une opposition faite à un précédent jugement par un électeur dont la radiation a été prononcée, sans qu'un avertissement lui ait été donné, méconnaît l'ordre même des juridictions et est entaché d'une nullité d'ordre public qui ne peut être couverte par le fait que les demandeurs en cassation n'ont pas contesté l'opposition et se sont bornés à combattre des prétentions au fond. Il appartient à la Cour de Cassation de relever d'office cette nullité d'ordre public (Cass., 10 avril 1888).

1242. — C'est la voie du recours en cassation et non celle de l'opposition qui est ouverte, lorsque le jugement se borne à dire qu'il statue par défaut, l'appelant ne s'étant pas présenté, car il ne peut être statué par défaut sans qu'il soit constaté que l'avertissement a été donné (Cass., 4 avril 1883).

1243. — C'est également la voie du recours en cassation qui est seule ouverte lorsque le jugement par défaut ayant été notifié les délais d'opposition sont expirés (Cass., 13 mai 1863 et 2 avril 1867).

1244. — L'existence d'un pourvoi ne fait pas d'ailleurs obstacle à ce que le jugement de défaut attaqué à tort par la voie du recours en cassation soit frappé d'opposition (Cass., 8 juin 1880).

§ 3. — *Qui peut former opposition ?*

a) *Electeur.*

1245. — L'électeur, qui appelle d'une décision de la

(1) C'est le premier jugement que doit attaquer le demandeur en cassation.

commission de jugement rejetant sa demande d'inscription et qui, dûment averti, n'a pas comparu, peut former opposition au jugement de défaut pris contre lui.

1246. — L'électeur, qui a obtenu son inscription de la commission de jugement et qui, dûment averti, n'a pas comparu devant le juge de paix pour défendre à une demande de radiation formée en appel par un tiers électeur, peut également former opposition au jugement de défaut rendu contre lui.

1247. — L'électeur, dont un tiers électeur combat en appel l'inscription qu'un premier tiers électeur a obtenue de la commission de jugement, ne pourrait pas, bien qu'ayant reçu à tort un avertissement du juge de paix et n'ayant pas comparu à l'audience, former opposition au jugement intervenu entre ces deux tiers électeurs, puisqu'il a été représenté par le tiers électeur intimé agissant en son lieu et place (V. n° 1358).

1248. — Toutefois, si ce dernier, bien que dûment averti, n'avait pas comparu, l'électeur dont le droit électoral est en cause, pourrait formuler opposition au jugement rendu par défaut et auquel il figure d'ailleurs lui-même comme partie défaillante (Cass., 29 mars 1881).

1249. — L'électeur, qui a demandé son inscription à la commission de jugement et qui ne l'a pas obtenue, ne peut pas, même s'il a été averti à tort et n'a pas comparu à l'audience, former opposition au jugement rendu par le juge de paix sur l'appel formé par un tiers électeur contre la décision de rejet de la commission. Il le pourrait, au cas où le tiers électeur, dûment averti, n'aurait pas comparu lui-même et aurait laissé prendre un jugement par défaut (1).

b) *Tiers électeur.*

1250. — Dans les hypothèses inverses de celles prévues par les trois numéros précédents, c'est-à-dire, si l'électeur averti comparaît et si le tiers électeur également averti ne comparaît pas, ce dernier ne peut pas former opposition au jugement rendu en son absence sur les conclusions prises par l'électeur.

Il le pourrait, si celui-ci avait lui-même fait défaut. C'est toujours la conséquence de l'indivisibilité des deux actions individuelle et populaire qui sont exercées pour le même objet.

1251. — Le tiers électeur, ayant seul agi en dehors de toute action de l'électeur, peut former opposition au jugement par défaut, rendu sur son appel, d'une décision de la commission municipale repoussant sa demande en inscription dudit électeur.

1252. — De même, le tiers électeur qui, après avoir obtenu l'inscription d'un électeur, défend à l'appel élevé par un autre tiers électeur contre la décision de la commission municipale, peut former opposition au jugement de défaut rendu contre lui, sans que l'électeur ait jamais été partie à l'instance.

§ 4. — *Délais de l'opposition.*

1253. — L'opposition est recevable jusqu'à l'expiration du délai de trois jours à partir de la notification

---

(1) Il en est ainsi parce que l'électeur est considéré comme ayant été représenté par le tiers électeur.

du jugement par défaut (Cass., 29 mars 1881 et 12 février 1883) ; par conséquent, sans limitation de temps, à défaut de notification.

1254 — Le délai légal de trois jours imparti par l'article 20 du code de procédure civile pour faire opposition ne peut courir contre un électeur à qui la sentence n'a pas été signifiée ; il importe peu que la signification ait été impossible, cet électeur n'ayant pas d'adversaire dans l'instance, et qu'il ait eu indirectement connaissance de l'existence et du contenu de cette sentence (Cass., 26 avril 1888).

1255. — L'avis donné au maire du jugement par défaut et la connaissance qu'auraient eue les parties de cet avis ne sauraient dispenser de la notification elle-même (Cass., 12 février 1883).

1256, — D'ailleurs la signification faite par le maire d'un jugement rendu par défaut ne fait pas courir le délai de l'opposition, le maire n'ayant pas qualité pour faire cette signification ; en conséquence, la voie de l'opposition restant toujours ouverte à la partie, son pourvoi n'est pas recevable (Cass., 21 décembre 1881).

SECTION VIII.

DES AVIS D'INFIRMATION PAR LE JUGE DE PAIX.

1257. — **Le juge de paix donnera avis des infirmations par lui prononcées au préfet et au maire dans les trois jours de la décision** (Décret règlementaire du 2 février 1852, art. 6).

1258. — L'inobservation du délai dans lequel il est enjoint au juge de paix d'aviser le préfet et le maire des infirmations par lui prononcées, ne saurait porter atteinte à la validité du jugement qu'il a régulièrement rendu (Cass., 16 avril 1890) (V. n° 1408).

SECTION IX.

De la notification des jugements.

1259. — La notification du jugement doit être faite à la requête de la partie qui a obtenu gain de cause, soit par ministère d'huissier (Lett. min. int. à préfet Ain, 28 mars 1888), soit par l'intermédiaire d'un agent assermenté (Cass., 18 avril 1888, sol. impl.) (V. n°s 1256, 1370 et 1374).

1260. — La notification est adressée à la partie qui a figuré dans l'instance comme adversaire.

1261. — Aucune notification n'est nécessaire s'il n'y a eu qu'une partie en cause (V. n°s 1254 et 1334).

1262. — Aucune disposition de loi ne prescrit au juge de paix de notifier son jugement (Cass., 4 mai 1880).

1263. — Aucune loi ne déclare nulle en matière électorale la sentence pour n'avoir pas été notifiée aux parties (Cass., 1 mai 1882 et 3 août 1886) (V. n° 1409).

1264. — Les exploits de notification du jugement sont dispensés du timbre et enregistrés gratis (Décret organique du 2 février 1852, art. 24) (V. n° 1374).

CHAPITRE V.

DU POURVOI EN CASSATION.

1265. — La décision du juge de paix est en dernier ressort; mais elle peut être déférée à la Cour de Cassation.

Le pourvoi n'est recevable que s'il est formé dans les dix jours de la notification de la décision.

Il n'est pas suspensif.

Il est formé par simple requête, dénoncé aux défendeurs dans les dix jours qui suivent; il est dispensé de l'intermédiaire d'un avocat à la Cour et jugé d'urgence, sans frais, ni consignation d'amende.

Les pièces et mémoires fournis par les parties sont transmis, sans frais, par le greffier de la justice de paix au greffier de la Cour de Cassation (Décret organique du 2 février 1852, art. 23).

Division.

§ 6. — *Procureur général près la Cour de Cassation.*

SECTION III. — FORMES DU POURVOI.

§ 1. — *Pourvoi fait au greffe de la justice de paix.*
    a) *requête.*
    b) *déclaration.*

§ 2. — *Pourvoi adressé directement à la Cour de Cassation.*

SECTION IV. — DÉLAI DANS LEQUEL DOIT ÊTRE FORMÉ LE POURVOI.

§ 1. — *Cas où le requérant n'a pas eu de contradicteur en appel.*

§ 2. — *Cas où le requérant a eu un contradicteur en appel.*
    a) *s'il y a eu notification.*
    b) *s'il n'y a pas eu notification.*

§ 3. — *Cas où le jugement a été rendu en dehors des formes légales.*

SECTION V. — DÉNONCIATION DU POURVOI

§ 1. — *A qui doit être faite la dénonciation.*
    a) *électeur.*
        1° dont la radiation est demandée.
        2° dont l'inscription est demandée.
    b) *tiers électeur.*
    c) *membre de la commission de jugement.*
    d) *préfet et sous-préfet.*

§ 2. — *Formes de la dénonciation.*
    a) *personnes pouvant être chargées de la dénonciation.*
        1° huissier.
        2° agent administratif assermenté.
    b) *contenu de la dénonciation.*

§ 3. — *Délai dans lequel doit être faite la dénonciation.*

SECTION VI. — MOYENS DE CASSATION.

§ 1. — *Indication des moyens dans la requête ou le mémoire supplétif.*

§ 2. — *Moyens pouvant être invoqués.*
    a) *moyens tirés de la violation de la loi.*
    b) *moyens d'ordre public.*

§ 3. — *Moyens ne pouvant pas être invoqués.*
    a) *moyens nouveaux.*
    b) *moyens insuffisants.*

SECTION Iʳᵉ.

Décisions susceptibles de pourvois.

1266. — Les seules décisions susceptibles de pourvoi sont les sentences définitives du juge de paix (Cass., 18 avril 1888).

1267. — Le recours en cassation n'est ouvert que contre les sentences définitives et non contre celles par défaut qui peuvent être revisées sur opposition (Cass., 29 mars 1881, 5 mars et 7 avril 1884, 17 et 18 avril 1888).

1268. — Mais si le jugement par défaut a été notifié, le pourvoi peut être formé à l'expiration du délai de trois jours accordé à partir de la notification pour faire opposition (Cass., 13 mai 1863 et 2 avril 1867).

1269. — Les décisions en dernier ressort pouvant seules être déférées à la Cour de Cassation, les décisions de la commission de jugement qui constitue en matière électorale le premier degré de juridiction ne peuvent faire l'objet d'un pourvoi en cassation (Cass., 8 mai 1878 et 2 avril 1879).

1270. — Les opérations de la commission administrative ne constituent pas des actes judiciaires et ne sont pas, par conséquent, susceptibles de pourvoi en cassation (Cass., 26 avril 1881).

1271. — En matière électorale, la requête civile étant impraticable, l'omission de statuer constitue un grief de cassation ; elle emporte, en effet, violation de la disposition du décret de 1852 qui ordonne au juge de paix de statuer dans les dix jours sur les appels portés devant lui (Cass., 20 mai 1884).

1272. — L'article 22 du décret organique du 2 février 1852 confère aux juges de paix le pouvoir et par conséquent leur impose l'obligation de prononcer sur l'appel formé contre les décisions rendues en matière électorale par les commissions municipales ; le juge qui manque à cette obligation viole par conséquent la loi qui la lui imposait.

Si l'article 480 n° 5 du code de procédure civile érige en un cas de requête civile l'omission par le juge de prononcer sur un des chefs de la demande, cette voie de recours, qui exige une procédure lente et compliquée, ainsi que des frais et consignations de diverse nature, est manifestement inapplicable à la procédure rapide et gratuite édictée par la loi en matière électorale. Toutefois un jugement qui n'a statué que d'une manière incomplète sur une demande d'inscription ou de radiation n'en est pas moins entaché, sous ce rapport, du vice ci-dessus signalé qui doit en entraîner la cassation en cette partie. La solution contraire aboutirait à un déni de justice (Cass., 1er avril 1878).

1273. — Pour qu'il y ait eu à proprement parler omission de statuer, il faut que le juge de paix ait été réellement saisi du litige. Il ne saurait y avoir lieu à pourvoi lorsque le greffier a refusé de recevoir l'appel.

Si lorsqu'un maire refuse de soumettre à la commission municipale une demande d'inscription ou de radiation, l'électeur peut tenir l'omission de statuer par cette commission comme une décision emportant rejet de la demande, et soumettre au juge de paix, par la voie de l'appel, le jugement de son action, cela tient à ce que ce magistrat est juge au second degré de la contestation, et qu'en cette matière il peut toujours et au besoin par évocation statuer sur le litige au vu des pièces produites même pour la première fois devant lui. On ne saurait appliquer les mêmes principes au pourvoi en cassation, alors qu'il n'est intervenu aucun jugement de juge de paix sur un appel que le greffe a refusé de recevoir.

En effet, la Cour de Cassation n'a pas compétence pour prononcer au fond sur la demande dont le juge de paix aurait pu connaître, mais pour juger en droit si le jugement attaqué, c'est-à-dire une décision prononcée, est entaché de quelque nullité ou a violé quelque disposition de la loi ; à défaut d'existence, et par suite de possibilité de production du jugement contre lequel le pourvoi est formé, la Cour de Cassation ne peut ni apprécier le sens et la portée d'actes ou de faits allégués sur le fond par le pourvoi, ni reconnaître les textes de loi qui auraient été violés par ce prétendu jugement (Cass., 19 mai 1884).

SECTION II.

QUI PEUT FORMER UN POURVOI.

1274. — Le recours en cassation contre les sentences rendues par les juges de paix n'est ouvert qu'à ceux qui ont été parties dans l'instance ou qui auraient dû y être appelés (Cass., 19 mai 1884, 1er juin 1886, 17 avril 1888 et 20 mai 1890).

1275. — Le pourvoi n'est recevable que si le jugement n'a pas fait droit à la demande de celui qui le forme (Cass., 12 avril et 8 mai 1876).

1276. — L'électeur qui a reconnu devant le juge de paix le bien fondé de l'appel relevé par un tiers électeur de la décision de la commission municipale qui a ordonné son inscription a renoncé définitivement au droit que lui avait conféré la décision de la commission et n'est pas recevable à se pourvoir en cassation contre ce jugement auquel il a ainsi acquiescé sans réserve (Cass., 30 avril 1885).

§ 1. — *Electeur en cause.*

1277. — Tout électeur peut se pourvoir contre le jugement qui a repoussé sa demande d'inscription ou ordonné sa radiation.

1278. — L'électeur dont l'inscription a été demandée en première instance et en appel par un tiers électeur a le droit de se pourvoir en cassation contre le jugement qui a refusé d'ordonner son inscription (Cass., 14 et 21 mai 1884).

1279. — S'il s'agit d'une inscription à titre de contribuable, il faut qu'une demande personnelle d'inscription ait été faite par l'électeur tout au moins devant le juge de paix (V. nᵒˢ 1138 et 1139).

1280. — Le pourvoi d'un électeur n'est valable que pour lui-même s'il ne justifie pas qu'il a reçu mandat des autres électeurs dont le juge de paix a également ordonné la radiation (Cass., 20 mai 1886).

1281. — Le pourvoi formé tant dans l'intérêt du demandeur que dans l'intérêt d'un certain nombre d'électeurs qui devant le juge de paix ont été représentés par un mandataire spécial ou ont comparu en personne, n'est pas recevable quant à ces électeurs alors qu'il n'apparaît d'aucun mandat donné par eux pour déférer le jugement attaqué à la Cour de Cassation (Cass., 30 avril 1877).

1282. — Ceux qui ne figurent dans une instance que comme intimés et pour défendre à l'appel formé contre la décision qui les a maintenus sur une liste électorale, ne peuvent se pourvoir afin de critiquer la sentence par laquelle un autre électeur a été maintenu sur la même liste. Ils sont des tiers relativement à ce dernier et ne sont pas parties au chef du jugement qui le concerne (Cass., 5 juin 1878).

§ 2. — *Tiers électeur.*

1283. — Tout tiers électeur qui a été partie dans l'instance d'appel ou qui aurait dû y être appelé peut se pourvoir contre le jugement rendu à l'occasion de cette instance.

1284. — Un tiers électeur n'est pas recevable à se pourvoir en cassation contre un jugement, lorsqu'il n'y a pas été partie (Cass., 20 mai 1890).

Il ne peut d'ailleurs, sans s'inscrire en faux, prétendre à la faveur de documents produits devant la Cour de Cassation, qu'il a été partie à une décision lorsque le contraire résulte de cette décision (Cass., 25 juin 1883).

1285. — Le tiers, qui n'a paru devant le juge de paix que comme mandataire d'une partie figurant dans l'instance et pour conclure au nom de celle-ci, n'a pas qualité pour attaquer la décision du juge de paix par recours en cassation (Cass., 8 avril et 8 mai 1878).

1286. — Le tiers électeur qui a réclamé devant la commission municipale des inscriptions ou radiations peut se pourvoir en cassation contre les jugements rendus sur l'appel de ces décisions bien qu'il n'ait pas figuré dans l'instance d'appel (Cass., 4 avril 1883).

Mais, si de deux ou plusieurs tiers électeurs dont la réclamation a été repoussée par la commission municipale un seul interjette appel, le silence gardé par les autres emporte acquiescement à la décision rendue et ils ne peuvent à leur tour reprendre l'affaire et se pourvoir contre le jugement qui a repoussé la demande du seul appelant (Cass., 19 mai 1884).

1287. — Est à la fois recevable et fondé à se pourvoir en cassation pour faire prononcer la nullité d'un jugement rendu hors de sa présence et qui ne lui a pas été signifié, le tiers électeur, appelant d'une décision de la commission municipale, à qui le juge de paix n'a pas donné un avertissement trois jours avant l'audience, où il a été statué sur l'appel (Cass., 10 mai 1887).

1288. — Le tiers électeur qui a exercé l'action populaire représente tous les intéressés compris au jugement qu'il a provoqué et peut en demander la cassation totale (Cass., 22 avril 1884).

1289. — Le tiers électeur intervenant en appel peut se pourvoir contre le jugement auquel il a été partie.

Ainsi, le tiers électeur qui a pris devant le juge de paix la défense d'électeurs dont l'inscription était contestée par un autre tiers électeur peut se pourvoir contre le jugement du juge de paix qui ne lui a pas donné gain de cause. Il agit en vertu du droit ouvert par l'article 19 du décret du 2 février 1852 et par l'article 5 de la loi du 7 juillet 1874. On ne peut donc lui opposer ni un défaut d'intérêt, ni un défaut de mandat (Cass., 1 mai 1882) (V. nos 1102 et suivants).

S'il n'apparaît pas que devant le juge de paix le tiers électeur soit intervenu en la cause et ait pris des conclusions, il ne saurait être réputé avoir été partie à l'instance devant le juge de paix et il se trouve dès lors sans qualité pour se pourvoir en cassation (Cass., 9 mai 1889) (V. n°ˢ 1112 et suivants).

1290. — Ne peut former un pourvoi le tiers électeur qui, n'ayant pas été partie dans l'instance d'appel, agit au nom d'un électeur qui ne lui a pas donné mandat à cet effet.

Ainsi, n'est pas recevable le pourvoi formé par un tiers sans mandat contre la décision du juge de paix qui a repoussé une demande d'inscription que n'a pas faite l'électeur lui-même lorsqu'une demande personnelle doit être formée (Cass., 11 avril 1881) (V. n°ˢ 1309 et suivants).

1291. — Tout électeur peut déférer en cassation le jugement du juge de paix rendu sur simple requête, sans qu'il y ait eu décision préalable de la commission municipale (Cass., 10 août 1864, 5 juillet 1865 et 3 avril 1866) (V. n° 1344).

§ 3. — *Membres de la commission de jugement.*

1292. — Ni la commission municipale prise en corps, ni ses membres agissant individuellement, n'ont qualité pour se pourvoir en cassation d'un jugement qui a infirmé une de ses décisions (Cass., 19 avril 1888).

1293. — Il en est ainsi, alors même que les commissions ont omis de statuer, ce qui équivaut au rejet de la demande, quelle que soit d'ailleurs la cause de cette omission et même dans le cas où les commissions n'ont pas été convoquées par le maire pour un motif quelconque (Cass., 26 mars 1890).

1294. — Le maire, membre et président de la commission municipale chargée de statuer, en premier ressort, sur les contestations concernant les listes électorales, ne peut attaquer par aucune voie les jugements rendus sur l'appel des décisions de cette commission (Cass., 25 février 1880).

§ 4. — *Maire.*

1295. — Le maire, lors même qu'il n'aurait pas pris part comme juge à la décision de la commission municipale, n'a pas néanmoins qualité pour se pourvoir en cassation à titre de maire (Cass., 20 mars 1876).

1296. — Mais il pourrait se pourvoir à titre de tiers électeur s'il avait été partie en cette qualité dans l'instance d'appel (Cass., 30 avril 1885).

1297. — Le maire n'a pas qualité pour faire au greffe de la justice de paix une déclaration de pourvoi au nom d'électeurs dont la radiation a été ordonnée par la décision attaquée, ni signer dans leur intérêt une requête en cassation, sans justifier que ces électeurs lui ont donné à cet effet un mandat (Cass., 25 avril 1877).

§ 5. — *Préfet et sous-préfet.*

1298. — Le préfet qui, usant du pouvoir que lui confère l'article 19 du décret du 2 février 1852, a réclamé l'inscription ou la radiation d'un citoyen omis ou indûment inscrit, et s'est constitué partie dans l'instance à laquelle a donné lieu cette réclamation, peut former un pourvoi en cassation contre la sentence du juge de paix (Cass., 16 mai 1877).

1299. — Mais le préfet ne peut se pourvoir en cassation contre la sentence du juge de paix, que lorsqu'il a été partie présente ou représentée en première instance ou en appel (Cass., 5 mai 1884).

1300. — Il n'a pas, en effet, qualité pour se pourvoir dans l'intérêt de la loi contre la décision du juge de paix, alors même qu'elle violerait évidemment le décret du 2 février 1852. Ce droit n'appartient qu'au procureur général près la Cour de Cassation (Cass., 10 novembre 1860).

§ 6. — *Procureur général près la cour de cassation.*

1301. — Le procureur général près la Cour de Cassation peut se pourvoir d'office ou sur l'ordre du Garde des Sceaux contre tout jugement contraire aux lois et entaché d'excès de pouvoir contre lequel aucun recours n'a été formé par les parties intéressées (Cass., 17 mars 1873).

1302. — Il peut se pourvoir à l'audience, dans l'intérêt de la loi, bien que la Cour ait rejeté le pourvoi des parties pour vice de formes (Cass., 8 mai 1876, 19 avril 1882 et 12 février 1883).

SECTION III.

FORMES DU POURVOI

1303. — Aux termes de l'article 23 du décret du 2 février 1852, en matière électorale, le pourvoi doit être formé par requête déposée au greffe de la Cour de Cassation ou au greffe de la justice de paix (Cass., 3 juin 1885).

1304. — Il est dispensé de l'intermédiaire d'un avocat à la Cour et jugé d'urgence, sans frais ni consignation d'amende (Décret organique du 2 février 1852, art. 23, § 4).

1305. — S'il importe, pour qu'il soit possible de constater l'observation des délais fixés par cet article, que la date du pourvoi soit certaine et si la certitude à cet égard peut résulter du dépôt de la requête, soit au greffe de la Cour de Cassation, soit au greffe de la justice de paix, la généralité des termes de l'article autorise le demandeur à faire faire la constatation de la date de la requête, par la voie de l'enregistrement, conformément au droit commun (Cass., 20 mai 1886).

1306. — La formalité de l'enregistrement se donne gratuitement (Décret organique du 2 février 1852, art. 24, § 1).

1307. — On ne saurait considérer comme une requête une lettre

20

missive adressée à un fonctionnaire de l'ordre administratif pour le prier de former lui-même un pourvoi (Cass., 22 avril 1884).

1308. — Aucune disposition de loi ne donne au juge de **paix** mission de recevoir cette requête (Cass., 7 décembre 1886).

1309. — Le pourvoi peut être formé par l'intéressé lui-même ou par son mandataire.

1310. — L'article 1985 du code civil dispose que le mandat peut être donné par acte public ou par écrit sous seing privé et même par lettre. Aucun texte de loi, en ce qui concerne la formation du pourvoi en matière électorale, n'a dérogé ni explicitement, ni implicitement, à cette règle générale.

Un mandataire porteur d'une procuration sous signature privée enregistrée, peut donc valablement former pourvoi (Cass., 29 juillet 1885).

1311. — Un tiers ne peut pas exciper d'un mandat verbal quand il fait sa déclaration de pourvoi.

La déclaration du mandant qu'il a donné pouvoir pour former le pourvoi n'établit pas d'ailleurs quand elle est postérieure en date au recours que le mandataire ait agi en vertu d'un pouvoir régulier (Cass., 28 mai 1889).

1312. — Une lettre dont la signature n'est pas légalisée et dont rien n'atteste la sincérité ne peut constituer un mandat régulier (Cass., 24 mars 1884).

1313. — Le mandat doit être donné expressément pour la déclaration de pourvoi. Celui qui a été le mandataire en appel d'un certain nombre d'électeurs ne peut être considéré comme étant investi de droit d'un pouvoir suffisant pour former un pourvoi (Cass., 7 mai 1884).

1314. — Le pourvoi n'est pas recevable si les demandeurs ne satisfont pas aux prescriptions de l'article 1er du titre IV du règlement du 30 juin 1738 et n'indiquent aucun moyen de cassation ou ne visent aucun texte de loi que le jugement aurait violé ou faussement appliqué (Cass., 21 décembre 1885).

1315. — La requête qui serait muette à cet égard peut être appuyée d'un mémoire ou écrit supplétif contenant ces indications.

1816. — Le pourvoi formé contre une décision du juge de paix sans indication de moyen de cassation ou du texte de loi qui aurait été violé, et sans production de mémoire ou écrit supplétif pour réparer cette omission, doit être déclaré non recevable (Cass., 10 novembre 1874, 20 janvier 1875 ; 4 mars et 2 avril 1878).

Il en est ainsi spécialement du pourvoi à l'appui duquel le demandeur se borne à dire que le juge de paix a faussement appliqué la loi électorale (Cass., 2 avril 1878).

§ 1. — *Pourvoi fait au greffe de la justice de paix.*

1317. — Ce pourvoi peut être fait sous forme de requête ou par simple déclaration au greffe.

a) *Requête.*

1318. — Le pourvoi fait sous forme de requête adressée à la Cour de Cassation est déposé au greffe de la justice de paix.

1319. — Il a pour date non celle qui est inscrite sur la requête par la partie mais celle du dépôt au greffe que doit constater le greffier par une mention portée sur la requête et signée de lui.

1320. — Si le pourvoi déposé sans date certaine (1) au greffe de la justice de paix n'a été envoyé au greffier de la Cour de Cassation qu'après l'expiration du délai de dix jours, il est tardif et non recevable (Cass., 21 avril 1887). Sauf bien entendu le cas où la requête aurait été enregistrée (V. no 1305).

1321. — La date de l'inventaire dressé par le greffier avant l'envoi des pièces, si elle est postérieure au délai de dix jours, ne peut couvrir le défaut de date certaine (Cass., 10 avril 1888).

b) *Déclaration*

1322. — Le pourvoi peut aussi être fait par simple

---

(1) C'est-à-dire sans qu'il porte la mention de la date du dépôt que doit apposer le greffier.

déclaration des parties au greffe de la justice de paix (Circ. min. int., 26 avril 1849).

1323. — La déclaration peut être écrite ou verbale. En ce dernier cas, le greffier doit dresser acte de cette déclaration (Cass., 7 mars 1864).

1324. — Une déclaration de pourvoi peut aussi être signifiée au greffe de la justice de paix par huissier (Cass., 24 mars 1863).

Si le demandeur en cassation a été mis dans la nécessité de faire constater par acte extrajudiciaire sa déclaration de pourvoi à raison du refus du greffier de justice de paix de la recevoir, il ne peut pas demander à la Cour de Cassation incompétente à cet égard de prononcer, en matière civile, contre ce greffier, qui n'est pas en cause, le coût de l'acte qu'il a eu le tort de rendre nécessaire (Cass., 4 juillet 1870).

1325. — Les énonciations d'un certificat dressé par un garde champêtre et constatant l'intention d'un certain nombre d'électeurs de déférer à la Cour de Cassation un jugement qui a ordonné leur radiation, ne peuvent être considérées comme contenant la déclaration de pourvoi exigée par la loi (Cass., 8 août 1877).

§ 2. — *Pourvoi adressé directement à la Cour de Cassation.*

1326. — Le pourvoi en cassation est valablement formé par une requête directement adressée en temps utile à la Cour de Cassation (Cass., 6 mai 1878).

1327. — La signature du requérant doit en principe être légalisée (Cass., 8 avril 1884).

1328. — Il faut que cette requête soit parvenue au greffe de la Cour avant l'expiration du délai de recours afin qu'il soit certain qu'elle n'a pu être antidatée (Cass., 16 avril 1885, 13 décembre 1886 et 9 avril 1888). Sauf bien entendu le cas où le requérant aurait eu soin de la faire enregistrer (V. n° 1355).

1329. — Lorsque le pourvoi est ainsi adressé directement à la Cour de Cassation, les pièces à produire peuvent être transmises ultérieurement (Lett. min. int., à préfet Allier, 9 septembre 1884).

Requête en cassation.

M^r..... (*nom, prénoms, profession et demeure*) demande la cassation d'un jugement rendu le ....., par M. le juge de paix du canton de ... ., et prononçant le rejet d'une demande en inscription sur la liste électorale de la commune de.....

Le jugement est attaqué pour violation de l'article   de la loi du   , en ce qu'il a été décidé que   bien que (*exposé des motifs*).

L'exposant conclut en conséquence à ce qu'il plaise à la Cour d'admettre son pourvoi, et, y statuant, casser et annuler la décision attaquée.

(*Signature*)   Vu pour légalisation de la signature ci-contre.

Le Maire,

    (*Sceau de la mairie*)   (*Signature*).

Si le pourvoi est déposé au greffe de la justice de paix, le greffier y inscrit la mention suivante : Le présent pourvoi a été déposé le ....., au greffe de la justice de paix de ....., avec les pièces à l'appui.

1° (La décision attaquée). — 2° (Pièces).

A ....., le ..... 18 ...

SECTION IV.

Délai dans lequel doit être formé le pourvoi.

1330. — Le pourvoi n'est recevable que s'il est formé dans les dix jours soit de la décision lorsque le requérant n'a pas eu de contradicteur en appel, soit de la notification de la décision lorsqu'il a eu un contradicteur.

Le pourvoi est recevable sans limitation de délai si dans ce dernier cas la notification de la décision n'a pas été faite.

1331. — La formule inclusive employée par l'article 23 du décret du 2 février 1852 comprend nécessairement le jour de l'échéance dans la computation du délai qu'elle impartit (Cass., 15 avril 1888).

1332. — L'article 10 de la loi du 2 juin 1862 interdit formellement d'étendre aux pourvois formés en matière électorale le bénéfice de la prorogation de délai que son article 9 accorde pour les pourvois en matière ordinaire quand le dernier jour est férié (Cass., 3 mai 1880 et 15 avril 1886).

1333. — L'arrêt de la Cour de Cassation, qui rejette un pourvoi comme tardif, ne peut pas être rétracté sous prétexte que la tardiveté de la production ne serait pas imputable au demandeur (Cass., 30 juillet 1889).

§ 1. — *Cas où le requérant n'a pas eu de contradicteur en appel.*

1334. — Si en règle générale le délai du recours en cassation contre les jugements rendus en matière électorale ne prend cours que du jour de la notification de la décision attaquée, cette règle cesse d'être applicable quand le demandeur en cassation, qui réclamait lui-même, ou pour lequel on réclamait le bénéfice d'une inscription, n'a point eu de contradicteur devant le juge d'appel. Dans ce cas, on doit prendre pour point de départ du délai la date même de la prononciation du jugement en présence du demandeur ou de celui qui agissait dans son intérêt; autrement, personne n'étant chargé de la notification du jugement, le délai du pourvoi resterait illimité (Cass., 5 mai 1880 et 31 mars 1886).

1335. — L'électeur qui n'a pas été partie au jugement ne peut avoir plus de droits et un plus long délai que n'en aurait eu le tiers électeur qui réclamait en appel et sans avoir aucun contradicteur l'inscription du dit électeur (Cass., 5 mai 1880).

En effet, si l'électeur dont l'inscription est demandée par un tiers, devant profiter de la décision sollicitée dans son intérêt, peut à plus forte raison s'approprier cette demande, se rendre partie jointe ou la reprendre et la poursuivre en son nom personnel, il ne peut le faire qu'en prenant l'instance dans l'état où elle se trouve au regard du tiers électeur qui l'a introduite (Cass., 30 juin 1880).

Donc le délai de dix jours pour le pourvoi en cassation court du jour où la sentence a été rendue lorsque le demandeur, représenté par le tiers électeur, n'avait pas d'adversaire devant le juge de paix et qu'il n'y avait pas lieu à notification (Cass., 8 avril 1886 et 6 avril 1887) (V. nos 1331 et 1332).

1336. — Si le demandeur prétend que la date donnée au jugement est fausse, il ne peut faire la preuve de cette allégation que par voie d'inscription de faux (Cass., 9 avril 1889).

1337. — La signification du jugement par le juge de paix qui n'a ni droit ni qualité pour la faire est sans aucun effet légal au point de vue du délai prescrit pour la déclaration du pourvoi (Cass., 7 novembre 1883) (V. nº 1262).

1338. — La signification faite par une personne qui n'était pas partie au jugement ne peut servir de point de départ au délai du pourvoi en cassation qui malgré cette signification court du jour de la prononciation du jugement (Cass., 8 avril 1886).

1339. — De même si le maire ou le greffier avait informé l'électeur du jugement rendu contre lui, le délai n'en courrait pas moins du jour de la prononciation (Cass., 28 mars et 4 mai 1881).

§ 2. — *Cas où le requérant a eu un contradicteur en appel.*

a) *S'il y a eu notification.*

1340. — Le pourvoi ne peut être formé que dans les dix jours de la notification du jugement attaqué (V. nos 1331 et 1332).

b) *S'il n'y a pas eu notification.*

1341. — Si le jugement n'a pas été signifié, le délai du pourvoi en cassation ne court pas (Cass., 20 mai 1886).

1342. — Le pourvoi formé par un tiers électeur qui a combattu l'inscription d'un électeur devant le juge de paix et n'a pas eu gain de cause, bien que déclaré le 30 juin, s'est produit dans les délais fixés par l'article 23 si l'électeur ne justifie pas qu'il lui ait fait notifier la sentence (Cass., 21 août 1883).

1343. — Lorsque l'appelant fait défaut et que le jugement rendu contradictoirement à l'égard de l'intimé donne gain de cause à l'appelant, si la sentence n'a pas été notifiée par celui-ci à qui elle profitait quoique défaillant, l'intimé peut valablement former son pourvoi sans limitation de délai (Cass., 18 novembre 1884).

§ 3. — *Cas où le jugement a été rendu en dehors des formes légales.*

1844. — Lorsque le jugement du juge de paix a été rendu sur simple requête sans qu'il y ait eu de décision préalable de la commission municipale, il peut être déféré en cassation par tout électeur et dans le délai de 10 jours à partir du jour où le requérant a eu connaissance du jugement (Cass., 10 août 1864) (V. n° 1291).

SECTION V.

DÉNONCIATION DU POURVOI.

1345. — Le demandeur en cassation doit dénoncer son pourvoi aux défendeurs dans les dix jours qui suivent la formation de ce pourvoi (Décret organique du 2 février 1852, art. 23, § 4).

§ 1. — *A qui doit être faite la dénonciation.*

1346. — La dénonciation du pourvoi en cassation, en matière électorale, doit être faite aux défendeurs individuellement et personnellement (Cass., 1er avril 1873, 30 avril et 28 mai 1877, 5 mai 1879 et 14 juin 1880).

1347. — L'obligation pour le demandeur en cassation de dénoncer son pourvoi à toutes les personnes qui ont

été parties à la décision attaquée et ont qualité pour la
défendre est une formalité substantielle et son omission
entache le pourvoi d'une irrégularité qui doit être déclarée même d'office (Cass., 12 avril 1888).

1348. — Aucun article des lois spéciales ne constitue le maire
représentant des électeurs pour recevoir la dénonciation du pourvoi.

Est donc nulle la dénonciation faite au maire, pris en sa qualité
de représentant des électeurs absents de la commune et dont le
domicile est inconnu, par l'huissier étant à l'hôtel de ville qui a remis
copie au maire lequel a signé l'exploit et reçu copie (Cass., 14 juin
1880).

1349. — Serait également nulle la notification faite directement
au maire de la commune où résident les défendeurs et auquel la copie à eux destinée aurait été remise, si l'huissier ne s'est pas préalablement transporté à leur domicile ou chez leur voisin (Cass., 30 avril
1877).

1350. — On ne saurait considérer comme conforme aux dispositions de l'art. 23 la dénonciation du pourvoi faite non à chacun des
défendeurs individuellement mais à l'administrateur de l'hospice
dans lequel ces défendeurs sont internés.

Cet administrateur est sans qualité pour représenter en justice les
internés dans l'hospice qui, bien que vivant en commun et soumis
à la même règle, n'en conservent pas moins les individualités et les
droits de citoyens qui y sont attachés (Cass., 1 avril 1873).

1351. — Serait également nulle la dénonciation faite au supérieur d'une communauté de religieux dont les membres sont
défendeurs au pourvoi (Cass., 28 mai 1877).

1352. — La dénonciation faite aux représentants ou mandataires
des défendeurs en leur nom personnel est irrégulière et ne saurait
remplacer celle qui doit être faite aux défendeurs eux-mêmes (Cass.,
5 mai 1879).

1353. — Elle ne pourrait être faite au mandataire qui n'aurait
reçu de son commettant que la charge de le représenter devant le
juge de paix et non celle de défendre à un recours en cassation
(Cass., 28 mai 1877).

a) *Électeur.*

1º Dont la radiation est demandée.

1354. — En principe la dénonciation du pourvoi doit être faite, sauf une exception (V. nº 1358) à l'électeur dont l'inscription sur la liste est contestée par le pourvoi.

1355. — Aux termes de l'article 19, tout électeur dont l'inscription est contestée doit en être averti et peut présenter ses observations à la commission municipale. Aux termes de l'article 21, il doit lui être fait notification de la décision intervenue dont il peut interjeter appel. Et aux termes de l'article 23, il doit recevoir avertissement trois jours avant qu'il soit statué sur l'appel.

Ainsi, et dans chacune des phases de cette première procédure, l'électeur contesté est, d'après les dispositions mêmes de la loi, constitué défendeur nécessaire à la demande en radiation.

Si la décision d'appel lui est favorable et qu'elle soit l'objet d'un pourvoi de la part du demandeur en radiation, l'électeur contesté reste défendeur au pourvoi comme il était défendeur devant le juge de paix.

La notification du pourvoi doit donc lui être faite en exécution de l'article 23 du décret.

Il en est ainsi, alors même qu'il n'a pas été appelé et n'est pas intervenu au jugement rendu en appel (Cass., 9 avril 1873, 20 mai 1886 et 30 avril 1888).

1356. — Le tiers électeur, qui se pourvoit contre un jugement repoussant ses conclusions afin d'intervention dans la cause portée devant le juge de paix par l'appel d'un tiers électeur et relative à l'inscription d'un électeur, doit dénoncer son pourvoi à celui-ci bien que l'appel de la décision de la commission municipale, qui avait repoussé la demande d'inscription formée par ledit électeur, émanât du tiers électeur seul. L'électeur dont le droit est en jeu est en effet partie intéressée, aussi bien sur l'incident provoqué par les conclusions d'intervention du tiers électeur qui tendaient en définitive à faire maintenir l'exclusion prononcée contre lui par la commission municipale, que sur le fond même du débat (Cass., 22 mars 1888).

1357. — Il importe peu que le pourvoi ait été dénoncé régulièrement au tiers électeur qui est intervenu en appel pour obtenir le maintien de l'électeur dont l'inscription est attaquée si celui-ci n'a pas reçu notification du pourvoi. L'objet du pourvoi étant indivisible comme les intérêts défendus à la fois par l'électeur lui-même et le tiers électeur, il ne saurait être statué par deux décisions distinctes sur le même pourvoi. D'où il suit que le pourvoi doit être déclaré non recevable aussi bien en regard du tiers qu'en regard de l'électeur lui-même (Cass., 30 avril 1884 et 16 avril 1885).

1358. — Toutefois dans l'hypothèse suivante la dénonciation du pourvoi n'est pas nécessaire à l'égard de l'électeur dont la radiation est demandée par le pourvoi.

L'électeur qui demande l'inscription d'un autre électeur n'est pas tenu de lui donner l'avertissement prévu par l'article 19. Cet avertissement ne devient pas nécessaire même quand la commission municipale ayant ordonné l'inscription, un autre électeur ou le préfet combat cette inscription devant la juridiction d'appel. Si la sentence définitive la maintient, la partie qui s'y était opposée peut déférer cette sentence à la Cour de Cassation sans être tenue de modifier par la dénonciation de son pourvoi à l'électeur omis une procédure régulière, et trouve jusqu'à la fin un contradicteur légitime dans le demandeur primitif en inscription (Cass., 21 avril 1875).

2° Dont l'inscription est demandée.

1359. — En principe, la dénonciation du pourvoi n'est pas nécessaire à l'égard de ceux dont l'inscription est réclamée par le demandeur en cassation (Cass., 1 avril 1878 et 17 avril 1888).

1360. — A moins, toutefois, qu'ils ne soient intervenus dans l'instance d'appel et ne se soient rendus parties au jugement en contestant la demande en inscription de leur nom sur la liste électorale (Cass., 9 avril 1873).

b) *Tiers électeur.*

1361. — D'après le principe posé au n° 1345, le pourvoi doit être dénoncé à tout tiers électeur dont le juge a accueilli la réclamation par une décision que combat le demandeur en cassation.

1362. — Le tiers électeur qui a provoqué la décision de la commission de jugement prononçant la radiation d'un individu, est nécessairement défendeur au pourvoi formé par cet individu contre la sentence confirmative du juge de paix.

Le pourvoi doit lui être dénoncé, soit qu'il ait soutenu en appel le bien fondé de la décision de la commission de jugement (Cass., 28 mars 1889) ; soit qu'il n'ait pas été appelé en cause d'appel, cette circonstance n'ayant pu lui faire perdre sa qualité de défenseur (Cass., 14 avril 1875).

1363. — Le pourvoi doit être dénoncé au tiers électeur qui a demandé et obtenu en appel la radiation de divers électeurs inscrits, car il est défendeur nécessaire au pourvoi tendant à l'inscription de ces électeurs sur la liste électorale (Cass., 25 avril 1887).

1364. — Le tiers électeur, intervenu en appel pour défendre la décision d'une commission municipale, s'il n'a pas à dénoncer son pourvoi aux électeurs dont il demande l'inscription, doit le dénoncer au tiers électeur qui a poursuivi leur radiation et a été son contradicteur devant le juge de paix (Cass., 17 avril 1888).

1365. — La dénonciation régulièrement faite aux électeurs dont l'inscription est contestée par les tiers électeurs qui se pourvoient en cassation ne dispense pas ceux-ci de notifier également leur recours au tiers électeur qui, étant intervenu en cette qualité devant le juge de paix pour défendre les décisions de la commission municipale favorables à ces citoyens, a été partie à l'instance et se trouve encore sur ces chefs défendeur nécessaire devant la Cour de Cassation (Cass., 30 avril 1888).

1366. — Lorsque le jugement ordonnant la radiation d'un électeur a été rendu sur les conclusions d'un tiers électeur intimé et d'un autre électeur intervenant, le pourvoi de l'électeur radié doit être notifié à l'un et à l'autre des tiers électeurs (Cass., 12 avril 1888).

1367. — Lorsque plusieurs tiers électeurs ont interjeté appel d'une décision de la commission municipale ordonnant l'inscription de divers électeurs, le pourvoi formé contre la sentence du juge de paix qui a accueilli leur demande doit être dénoncé à chacun d'eux. Le pourvoi ne serait pas recevable si la dénonciation n'avait été faite qu'à l'un d'eux (Cass., 17 avril 1888).

c) Membres de la commission de jugement.

1368. — Divers arrêts cités par Greffier (de la formation

et de la révision annuelle des listes électorales, 4ᵉ édition, page 403) et rendus les 31 mai 1881, 8 et 21 avril 1886, 14 mai 1888, (1) décident que le pourvoi doit être dénoncé aux membres de la commission de jugement qui ont été parties à l'instance d'appel, alors même que leur présence au jugement du juge de paix aurait été illégale par suite de leur coopération à la décision portée en appel (V. nᵒˢ 1020 et suivants, 1104 et suivants).

1369. — Cependant, aux termes d'un arrêt du 24 mars 1875 contenu dans le Bulletin des arrêts de la Cour de Cassation, si le maire de la commune, agissant en cette qualité, a figuré comme intimé au jugement attaqué, sa présence y était illégale et dès lors le demandeur en cassation peut se dispenser de lui dénoncer le pourvoi.

d) *Préfet et Sous-Préfet.*

1370. — Ce pourvoi doit être dénoncé au préfet ou au sous-préfet qui a combattu l'inscription des électeurs devant le juge de paix et qui est défendeur nécessaire (Cass., 1ᵉʳ avril 1884 et 30 juillet 1889).

§ 2. — *Formes de la dénonciation.*

a) *Personnes pouvant être chargées de la dénonciation.*

1ᵒ Huissiers.

1371. — La dénonciation du pourvoi peut être effectuée par ministère d'huissier (Cass., 13 août 1888).

1372. — L'intérêt personnel que peut avoir un huissier au succès d'un pourvoi rend nul l'acte de dénonciation de ce pourvoi par

---

(1) Ces arrêts ne se trouvent pas dans le Bulletin des arrêts de la Cour de Cassation.

son ministère, même à l'égard de tous les actes électoraux que le pourvoi peut intéresser (Cass., 8 juin 1875).

1373. — A Paris on ne peut recourir qu'aux huissiers audienciers à la Cour de Cassation.

En effet, aux termes des articles 11 de la loi du 2 brumaire an IV, 70 de la loi du 27 ventôse an VIII, 25 du décret du 14 juin 1813, les huissiers audienciers près la Cour de Cassation ont le droit exclusif d'instrumenter dans le lieu de sa résidence, relativement aux affaires portées devant elle (Cass., 13 août 1888).

2. Agent administratif assermenté.

1374. — De la combinaison des articles 21 et 23, il résulte d'une part que le pourvoi en cassation doit être instruit et jugé sans frais, ce qui exclut le ministère obligatoire des huissiers dont le concours ne peut être requis sans attribution de la taxe affectée aux exploits qu'ils sont tenus de rédiger; d'autre part, l'article 21 en disposant que la décision de la commission municipale serait notifiée par un agent assermenté a révélé la volonté du législateur de n'exiger, en matière électorale, d'autre garantie de la sincérité et de l'exactitude des notifications que le serment prêté par les agents auxquels elles seraient confiées.

La notification d'un pourvoi peut donc être faite par un garde champêtre (Cass., 18 avril 1888).

1375. — Le garde champêtre ne peut faire une dénonciation que dans la commune où il est assermenté (Cass., 11 avril 1889).

1376. — Le garde champêtre ne peut pas effectuer la dénonciation du pourvoi sur la réquisition du juge de paix (Cass., 22 mars 1888), ni sur celle du maire (Cass., 5 mai 1888).

1377. — Le garde champêtre ne pourrait faire la dénonciation par lettre chargée adressée au défendeur (Cass., 7 mai 1884).

1378. — Le pourvoi n'est pas recevable s'il n'a pas été signifié d'autre dénonciation que celle résultant d'un acte signifié par le garde champêtre et signé du maire pour le garde champêtre illettré. Le maire n'a qualité ni pour faire une telle dénonciation, ni pour signifier au nom du garde champêtre un acte dont l'accomplissement est essentiel à la régularité du pourvoi et pour lequel les agents administratifs ne peuvent avoir capacité qu'à la charge d'observer les formalités essentielles des pourvois (Cass., 29 janvier 1884).

1379. — Le maire ne saurait être rangé parmi les agents administratifs ayant qualité pour faire de semblables notifications. Un procès-verbal dressé par lui pour constater qu'il a rempli la formalité de la dénonciation étant par suite dénué de toute valeur légale, cette dénonciation doit être réputée n'avoir point été faite (Cass., 29 avril 1884 et 28 mai 1889).

1380. — Le greffier de la justice de paix n'a aucune qualité pour effectuer la dénonciation d'un pourvoi (Cass., 23 mai 1889).

1381. — On ne saurait admettre comme justification de la dénonciation une pièce signée du demandeur lui-même dans laquelle il déclare avoir signifié aux défendeurs qu'il se pourvoyait en cassation contre la décision du juge de paix.

Nul ne peut, en effet, se créer un titre à lui-même, et la loi a nécessairement entendu parler d'une notification faite par un huissier ou par un agent assermenté (Cass., 31 mars 1875).

1382. — Ne saurait être considérée comme l'équivalent de la notification prescrite par l'article 23, laquelle doit, à peine de nullité, être formalisée soit par un officier ministériel, soit au moins par un agent administratif assermenté, une déclaration revêtue de la signature de l'électeur défendeur du pourvoi et portant que copie du pourvoi lui a été remise sans même qu'il soit énoncé par qui cette remise a été faite. Un pareil acte est dépourvu de toute valeur juridique (Cass., 15 mai 1889).

b) *Contenu de la dénonciation.*

1383. — La dénonciation est suffisante si elle indique la formation du pourvoi et sa date.

1384. — Il n'est pas nécessaire qu'elle contienne une copie de la requête à fin de pourvoi (Cass., 24 août 1877).

1385. — Peu importerait également que la dénonciation de pourvoi ne contienne pas assignation du défendeur devant la chambre civile (Cass., 8 mars 1881).

§ 3. — *Délai dans lequel doit être faite la dénonciation.*

1386 . — Le pourvoi doit être dénoncé dans les dix jours qui le suivent (Décret organique du 2 février 1852, art. 24, § 4).

1387. — Ce délai n'est donc pas de dix jours francs, mais doit être renfermé strictement dans la limite de dix jours. Ainsi le pourvoi formé le 6 mai devrait être dénoncé le 16 au plus tard (Cass., 12 mai 1891).

1388. — La dénonciation faite après l'expiration du délai de dix jours rend le pourvoi irrecevable (Cass., 26 mai 1884).

1389. — La nullité résultant du défaut ou de la tardiveté de la dénonciation est d'ordre public et peut être relevée d'office par la Cour de Cassation, même lorsque le défendeur comparait devant la Cour et n'oppose pas le moyen de nullité (Cass., 5 juin et 5 juillet 1883, 24 décembre 1884) (1).

1390. — Aux termes de l'article 23 du décret du 2 février 1852, le pourvoi en cassation est formé par simple requête dénoncée aux défendeurs dans les dix jours qui suivent.

Cette disposition, en réglant l'ordre dans lequel seraient accomplies les formalités qu'elle prescrit n'a point entendu laisser aux parties la faculté de l'intervertir. Spécialement la dénonciation du pourvoi doit de toute nécessité suivre et non précéder la déclaration de ce recours au greffe de la justice de paix ou le dépôt, soit à ce greffe, soit à celui de la Cour de Cassation, de la requête qui le contient. On ne peut d'ailleurs dénoncer valablement un acte qui n'existe pas.

Une dénonciation anticipée est donc nulle et sans effet (Cass., 16 mai 1881, 5 juin 1883, 15 juin 1885, 30 avril 1888 et 30 juillet 1889).

1391. — Le dépôt fait au greffe de la justice de paix, non de la requête en pourvoi, mais de l'exploit de dénonciation en tête duquel se trouve la requête qui, dit-il, sera déposée aujourd'hui même au greffe, indique clairement que la dénonciation est antérieure au pourvoi (Cass., 7 avril et 24 juin 1884).

(1. Arrêtés cités par Greffier, 4e édition, page 406.

1392. — L'irrégularité de la dénonciation prématurément faite peut être réparée en renouvelant celle-ci dans le délai prescrit par la loi.

1393. — Par contre, il ne serait pas possible, le délai une fois écoulé, de former un second pourvoi suivi d'une dénonciation faite dans le temps requis, alors même que le jugement attaqué n'ayant pas été signifié, le délai accordé pour former le pourvoi ne serait pas écoulé. En formant son pourvoi avant la signification du jugement, le requérant a usé librement du droit qui lui était ouvert, mais il était tenu de se conformer à la loi pour lui faire produire tous ses effets. L'omission d'une formalité substantielle entraîne par conséquent la déchéance d'un recours resté incomplet et que la loi ne lui permet pas d'exercer deux fois contre le même jugement (Cass., 24 juin 1879).

SECTION VI.

MOYENS DE CASSATION.

§ 1. — *Indication des moyens dans la requête ou le mémoire supplétif.*

1394. — N'est pas recevable le pourvoi non suivi d'un mémoire supplétif qui ne contient aucun moyen de cassation et qui ne vise aucun texte de loi qu'aurait violé le jugement attaqué (Cass., 7 mai et 9 juillet 1883 et 20 mai 1886).

§ 2. — *Moyens pouvant être invoqués.*

1395. — Les moyens invoqués doivent être d'ordre juridique (V. n° 1396). A moins de constituer des nullités d'ordre public, ils doivent avoir été invoqués tout d'abord devant le juge de paix (V. n° 1399 et 1401).

a) Moyens tirés de la violation de la loi.

1396. — Les questions de fait échappent à l'appréciation de la Cour de Cassation qui ne peut statuer que sur la violation d'une disposition de loi.

1397. — Toutefois, par exemple en ce qui concerne le fait de la résidence, si les juges d'appel l'apprécient souverainement, c'est à la condition que cette appréciation ne contiennent pas une inter, prétation illégale des éléments qui constituent la résidence. Autrement elle ne saurait échapper à la censure de la Cour de Cassation (Cass., 27 juin 1877 et 11 août 1885) (V. nos 401 et suivants).

1398. — De même si, pour repousser une demande d'inscription, un jugement s'est fondé sur ce que l'électeur intéressé a été condamné à l'emprisonnement pour vol et si pour le démontrer il s'est référé à un arrêt de la Cour de Cassation concernant un autre électeur, l'erreur de fait qui sert de fondement à ce jugement est authentiquement démontrée par sa référence même à l'arrêt de cassation et il est juridiquement établi qu'aucune incapacité ne frappe l'électeur intéressé. D'où il suit qu'en ce cas la Cour de Cassation peut prononcer la nullité du jugement (Cass., 24 juin 1890) (V. n° 1223).

b) Moyens d'ordre public.

1399. — Les moyens d'ordre public peuvent être invoqués même pour la première fois devant la Cour de Cassation.

Il appartient d'ailleurs à la Cour de Cassation de relever même d'office les nullités d'ordre public (Cass. 10 avril 1888).

1400. — Constituent des nullités d'ordre public :

1° l'absence d'un des membres de la commission de jugement (Cass., 18 mars 1891) (V. n° 906).

2° la nullité de l'appel interjeté après l'expiration du délai légal (Cass. 16 avril 1890) (V. nos 1048 et suivants).

Si la nullité de l'appel interjeté après l'expiration du délai légal est d'ordre public, si elle doit être prononcée et si le moyen, comme étant d'ordre public, peut être proposé pour la première fois devant la Cour de Cassation, ce n'est qu'autant que les pièces et documents sur lesquels il repose ont été produits devant la juridiction qui a statué. Il ne serait en effet ni juste ni raisonnable de reprocher à la décision intervenue d'avoir violé des règles et des principes dont l'applicabilité ne résultait que de faits et d'actes que les parties n'avaient pas mis le juge du fond à même de connaître et d'apprécier (Cass., 16 avril 1890) (V. n° 1402).

3° la solution par le juge de paix d'une question préjudicielle (Cass., 26 mars 1879) (V. n° 1168).

4° la nullité du jugement rendu en l'absence des parties intéressées lorsqu'elles n'ont pas reçu d'avertissement (V. n° 1099).

5° le défaut de publicité du jugement (V. n° 1201).

6° la formation et la dénonciation du pourvoi après l'expiration du délai imparti (V. n°s 1330 et suivants, 1386 et suivants).

Etc., etc.

§ 3. — *Moyens ne pouvant pas être invoqués.*

a) *Moyens nouveaux.*

1401. — Un moyen qui n'a pas été invoqué devant le juge de paix ne peut, s'il n'est pas d'ordre public, être proposé pour la première fois devant la Cour de Cassation (Cass., 25 mars 1878, 20 août et 26 novembre 1883).

1402. — Le moyen tiré de la nullité de l'appel en ce qu'il aurait été déclaré par lettre missive et non par acte au greffe, n'étant pas d'ordre public, ne peut être présenté pour la première fois devant la Cour (Cass., 6 mai 1884) (V. n° 1032).

1403. — Le moyen tiré de ce que le dépôt du tableau rectificatif au secrétariat de la mairie n'a pas été accompagné de l'avis donné au public par affiches aux lieux accoutumés, est mélangé de fait et de droit, et ne peut être présenté devant la Cour de Cassation quand il n'a pas été proposé devant le juge du fond (Cass., 20 mai 1885).

1404. — La qualité d'électeur inscrit dans la circonscription électorale qui est nécessaire pour exercer l'action populaire ne peut être contestée pour la première fois devant la Cour de Cassation (Cass., 9 mai 1889).

1405. — On ne peut invoquer devant la Cour de Cassation le refus fait par l'autorité municipale de recevoir, le jour de l'expiration des délais, les déclarations non légalisées des demandeurs, s'il ne résulte ni de la décision de la commission municipale, ni de l'acte d'appel, ni du jugement attaqué, que l'on ait allégué ces faits soit devant cette commission, soit devant le juge de paix et qu'ils aient eu à les apprécier (Cass., 28 avril 1875).

1406. — Celui qui a comparu devant le juge de paix et a pris des conclusions au fond n'est pas recevable à invoquer une prétendue irrégularité de l'avertissement (Cass., 7 mars 1882 et 20 mai 1886) (V. n° 1084).

1407. — Ne peut être invoqué le grief tiré de la nullité de l'avertissement et de l'acte d'appel lorsqu'il a été écarté par un premier jugement, contre lequel aucun pourvoi n'est dirigé et qui a acquis l'autorité de la chose jugée ; qu'en outre ce jugement a été exécuté par le demandeur qui a conclu sur le fond à l'audience du même jour sans protestations ni réserves (Cass., 28 juin 1887) (V. n° 1085).

b) Moyens insuffisants.

1408. — Divers moyens ont été écartés par la Cour de Cassation comme étant insuffisants pour motiver la nullité du jugement attaqué. Ce sont les suivants (V. n° 1258).

1409. — Le défaut de notification d'une décision ne saurait être invoqué comme moyen de nullité de cette décision (Cass., 1ᵉʳ mai 1882) (V. n° 1263).

1410. — Le refus de communication des pièces produites à l'audience, qui ne s'est produit que postérieurement au jugement, ne peut servir de base à une critique quelconque contre le jugement lui-même (Cass., 8 avril 1886).

1411. — Si, par suite d'une erreur matérielle, la copie d'une décision attaquée par le greffier indique cette décision comme rendue à une autre date que la véritable, cette circonstance ne porte aucune atteinte à la régularité du jugement lui-même. Elle ne cause d'ailleurs aucun grief à l'électeur qui était présent à l'audience. Ce moyen ne peut être invoqué (Cass., 25 juin 1884).

SECTION VII.

PRODUCTION DES PIÈCES EN CASSATION.

§ 1er. — *Pièces à produire.*

a) *Pièces essentielles.*

1412. — Les pièces dont la production est indispensable sont : le pourvoi lui-même, le mémoire ampliatif s'il en existe un, l'acte de dénonciation et le jugement attaqué.

1413. — Le pourvoi ne serait pas recevable si une copie signifiée ou une expédition en due forme du jugement n'était pas produite (Cass., 20 novembre 1883, 5 mai et 25 juillet 1884).

b) *Pièces susceptibles de production.*

1414. — Autant que possible, les parties devront produire la décision de la commission de jugement et l'acte d'appel.

1415. — En l'absence de l'acte d'appel non produit, les mentions contenues au jugement et que ne dément aucune pièce authentique lient nécessairement la Cour de Cassation (Cass., 1 avril 1878).

1416. — Les parties peuvent encore produire toutes les pièces justificatives de leur droit : mais il est indispensable que ces pièces aient figuré dans l'instance d'appel (Cass., 29 avril 1878 et 21 avril 1879).

1417. — La Cour de Cassation ne peut faire état d'une pièce produite à l'appui d'un fait allégué, si elle n'a pas figuré dans l'instance d'appel (Cass., 3 mai 1880).

1418. — Le demandeur en cassation ne peut produire devant la Cour de Cassation des pièces tendant à établir qu'il a son domicile réel et sa résidence dans une commune, s'il ne les a point mises sous les yeux du juge de paix (Cass., 1 mars 1886).

1419. — Un certificat produit devant la Cour est inopérant lorsqu'il n'a pas été produit devant le juge de paix (Cass., 12 avril 1888).

1420. — La preuve de la production des pièces en appel résulte le plus souvent des constatations mêmes du jugement.

1421. — En l'absence de toute énonciation du jugement de laquelle on puisse induire qu'une pièce a été produite devant le juge de paix, la preuve de cette production résulte suffisamment de ce que la pièce n'avait été demandée que dans ce seul but et dès lors le réclamant est admissible à s'en prévaloir devant la Cour de Cassation (Cass., 11 et 30 mars 1863).

1422. — Si des attestations, transmises sans observation par le greffier de la justice de paix, ont été délivrées antérieurement au jugement attaqué et suivant toute apparence en vue de justifier l'appel interjeté par les demandeurs en cassation, tout fait présumer qu'elles ont été soumises au juge de paix quoiqu'il n'en ait tenu aucun compte.

On peut donc s'en prévaloir en cassation (Cass., 27 juin 1877) (V. n° 1425).

§ 2. — *Mode de production des pièces.*

a) *Transmission par le greffier de paix.*

1423. — L'article 23 du décret organique du 2 février 1852 prescrit aux greffiers des justices de paix de transmettre les pièces sans frais au greffier de la Cour de Cassation. Les juges de paix doivent veiller à ce que leurs greffiers aient soin, conformément à l'obligation que la loi leur impose, de transmettre exactement toutes les pièces produites à l'appui de la réclamation et particulièrement la décision de la commission signifiée à l'électeur et la décision de la justice de paix sur l'appel (Circ. min. just., 19 mars 1863).

1424. — Un grand nombre de greffiers adressent à la Cour les pourvois avant l'expiration du délai de dix jours qui est accordé pour la dénonciation au défendeur et sans cet acte de dénonciation. En présence d'un dossier incomplet la chambre des requêtes (aujourd'hui la chambre civile), statuant longtemps après l'expiration des délais, ne trouve pas aux pièces la preuve qu'il a été satisfait à la loi, et elle est exposée à déclarer non recevable, à défaut de dénonciation, des pourvois qui ont été réellement dénoncées, mais dont l'acte de dénonciation n'a pas été transmis.

Lorsque le demandeur devance l'expiration du délai, en déposant l'acte de dénonciation, il est sans inconvénient, et il est même désirable que le greffier de la justice de paix transmette immédiatement les pièces à la Cour de Cassation. Dans le cas contraire, il paraît nécessaire de laisser au demandeur le temps d'accomplir les formalités légales. Or la loi lui accorde dix jours pour la dénonciation, et il faut joindre à ce laps de temps celui de quatre jours qui est donné à l'huissier pour l'enregistrement de cet acte. Il serait donc nécessaire que, dans le cas où le dépôt de l'acte de dénonciation n'a pas été fait avant l'expiration du délai, les greffiers des justices de paix ne se dessaisissent des dossiers des pourvois en matière électorale que quinze jours après la déclaration du pourvoi (Circ. procureur général près la cour de cassation, 17 mars 1870).

1425. — Le greffier doit avoir soin d'indiquer, en transmettant les pièces, quelles sont celles qui n'ont pas été produites devant le juge de paix (V. n° 1422).

b) *Transmission par les parties.*

1426. — Les parties peuvent également transmettre directement leurs pièces au greffier de la Cour de Cassation.

1427. — L'article 23 du décret organique du 2 février 1852 dispense de l'intermédiaire des avocats à la Cour de Cassation, mais n'interdit pas cet intermédiaire. Les parties peuvent donc s'en servir pour saisir la Cour (Circ. min. just., 26 avril 1849). (1)

---

(1) L'article 13 de la loi du 15 mars 1849 a été reproduit presque textuellement par l'article 23 du décret de 1852. L'observation contenue dans a circulaire citée est donc toujours exacte.

SECTION VIII.

CHAMBRES COMPÉTENTES POUR STATUER SUR LES POURVOIS.

§ 1er. — *Pourvois des particuliers et dans l'intérêt de la loi.*

1428. — Les pourvois en cassation relatifs à la formation et à la révision des listes électorales sont portés devant la chambre civile de la Cour de Cassation (Loi du 30 novembre 1875, art. 1er, § 5).

1429. — Les pourvois formés dans l'intérêt de la loi par le procureur général sont également jugés par la chambre civile (Loi du 27 ventôse an VIII, art. 88).

§ 2. — *Pourvois pour excès de pouvoir.*

1430. — L'article 1er, § 5, de la loi du 30 novembre 1875 qui substitue à la compétence de la chambre des requêtes celle de la chambre civile pour le jugement des pourvois en matière électorale n'a pas modifié l'attribution spéciale que la chambre des requêtes tient de l'article 80 de la loi du 27 ventôse an VIII et en vertu de laquelle il lui appartient de prononcer définitivement et en toute matière sur les demandes en annulation pour excès de pouvoirs présentées par le procureur général au nom du gouvernement (Cass. 7 mars 1876 *Sol. impl.*). (Dalloz).

SECTION IX.

CONSÉQUENCES DES ARRÊTS RENDUS PAR LA COUR DE CASSATION,

1431. — La Cour de Cassation rend soit un arrêt d'irrecevabilité ou de rejet, si le pourvoi n'a pas été régulièrement formé ou n'est pas fondé, soit un arrêt de cassation du jugement attaqué, si le pourvoi est motivé.

1432. — Dans le premier cas, le droit électoral de celui qui a fait l'objet du pourvoi reste tel qu'il a été fixé par le jugement du juge de paix. Le pourvoi n'étant pas suspensif, le nom de cet électeur a dû être inscrit ou rayé sur la liste électorale, selon ce qu'a ordonné ce jugement, soit par la commission administrative qui a arrêté définitivement la liste au 31 mars (V. n° 1442), soit par le maire si le jugement est postérieur à cette date. Les choses restent en l'état.

1433. — Dans le second cas, le droit électoral de l'intéressé est remis au même et semblable état qu'il était avant l'intervention du jugement du juge de paix. Il est donc réglé par la décision de la commission de jugement qui subsiste tant que le juge de renvoi (V. n° 1436) n'a pas statué.

1434. — Il ne faudrait donc pas croire que la Cour de Cassation décide qu'un électeur sera inscrit ou rayé sur la liste électorale, selon qu'elle maintient ou casse un jugement ordonnant l'inscription ou la radiation du dit électeur.

L'arrêt qui casse la décision du juge de paix n'opère pas virtuellement la radiation de l'électeur dont l'inscription contestée avait été admise par ce juge (Conseil d'État, 8 juin 1889).

1435. — Une expédition de l'arrêt de cassation est transmise au greffe de la justice de paix dont émane le jugement cassé. L'arrêt de cassation est transcrit sur le registre de la justice de paix (Loi du 27 ventôse an VIII, art. 85, § 1).

CHAPITRE VI.

DES JUGEMENTS APRÈS RENVOI.

1436. — Lorsque la Cour suprême rend un arrêt de cassation, elle renvoie la cause devant le juge de paix d'un canton voisin pour être statué à nouveau conformément à la loi sur l'appel de la décision de la commission de jugement.

1437. — Toutes les pièces du dossier sont envoyées avec une expédition de l'arrêt, délivrée sans frais à la partie, au greffe de la justice de paix désignée comme tribunal de renvoi.

Division.

SECTION Iʳᵉ.

COMPÉTENCE DU JUGE DU RENVOI.

§ 1. — *En cas d'annulation totale du jugement.*

1438. — L'effet des arrêts de cassation est d'annuler, dans toutes ses dispositions, la décision judiciaire qui en a été l'objet, et de la faire considérer comme n'ayant jamais eu d'existence légale, puisque la cause et les parties sont remises au même et semblable état où elles étaient avant qu'elle fût rendue. Il en est ainsi, même quand l'un des moyens proposés par le pourvoi a été rejeté, à moins que ce moyen n'ait été spécialement dirigé contre un chef déterminé de la décision dénoncée et que ce chef n'ait été expressément excepté de l'annulation par le dispositif de l'arrêt de cassation ; d'où il ressort qu'en cas d'annulation totale la décision cassée ne saurait acquérir dans aucune de ses parties l'autorité de la chose jugée.

Par suite, le juge saisi du litige sur le renvoi doit y statuer sans pouvoir opposer en ce cas qu'une partie du jugement cassé a subsisté (Cass., 18 novembre 1884).

§ 2. — *En cas d'annulation partielle.*

1439. — Lorsque, sur un pourvoi contre un jugement dont un chef repousse des demandes de radiation et un autre chef des demandes d'inscription, la cassation a été limitée à ce dernier chef, les demandes en radiation ne peuvent être reproduites devant le juge de renvoi ; s'il en connaît néanmoins, il commet un excès de pouvoir, qui entache sa décision d'une nullité d'ordre public à relever même d'office par la Cour de Cassation (Cass., 21 décembre 1885).

SECTION III.

RÉDACTION DU JUGEMENT.

1440. — Lorsqu'un jugement n'a été cassé que pour vice de forme, le juge du renvoi peut s'approprier les termes de ce jugement s'il en admet les solutions : il ne commettrait, en le faisant, aucune violation de loi (Cass., 15 juillet 1884).

TITRE III.

CLOTURE DE LA LISTE ÉLECTORALE

CHAPITRE 1er.

ETABLISSEMENT ET COMMUNICATION DE LA LISTE DÉFINITIVE.

1441. — Le 31 mars de chaque année, la commission administrative chargée de la confection des listes opère toutes les rectifications régulièrement ordonnées, transmet au préfet le tableau de ces rectifications et arrête définitivement la liste électorale de la commune.

La minute de la liste électorale reste déposée au secrétariat de la commune ; le tableau rectificatif, transmis au préfet, reste déposé, avec la copie de la liste électorale, au secrétariat général du département.

Communication en doit toujours être donnée aux citoyens qui la demandent.

(Décret règlementaire du 2 février 1852, art. 7).

Les listes électorales seront réunies en un registre et conservées dans les archives de la mairie.

Tout électeur pourra prendre communication et copie de la liste électorale.

(Loi du 7 juillet 1874, art. 4, §§ 3 et 4).

Division.

SECTION Ire.— Opérations relatives a la formation définitive de la liste.

SECTION II. — Communication de la liste définitive. *Responsabilité du maire en cas de refus de communication.*

SECTION 1re

Opérations relatives a la formation définitive de la liste.

1442. — Les pourvois n'étant pas suspensifs ne devront pas retarder la clôture des listes qui seront définitivement arrêtées le 31 mars (Circ. min. int., 30 novembre 1884).

1443. — A cet effet, les commissions instituées par l'article 1er de la loi du 7 juillet 1874, et fonctionnant sans l'assistance des deux délégués supplémentaires du conseil municipal, apporteront aux tableaux publiés le 15 janvier toutes les modifications résultant soit des décisions des juges de paix prescrivant une radiation ou une inscription, soit des arrêts de la Cour de Cassation annulant un jugement qui aurait prononcé une radiation (V. n° 1433) (1). De plus, elles retrancheront

_____

(1) L'arrêt de la Cour de Cassation, qui annule un jugement, replace la cause

les noms des électeurs dont le décès survenu depuis la formation des tableaux préparatoires serait dûment constaté, ou qu'un jugement, ayant acquis force de chose jugée, aurait privés du droit de vote.

Elles dresseront le tableau de ces rectifications et arrêteront définitivement la liste qui sera établie par ordre alphabétique et signée par les trois membres de la commission. Cette liste sera déposée au secrétariat de la mairie.

Une copie du tableau définitif de rectification sera envoyée immédiatement au préfet pour être déposée au secrétariat général de la préfecture (Circ. min. int., 30 novembre 1884)

1444 — L'apposition de la signature de tous les membres de la commission administrative sur les tableaux de rectification et sur les listes définitives n'est pas une formalité essentielle dont l'omission puisse motiver l'annulation par le Conseil d'Etat des opérations de la revision des listes (Conseil d'Etat., 6 août 1881).

1445. — La liste électorale est régulièrement close par l'habitant délégué par le préfet pour remplacer le maire révoqué, alors même que celui-ci n'aurait pas, par son fait, reçu notification de l'arrêté de révocation (Conseil d'Etat, 12 février 1886).

1446. — La commission administrative, lorsqu'au 31 mars elle arrête définitivement les listes de l'année, ne doit pas tenir compte des inscriptions indûment faites par le maire seul après la publication du tableau rectificatif. Ces listes en effet ne doivent contenir, outre les électeurs précédemment inscrits, que ceux qui ont figuré sur les tableaux rectificatifs publiés et ceux qui seraient reconnus par la commission de jugement et le juge de paix avoir droit à l'inscription (Lett. min. int. à préfet Corse, 28 mars 1879).

1447. — La copie de la liste préparatoire doit rester aux archives de la Préfecture. La liste définitive doit être dressée sur de nouveaux

en l'état où elle était après la décision de la commission de jugement : l'électeur doit être inscrit ou rayé selon ce qui a été ordonné par cette décision.

imprimés et envoyée également au préfet (Lett. min. int. à préfet Corrèze, 12 août 1874).

1448. — La loi n'exige d'autre dépôt de la liste électorale qu'aux chefs-lieux de la commune et du département. Les préfets ne sauraient donc obliger les maires à en faire une troisième expédition pour les sous-préfectures; mais rien ne s'oppose à ce qu'eux-mêmes fassent établir dans leurs bureaux des copies destinées aux sous-préfectures (Lett. min. int. à préfet Savoie, 2 septembre 1889).

1449. — Rappelons que les listes dressées dans les sections de commune sont réunies pour former une liste générale des électeurs de la commune (V. n° 675).

Liste électorale de la commune de

N° d'ordre.	NOMS ET PRÉNOMS	Lieu de naissance.	Date de naissance.	QUALIFICATION	Demeure.	Observations.

Fait à   le
Le maire,

       Le délégué   Le délégué
    de l'administration,   du conseil municipal.

1450. — Dès que les listes seront parvenues au préfet, il aura soin d'adresser au ministre de l'intérieur un relevé numérique par cantons et arrondissements établi dans la forme du modèle suivant (Circ. min. int., 30 novembre 1884).

Relevé numérique des électeurs inscrits sur la liste dressée en exécution des lois des 7 juillet 1874, 30

novembre 1875 et 5 avril 1884, et close le 31 mars 18 .

NOMS DES CANTONS.	NOMBRE des ÉLECTEURS	NOMBRE des ÉLECTEURS inscrits sur les listes de 18 .(1)	DIFFÉRENCE		OBSERVA-TIONS.
			EN PLUS.	EN MOINS.	
ARRONDISSEMENT D					
TOTAL pour l'arrondissement.					
ARRONDISSEMENT D					
TOTAL pour l'arrondissement.					

RÉCAPITULATION PAR ARRONDISSEMENTS

NOMS des ARRONDISSEMENTS	NOMBRE des ÉLECTEURS	NOMBRE des ÉLECTEURS inscrits sur les listes de 18 .(1)	DIFFÉRENCE		OBSERVA-TIONS.
			EN PLUS.	EN MOINS.	
TOTAL pour le département.					

(1) Mettre le chiffre de l'année précédente.

SECTION II.

COMMUNICATION DE LA LISTE DÉFINITIVE.

1451. —La liste électorale doit toujours être communiquée, tant à la mairie qu'à la préfecture, aux citoyens qui la demandent (Décret réglementaire du 2 février 1852, art. 7) (V. nᵒˢ 1452 et suivants).

1452. — Le droit de prendre communication de la liste emporte celui d'en prendre copie et de la reproduire par la voie de l'impression.

1453. — C'est la minute elle-même qui doit être communiquée. Le maire ne pourrait, sous prétexte de conserver intacte la minute qui sans cette précaution pourrait, se trouver maculée ou déchirée, se borner à communiquer une simple copie non revêtue de la signature des membres de la commission (Lett. min. int. à préfet Tarn, 10 mai 1879).

1454. — Tout électeur a droit d'obtenir communication et même de prendre copie des listes électorales et des tableaux rectificatifs tant à la mairie qu'à la préfecture sous la réserve qu'il n'en résultera aucune entrave pour les services publics ou pour l'exercice de ce même droit pour d'autres électeurs (Conseil d'Etat, 19 juin 1863 et 14 novembre 1890).

1455. — Le Conseil d'Etat reconnait formellement que tout citoyen a le droit de prendre en tout temps communication de toutes les listes électorales du département à la préfecture ; et si, en 1869, le ministre de l'intérieur, en rappelant le principe, ajoutait que l'exercice des droits de chaque électeur avait certaines limites, il ne prévoyait que les seules restrictions résultant de la force même des choses, c'est-à-dire la nécessité de ne pas entraver la marche des services publics et le respect des droits égaux des autres citoyens qui requerraient en même temps la communication des mêmes listes (Circulaire du 2 mai). Quant aux mesures à prendre pour que l'obligation imposée par la loi puisse être remplie sans que le service public ait à en souffrir, c'est au préfet de les prescrire en assignant aux intéressés un local spécial et, au besoin, certaines heures déterminées;

mais son droit de réglementation ne saurait aller jusqu'à supprimer complètement le droit des électeurs (Lett. min. int. à préfet Eure, 2 juillet 1880).

1456. — Une femme ne peut pas demander communication de la liste électorale.

La disposition réglementaire du 2 février 1852, article 2, § 2, ne s'applique qu'à la communication du tableau contenant les additions et retranchements faits à la liste électorale du 1er au 15 janvier de chaque année. On ne saurait donc tirer aucune conclusion des mots : « Ce tableau sera communiqué à tout requérant, » qui figure dans cet article. Quant à la liste électorale elle-même, close le 31 mars, communication doit toujours en être donnée, aux termes de l'article 7 du même décret, aux citoyens qui la demandent.

Dans une circulaire du 2 mai 1869, l'un de mes prédécesseurs s'exprimait ainsi à ce sujet : « Cette dernière prescription est conçue en termes généraux et doit être interprétée dans le sens le plus large. On ne pourrait donc opposer aux citoyens qui veulent prendre communication des listes électorales, soit dans les mairies, soit dans les préfectures, qu'ils ne sont pas électeurs dans la circonscription ou dans le département. Il suffit qu'ils ne soient pas privés, pour cause d'incapacité légale, de la jouissance de leurs droits civiques. »

D'autre part, la loi du 7 juillet 1874, article 4, dispose que tout électeur pourra prendre communication et copie de la liste électorale. Cette disposition, postérieure au décret du 2 février 1852, a eu pour effet de restreindre aux seuls électeurs le droit de prendre communication de la liste électorale.

Le Conseil d'Etat semble le penser, ainsi qu'il résulte d'une décision contentieuse du 19 novembre 1875 (élection de Gordes), mais il a réservé expressément la question. Aussi la circulaire du 30 novembre 1884 relative à la révision des listes électorales porte-t-elle que communication des listes doit être donnée à tout requérant. Malgré l'extension de cette expression, il ne me paraît pas possible qu'on puisse l'interpréter en ce sens que la communication est due à tout individu qui la demande sans distinction de sexe En prenant, en effet, l'article 7 du décret du 2 février 1852 dans son sens le plus large, il faut tout au moins dans ce cas être citoyen, c'est-à-dire jouir non seulement des droits civils, mais encore des droits civiques et politiques.

J'estime donc que lorsque, comme dans l'espèce actuelle, la communication des listes est demandée par une personne qui ne réunit pas cette double condition, elle peut être refusée sans commettre un excès de pouvoir (Lett. min. int. à préfet Seine-Inférieure, 22 juillet 1889).

Responsabilité du maire en cas de refus de communication.

1457. — Un maire qui refuse communication de la liste électorale à un ayant droit encourt une responsabilité qui peut motiver sa condamnation à des dommages-intérêts.

1458. — Le droit de tout électeur de demander et prendre communication des listes électorales est un principe indiscutable résultant de l'article 7 du décret du 2 février 1852 et de l'article 4 de la loi du 7 juillet 1874. Le maire qui refuse cette communication commet une infraction patente à un texte qui ne souffre pas discussion. S'il est de principe que l'autorité judiciaire est incompétente pour connaître des actes administratifs, il est non moins certain que les actes abusifs émanés des administrateurs peuvent donner lieu à des dommages-intérêts en faveur de la partie lésée, dommages appréciables par les tribunaux ordinaires, seuls compétents. Pour concilier ces deux principes, la jurisprudence est unanime à décider que l'acte administratif doit d'abord être déféré au tribunal administratif, qui apprécie son caractère arbitraire, et, ce premier point jugé, les tribunaux civils appliquent les conséquences de cet acte. Il faudrait donc s'il y avait eu un acte administratif, tel qu'un arrêté, faire d'abord déclarer l'illégalité de cet acte administratif par la juridiction administrative et surseoir pour attendre cette première décision ; mais on ne saurait contester qu'il ne s'agit pas ici d'un acte de fonctions, mais d'un manquement formel à des textes de loi indiscutables. La faute du maire est donc établie tout aussi clairement que pourrait le faire la décision administrative à intervenir ; dès lors, cette décision administrative serait superflue, puisque le tribunal administratif n'a rien à apprécier. La désobéissance du maire à un texte de loi précis a eu pour résultat la privation de l'exercice d'un droit et a par suite causé un préjudice matériel et moral au demandeur. . . . (Le maire est condamné à payer à ce dernier la somme de cent francs à titre de dommages-intérêts) (Justice de paix de St-Hilaire (Aude); jugement rapporté par la revue générale d'administration, année 1882, tome 3, page 332) (V. n° 701)

CHAPITRE II.

PERMANENCE DE LA LISTE DÉFINITIVE.

1459. — La liste électorale reste jusqu'au 31 mars de l'année suivante telle qu'elle a été arrêtée, sauf néanmoins les changements qui y auraient été ordonnés par décisions du juge de paix, et sauf aussi la radiation des noms des électeurs décédés ou privés des droits civils et politiques par jugement ayant force de chose jugée (Décret réglementaire du 2 février 1852, art. 8).

1460. — Les listes électorales révisées chaque année pendant une période déterminée sont permanentes et ne peuvent être modifiées que dans les deux cas suivants prévus par l'article 8 du décret de 1852 : 1° lorsque le juge de paix, statuant sur des demandes formées dans les délais légaux, a ordonné des inscriptions ou des radiations ; 2° lorsque, après l'expiration de ces délais, des électeurs inscrits sur la liste sont décédés ou ont été privés de leurs droits civils et politiques par des jugements ayant force de chose jugée (Cass., 6 mars et 24 juillet 1876).

1461. — La liste définitive est également susceptible de modification si elle a été irrégulièrement établie, c'est-à-dire si elle n'a pas été dressée conformément aux indications du tableau rectificatif remanié dans le sens des décisions judiciaires postérieurement intervenues.

Division.

SECTION Ire. — DES MODIFICATIONS PERMISES A RAISON DES IRRÉGULARITÉS COMMISES LORS DE LA CLOTURE DE LA LISTE.

§ 1. — *Inscriptions.*

§ 2. — *Radiations.*

 Responsabilité de la commission administrative et du maire en cas de radiation irrégulière.

SECTION II. — DES INSCRIPTIONS ET RADIATIONS OPÉRÉES APRÈS LA CLOTURE DE LA LISTE.

§ 1. — *Inscriptions.*

§ 2. — *Radiations.*

SECTION Ire.

DES MODIFICATIONS PERMISES A RAISON DES IRRÉGULARITÉS COMMISES LORS DE LA CLOTURE DE LA LISTE.

1462. — Des modifications peuvent être opérées à la liste définitive si des inscriptions ou des radiations y ont été indûment faites au moment de la clôture par la commission administrative.

1463. — Voici la procédure à suivre selon qu'il s'agit d'inscriptions ou de radiations irrégulières.

§ 1er. — *Inscriptions.*

1464. — Si des électeurs ont été portés ou maintenus sur la liste définitive bien que leur radiation ait été ordonnée par le juge de paix, le préfet peut et doit effectuer d'office la radiation de leurs noms sur la liste en ayant soin de relater en marge par une annotation sommaire les circonstances dans lesquelles cette radiation a lieu. En effet, si la liste électorale doit rester jusqu'au 31 mars de l'année suivante telle qu'elle a été arrêtée, l'article 8 ajoute cette restriction formelle : sauf les changements qui y auraient été ordonnées par décision du juge de paix ; et il résulte d'un arrêt contentieux du Conseil d'Etat que cette disposition s'applique aussi bien aux radiations qu'aux inscriptions (13 mars 1885). D'autre part, il est évident que si la liste peut être modifiée par une décision postérieure au 31 mars, elle doit l'être a *fortiori* par une décision antérieure qui n'a pas été respectée lors de la clôture (Lett. min. int. à préfets Loir-et-Cher, 14 mai 1878, et Vaucluse, 7 septembre 1889 et à administrateur de Belfort, 18 avril 1888).

§ 2. — *Radiations.*

1465. — Lorsque la radiation du nom d'un électeur de la liste définitive est la conséquence d'une simple omission de copiste, si l'erreur porte sur une longue suite de noms, la commission qui a arrêté la liste peut rétablir les feuillets omis en les certifiant (Lett. min. int. à préfet Vaucluse, 10 juillet 1880).

1466. — Si l'erreur matérielle ne porte que sur un nom, le rétablissement de ce nom ne peut être opéré d'office par l'administration.

Les termes restrictifs de l'article 8 du décret de 1852 et la jurisprudence de la Cour suprême paraissent, en effet, refuser à l'administration le droit qui lui avait été autrefois reconnu de faire rectifier, en dehors de toute instance judiciaire, les erreurs matérielles commises lors de la confection de la liste électorale définitive (Lett. min. int. à préfet Ardèche, 28 juillet 1886).

1467. — Aux termes de divers arrêts de cassation et de quelques instructions ministérielles, les électeurs intéressés doivent se pourvoir devant le juge de paix (V. nᵒˢ 1469 et 1474). D'autres instructions ministérielles (V. nᵒˢ 1475 et 1476) disent que les intéressés peuvent se pourvoir devant la commission de jugement puis devant le juge de paix.

Si la Cour de Cassation admet le recours direct au juge de paix, c'est qu'elle considère, pensons-nous, que la radiation n'a pu être opérée qu'en vertu d'une décision clandestine de la commission de jugement (V. nᵒˢ 983 et suivants); c'est aussi parce que l'article 8 du décret règlementaire du 2 février 1852 dispose expressément qu'aucune inscription ne peut être faite après la clôture de la liste qu'en vertu d'une décision du juge de paix (V. nᵒ 1459).

Le Ministre de l'Intérieur, considérant au contraire que l'omission qui équivaut à une radiation est le fait de la commission administrative, pense que le recours peut tout d'abord s'exercer conformément aux principes généraux près de la commission de jugement.

1468. — Quant au délai pendant lequel le recours est possible, il ne serait que de vingt jours à partir de la clôture de la liste, d'après la plupart des arrêts de la Cour de Cassation et quelques avis du Ministre de l'Intérieur. Cependant un arrêt de la Cour du 24 juin 1884 et diverses instructions du Ministre admettent la possibilité du recours sans limitation de délai faute de notification de la radiation (V. nᵒˢ 1472, 1475 et 1476).

Nous engageons les intéressés à saisir le juge de paix de leur réclamation, quelle que soit l'époque à laquelle ils auront constaté la disparition de leur nom de la liste électorale (V. nᵒˢ 1044 et suivants).

1469. — L'électeur dont le nom a été omis par suite d'une erreur matérielle sur la liste électorale arrêtée le 31 mars est fondé à réclamer sa réintégration par voie d'appel devant le juge de paix.

A compter de cette date, la liste reste déposée au secrétariat de la mairie où chacun peut en prendre communication et vérifier toute inscription, toute omission ou toute radiation (Cass., 16 août 1882).

1470. — L'électeur dont le nom figurait après le 15 janvier sur les listes électorales mais en a disparu lors de la clôture des listes au 31 mars, sans que personne ait demandé sa radiation, peut former appel devant le juge de paix dans les vingt jours après la clôture définitive, la disparition de son nom ne pouvant provenir que d'une omission due à une erreur matérielle ou d'une décision de la commission municipale subrepticement ou tout au moins illégalement rendue (Cass., 9 juin 1884).

1471. — Si le nom d'un électeur qui figurait après le 15 janvier sur les listes d'une section en avait disparu lors de la clôture des listes au 31 mars, sans que personne ait demandé sa radiation, et avait été inscrit dans une autre section, la disparition de ce nom des listes de la première section et son inscription sur celles de la seconde ne pouvant provenir que d'une erreur matérielle ou d'une décision de la commission municipale subrepticement ou tout au moins illégalement rendue, le juge de paix est compétent et peut recevoir l'appel formé moins de vingt jours après la clôture des listes au 31 mars (Cass., 9 juin 1884).

1472. — Un appel ne saurait être déclaré tardif comme n'ayant pas été formé dans les 20 jours de la clôture de la liste lorsqu'il est fait par des électeurs qui avaient demandé leur inscription sur les listes électorales de la commune et qui affirment, sans que leur allégation soit contestée, qu'à la date du 30 mars ils ont vérifié leur inscription mais que leurs noms ont disparu de la liste publiée le 31 mars. Il y a lieu de supposer que cette radiation a eu lieu en vertu d'une décision de la commission municipale laquelle ne leur a pas été notifiée. Leur appel ne peut donc être soumis qu'au délai ordinaire de cinq jours à partir de la notification. Aucune notification n'ayant eu lieu, l'appel formé le 23 avril est recevable. Le délai de 20 jours ne concerne que les appels formés par les tiers électeurs (Cass., 24 juin 1884).

1473. — Les électeurs, dont le nom a été omis sur la liste définitive par suite d'une erreur matérielle, peuvent aller en appel devant le juge de paix pendant les vingt jours qui suivent la clôture de la liste (Lett. min. int. à préfet Bouches-du-Rhône, 11 juillet 1885).

1474. — Si, à la suite d'une réclamation formée par eux, des électeurs ont été portés d'une section dans une autre par le maire sans intervention d'une décision de la commission de jugement, cette irrégularité est couverte, lorsque plus de 20 jours se sont écoulés après la clôture des listes sans qu'aucune réclamation se soit produite (Lett. min. int. à préfet Ardèche, 13 juillet 1886).

1475. — Un électeur, rayé par le maire et le délégué de l'administration de la liste définitive, après avoir été porté au tableau rectificatif dans la colonne des additions, s'il n'a pas été avisé de cette décision irrégulière, doit l'être sans retard. Cette notification ouvrira à l'électeur rayé le droit de recours devant la commission de jugement et au besoin devant le juge de paix (Lett. min. int. à préfets Seine-et-Marne, 27 juin 1878, et Aude, 2 juillet 1878).

1476. — Lorsque, par suite d'une erreur matérielle, des électeurs ont été omis sur la liste électorale définitive, l'omission dont ils ont été l'objet peut être considérée comme une radiation et puisqu'aucune décision ne leur a été notifiée en exécution de l'article 4 de la loi du 7 juillet 1874, le délai de réclamation n'a point commencé à courir. Ils peuvent donc saisir la commission électorale désignée par l'article 2 de la loi de 1874. Appel de la décision de cette commission pourrait ensuite être portée, s'il y a lieu, devant le juge de paix (Lett. min. int. à préfet Haute-Saône, 21 septembre 1883).

Responsabilité de la commission administrative et du maire en cas de radiation irrégulière.

1477. — Le maire qui, volontairement et de mauvaise foi, a opéré des retranchements sur la liste électorale lors de la révision de cette liste, dans l'unique but de nuire aux forces du parti contraire au sien, ne tombe pas sous le coup de l'article 40 du décret du 2 février 1852 qui punit ceux qui à l'aide de manœuvres frauduleuses auront déterminé un ou plusieurs électeurs à s'abstenir de voter (Cass., 9 novembre 1878).

1478. — Mais il peut être actionné en dommages-intérêts par la partie lésée devant l'autorité judiciaire (Cour
de Nancy, 19 mars 1880 ; Tribunal de Limoux, 28
janvier 1884.—Contra, Cour de Grenoble, 13 février 1880,
Tribunal de Bourgoin, 6 mai 1885).

L'action ne doit pas être uniquement dirigée contre
le maire, mais contre la commission administrative qui
clôt la liste.

1479. Les tribunaux civils sont compétents pour connaître d'une
action en dommages-intérêts fondée sur ce qu'on aurait refusé au
demandeur lors de la clôture de la liste son inscription ordonnée
par un jugement du juge de paix.

La loi du 7 juillet 1874, combinée avec le décret du 2 février 1852
a établi en cette matière trois périodes distinctes : la première pour
la confection des listes électorales, la seconde pour le jugement des
réclamations auxquelles cette confection donne lieu, et la troisième
pour la clôture des listes revisées. Dans la première période, le
refus d'inscription n'est certainement pas un acte administratif, car
les réclamations dont il est l'objet sont, aux termes de la loi et du
décret, soumises, dans la deuxième période, à une commission
formant une sorte de tribunal, dont les sentences sont déférées en
appel au juge de paix du canton, et en cas de pourvoi, à la Cour de
Cassation, par conséquent à l'autorité judiciaire. S'il en est ainsi
lors de la confection des listes, on ne peut juridiquement admettre
que dans la troisième période, et lors de la clôture, le refus d'inscription, c'est-à-dire le même acte, présente un caractère différent, et
que n'étant pas administratif au début il finisse cependant par le
devenir à un moment où il ne constitue plus qu'une protestation
illégale contre une décision judiciaire souverainement rendue (Cour
de Nancy, 19 mars 1880).

1480. — Le maire peut être condamné à des dommages-intérêts
par l'autorité judiciaire. Il ne saurait opposer l'incompétence du
tribunal civil. En effet, depuis la loi du 7 juillet 1874, ce n'est plus
le maire mais bien une commission municipale qui rectifie les listes,
et les difficultés que ce travail soulève sont jugées en première
instance par une commission spéciale, en appel par le juge de paix
et en cas de pourvoi par la Cour de Cassation : la compétence est

donc essentiellement judiciaire. Il est vrai qu'après la clôture des listes, qui a lieu le 31 mars, le maire seul est chargé de rayer les électeurs décédés ou frappés de condamnations judiciaires, mais les difficultés qui peuvent naitre de ces radiations sont encore de la compétence judiciaire, aux termes de la circulaire réglant l'exécution du 2 février 1852. La plainte des demandeurs ne s'attaque pas à un acte administratif ; elle ne met pas en cause le maire comme ayant accompli un acte de ses fonctions ; elle lui reproche un acte abusif, une usurpation de pouvoirs, une faute personnelle (Tribunal de Limoux, 28 janvier 1884).

SECTION II.

Des inscriptions et radiations opérées après la clôture de la liste.

1481. — Les listes une fois arrêtées sont définitives et les seuls changements qui pourront y être apportés jusqu'à l'époque de la prochaine révision consisteront dans la radiation que le maire opérera des électeurs décédés ou privés de leurs droits civils et politiques par jugement passé en force de chose jugée, et dans les additions ou retranchements qui seraient ordonnés soit par des arrêts de la Cour de Cassation (1), soit par des décisions de juges de paix rendues après la clôture des listes, mais sur des réclamations formées dans le délai légal (Circ. min. int., 30 novembre 1884).

1482. — Le principe que la liste électorale close le 31 mars ne peut plus être modifiée en dehors des exceptions limitativement prévues par la loi, ne s'oppose pas au transport d'une commune dans une autre, en exécution d'une loi de délimitation, d'électeurs

_____

(1) Rappelons que les arrêts de la Cour de Cassation n'ordonnent pas l'inscription ou la radiation d'un électeur (V. nos 1433 et 1443).

régulièrement inscrits sur la liste électorale (Lett. min. int. à préfet Seine-Inférieure, 14 avril 1888) (1).

§ 1. — *Inscriptions.*

1483. — Après la clôture de la liste électorale, aucune inscription ne peut plus être faite qu'en vertu d'une décision du juge de paix (2). Celui-ci ne doit d'ailleurs examiner et accueillir que les demandes d'inscription qui sont formées dans les conditions et les délais légaux.

1484. — L'article 25 du décret organique du 2 février 1852 dispose que « l'élection est faite sur la liste révisée pendant toute l'année qui suit la clôture de la liste », et, pour qu'aucun doute ne puisse subsister sur le sens de cette disposition, l'article 8 du décret réglementaire du 2 février 1852 ajoute que la liste électorale « close le 31 mars (art. 7) reste jusqu'au 31 mars de l'année suivante telle qu'elle a été arrêtée. » Toutefois, cet article se termine ainsi « sauf néanmoins les changements qui y auraient été ordonnés par décision du juge de paix, et sauf aussi la radiation des noms des électeurs décédés ou privés des droits civils ou politiques par jugement ayant force de chose jugée. »

Le sens de la dernière partie de cet article ne paraît pas avoir été compris par tous les juges de paix, et l'on a vu, particulièrement aux approches des élections, quelques magistrats de cette juridiction statuer sur des réclamations postérieures à la clôture et ordonner, soit sur des demandes directes, soit sur des appels de décisions administratives, l'inscription d'un certain nombre d'électeurs.

Rien n'est plus contraire au texte et à l'esprit de la loi.

Le principe de l'immutabilité des listes électorales est absolue; après le 31 mars, aucune inscription n'y peut être faite, à moins qu'elle ne soit ordonnée par une décision rendue postérieurement

---

(1) Diverses portions des territoires des communes de Canteleu et de Petit-Quevilly avaient été rattachées à la ville de Rouen par une loi du 10 avril 1888. Il s'agissait de savoir si les électeurs domiciliés ou résidants sur ces territoires pouvaient être inscrits sur la liste électorale de Rouen.

(2) Nous avons vu que la commission de jugement pouvait être aussi appelée à rendre des décisions après la clôture (V. nᵒˢ 928, 929 et 1491).

à la clôture, mais sur une réclamation utilement formée avant cette époque, dans le cas, par exemple, où un jugement rendu par le juge de paix, sur une contestation régulièrement élevée avant la clôture des listes, a été déféré à la Cour de Cassation, et où, par suite de la cassation de ce jugement, la décision définitive n'a pu intervenir qu'après la clôture. Mais, on ne saurait trop le répéter, en dehors de ces décisions judiciaires, intervenues dans le cas que je viens d'indiquer, aucune inscription sur la liste ne peut être faite postérieurement au 31 mars (Cass., 26 juin 1861 ; Circ. min. just., 14 mars 1868).

1485. — Cependant nous avons vu (V. nᵒˢ 1462 et suivants) que des inscriptions peuvent être opérées en vertu de décisions de juges de paix à la suite de réclamations formées même après la clôture de la liste, si celle-ci n'a pas été établie d'après les indications du tableau rectificatif amendé par les décisions de la commission de jugement et du juge de paix.

1486. — Nous avons vu aussi (V. nᵒˢ 1044 et suivants) que l'électeur rayé d'office par la commission administrative et non averti de sa radiation pouvait user de la voie du recours au juge de paix, à (quelqu'époque que ce soit).

1487. — Si, à la suite de la clôture des listes, des électeurs sont inscrits par le maire sans qu'aucune décision judiciaire ait prescrit leur inscription, rien ne s'oppose à ce que le préfet enjoigne au maire d'opérer la radiation de ces électeurs qui, bien que figurant matériellement sur la liste, ne peuvent être considérés comme électeurs inscrits (Lett. min. int. à préfet Tarn, 4 juillet 1883).

1488. — Un juge de paix ne peut ordonner l'inscription d'un citoyen qui a recouvré ses droits civils et politiques (par la réhabilitation ou l'amnistie) lorsque la demande a été formée après la clôture des listes (Cass., 6 mars et 24 juillet 1876) (V. nᵒˢ 132 et 137.)

1489. — La sentence par laquelle le juge de paix, au cours des opérations de révision, ordonne l'inscription d'un citoyen ne peut s'appliquer qu'à la liste en cours d'établissement et qui doit être arrêtée le 31 mars ; ce serait donc à tort qu'on admettrait ce citoyen à prendre part à des élections ayant lieu avant cette époque (Conseil d'Etat, 12 mai 1876 et 9 août 1880).

1490. — Le juge de paix qui ordonnerait l'inscription d'un citoyen sur la liste devant être arrêtée le 31 mars 1876 et son admission au vote du 20 février commettrait un excès de pouvoir (Cass., 6 mars 1876).

1491. — Par contre, on ne saurait considérer comme nul à défaut d'intérêt le jugement rendu depuis l'ouverture des opérations de révision, bien que la contestation porte sur les opérations de l'année précédente (Cass., 1er mars 1886).

§ 2. — *Radiations.*

1492. — Quant aux radiations, l'article 8 du règlement du 2 février 1852 décide qu'elles devront être opérées même après le 31 mars : 1° lorsque les électeurs sont décédés; 2° lorsque des électeurs ont été privés des droits civils et politiques par jugement ayant acquis l'autorité de chose jugée.

Ces radiations doivent être prononcées d'office par les maires, même après le 31 mars, sur la représentation des actes de décès et des jugements et arrêts qui prononcent ou emportent par eux-mêmes la perte des droits politiques ; si les maires ne s'acquittent point de ce devoir, les électeurs inscrits, les préfets et les sous-préfets ont le droit de réclamer la radiation (art. 19 du décret organique) ; en cas de contestation, on suit les règles de procédure et de compétence ordinaires. C'est d'abord la commission municipale qui doit être saisie, puis sur l'appel le juge de paix et en dernier ressort la Cour de Cassation (Circ. min. just., 14 mars 1868).

1493. — Le maire peut rayer de la liste électorale tout individu atteint, à une époque quelconque, d'une condamnation emportant exclusion. En cas de contestation, la question serait portée devant la commission municipale et en appel devant le juge de paix (Circ. min. int., 5 décembre 1868).

1494. — La commission municipale dont l'intervention est prévue par la circulaire du 5 décembre 1868 doit se réunir immédiatement pour statuer sur la réclamation d'un électeur rayé d'office par le maire, par application du dernier paragraphe de l'article 8 du décret réglementaire du 2 février 1852 (Lett. min. int. à préfet Ille-et-Vilaine, 22 mai 1890).

AVIS IMPORTANT. — Les lois, règlements, instructions ministérielles et les arrêts de la Cour de Cassation et du Conseil d'État, qui pourront modifier ultérieurement les règles actuelles en matière de révision de la liste électorale, seront insérés *in extenso* et commentés dans la *Jurisprudence municipale* (Voir ci-contre). — Ce recueil tiendra donc au courant la présente édition de notre *Manuel Formulaire*.

JURISPRUDENCE MUNICIPALE ET RURALE

RECUEIL MENSUEL

DES LOIS, DÉCRETS, ARRÊTÉS MINISTÉRIELS,
CIRCULAIRES, DÉCISIONS, DÉPÊCHES ET AVIS MINISTÉRIELS,
ARRÊTS ET AVIS DU CONSEIL D'ÉTAT, ARRÊTS DE LA COUR DE CASSATION,
ET DÉCISIONS DES AUTRES COURS ET TRIBUNAUX ADMINISTRATIFS
OU JUDICIAIRES INTÉRESSANT LES ADMINISTRATIONS LOCALES

publié sous la direction de

M. BURIN du BUISSON

Rédacteur au Ministère de l'Intérieur.

La *Jurisprudence municipale et rurale* constitue un répertoire périodique de toutes les matières touchant à la vie municipal et au droit rural.

Ce recueil publie, avec annotations, le texte des lois nouvelles, décrets, arrêtés ministériels d'intérêt général et donne le sommaire des lois et décrets d'intérêt local.

Il donne *in extenso* les circulaires ministérielles intéressant les municipalités ainsi que les nombreuses solutions données par les administrations centrales aux questions qui leur sont posées tous les jours par les préfectures. L'ensemble de ces décisions forme les éléments d'une jurisprudence dont la connaissance évitera, le plus souvent, aux administrations locales, de demander l'interprétation de l'administration supérieure.

Il reproduit enfin, avec les observations et commentaires de jurisconsultes spéciaux, les solutions de principe adoptées par le conseil d'Etat, la cour de cassation, et les autres cours ou tribunaux administratifs ou judiciaires, qui viennent modifier la jurisprudence antérieure.

Ce recueil comprend trois parties avec pagination et tables distinctes :

Iʳᵉ PARTIE : texte et commentaires des lois, décrets arrêtés ministériels.

IIᵉ PARTIE : sommaire et texte, avec notes et renvois, des circulaires, décisions et dépêches et avis ministériels.

IIIᵉ PARTIE : sommaire, texte et commentaire des décisions du Tribunal des conflits, des arrêts et avis du Conseil d'Etat, des arrêts de la Cour de Cassation, des arrêts et jugements ou décisions des autres Cours et Tribunaux administratifs ou judiciaires.

PRIX DE L'ABONNEMENT : **9 francs par annuité.**

Les années 1884-1889 sont livrées au prix de 3 fr. par année (reliées 4 fr.) ; les années 1890 et suivantes au prix de 9 fr. (reliées 10 fr.). L'année 1888 contient le texte et le commentaire de la loi municipale.

S'adresser au bureau de la **Jurisprudence municipale**
22, *Rue Cambacérès, à PARIS.*

TABLE ANALYTIQUE DES MATIÈRES

TITRE II. — CONDITIONS PARTICULIÈRES   77

Chapitre I. — DOMICILE RÉEL OU RÉSIDENCE DE SIX MOIS   77

TITRE II. — OPÉRATIONS JUDICIAIRES .

Chapitre Ier. — RECOURS JUDICIAIRE CONTRE LES OPÉRATIONS DE LA COMMISSION ADMINISTRATIVE.

Montbéliard, Imp. P. HOFFMANN.

MANUEL-FORMULAIRE

DES

CONSEILS DE FABRIQUE

à l'usage

DES BUREAUX DE PRÉFECTURES ET DE SOUS-PRÉFECTURES
DES MAIRES ET DES CONSEILS MUNICIPAUX, DES FABRIQUES
ET DES MARGUILLIERS, DES CURÉS ET DESSERVANTS

Mis au courant de la Législation et de la Jurisprudence.

ET CONTENANT

LES MODÈLES DE TOUS LES ACTES QUE LES FABRIQUES ONT A DRESSER

PAR

Adrien DUBIEF

ANCIEN AUDITEUR AU CONSEIL D'ÉTAT
CHEF DE BUREAU AU MINISTÈRE DES CULTES

———————

Ce livre est un *Guide pratique*, qui contient l'exposé de la législation actuelle et de la jurisprudence la plus récente sur l'administration temporelle des paroisses et formule les *règles pratiques* qui président à l'administration des fabriciens et des marguilliers.

On ne sait pas assez que les lenteurs administratives, si fréquentes dans les affaires du culte, tiennent, d'une part, à ce que ces affaires n'étant pas décentralisées sont presque toujours décidées par la Direction des cultes ; et, d'autre part, à ce que les intéressés ignorent une législation compliquée et une jurisprudence administrative que le conseil d'Etat a renouvelée depuis une dizaine d'années, et qu'aucune circulaire ministérielle n'a fait connaître.

C'est par suite de cette ignorance que les préfectures échangent si souvent avec les fabriques des correspondances interminables, et que les dossiers sont si souvent renvoyés par le ministère aux préfectures.

Pour obvier à ces inconvénients, l'auteur s'est efforcé de résumer dans un livre *essentiellement pratique*, les règles de la législation et de la jurisprudence en vigueur sur l'administration des fabriques en donnant l'indication de toutes les pièces dont le ministère des cultes exige la production.

Il a cru très utile d'y ajouter un formulaire complet de ces pièces et de tous les actes relatifs à l'administration des fabriques.

———————

DEVOIRS DES MAIRES

VIS-A-VIS DES TITULAIRES

DE RENTES SUR L'ÉTAT
DE RENTES VIAGÈRES POUR LA VIEILLESSE
OU DE PENSIONS CIVILES OU MILITAIRES

PAR

Henri PAULME

fondé de pouvoirs du Trésorier général de l'Eure.

Ouvrage honoré d'une souscription par M. le Directeur général
de la Caisse des dépôts et consignations.

Il n'est pas actuellement en France de Commune où ne résident des porteurs de rentes sur l'État, ou titulaires de rentes viagères pour la vieillesse, ou quelque titulaire de pension civile ou militaire.

Lorsque ces rentiers, ces pensionnaires, ont un renseignement à demander, un éclaircissement à obtenir, une difficulté à résoudre, ils s'adressent le plus souvent, surtout dans les communes rurales, au Maire, à l'Adjoint, au Secrétaire de mairie, qu'ils considèrent à juste titre, comme leur conseil naturel et désintéressé.

Ces fonctionnaires ont eux-mêmes, en certaines circonstances, à intervenir personnellement dans le service des rentes et des pensions pour délivrer aux intéressés des certificats de vie, ou autres pièces dont la production est exigée. C'est donc leur rendre un réel service que de réunir, à leur intention, le résumé complet des obligations qui leur incombent à cet égard.

Tel est le but de ce petit manuel, qui donne en outre toutes les *Formules et Modèles* nécessaires qui correspondent à chacune des obligations de MM. les Maires.

Cet ouvrage est adressé franco contre l'envoi d'un mandat-poste de 1 fr. 25, au gérant de la Jurisprudence municipale,
22, rue Cambacérès 22, à PARIS

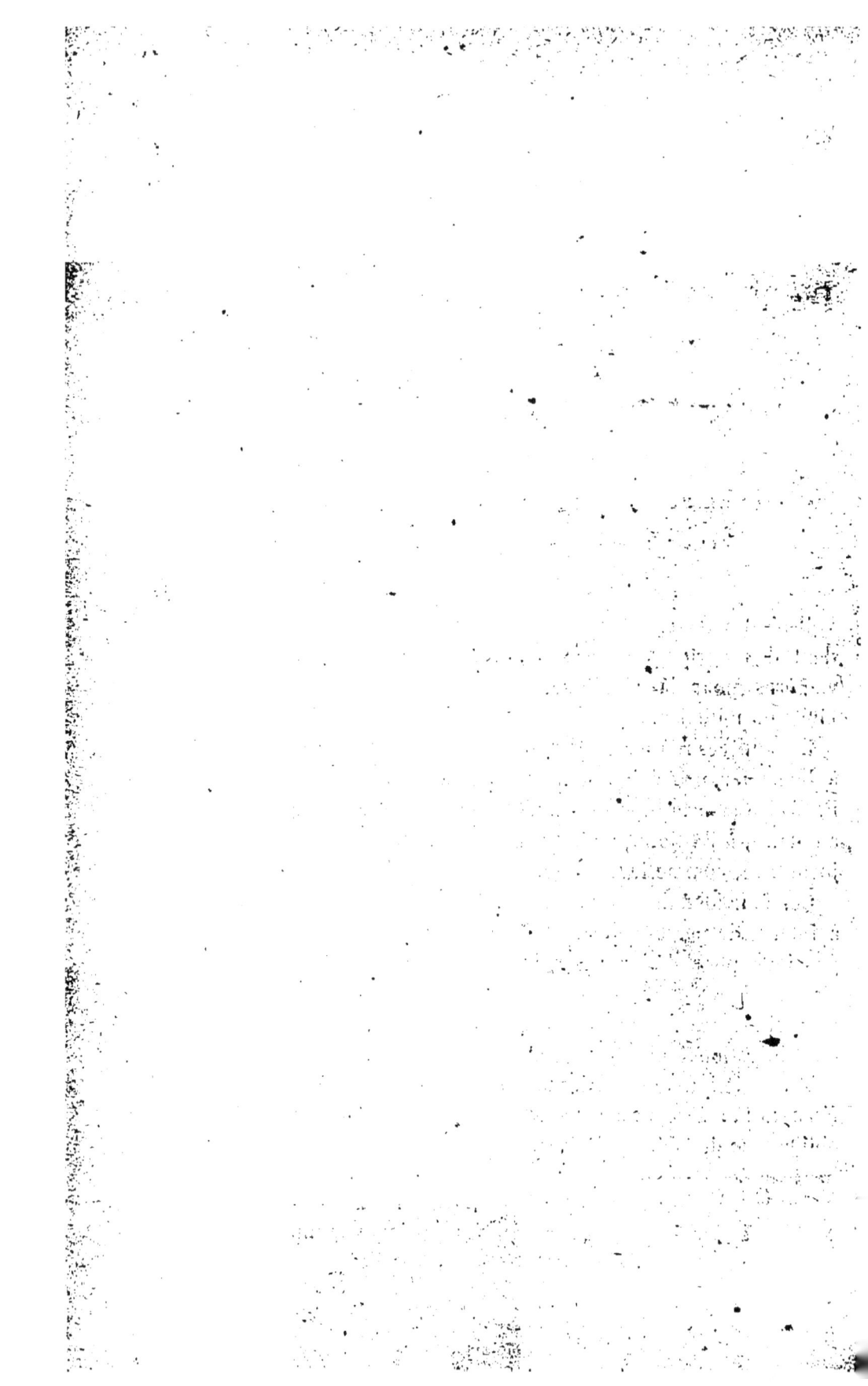

www.ingramcontent.com/pod-product-compliance
Lightning Source LLC
Chambersburg PA
CBHW071621270326
41928CB00010B/1729